男人来自火星
女人来自金星 3

MARS AND VENUS ON A DATE

[美] 约翰·格雷JOHN GRAY◎著

白 莲◎译

吉林文史出版社

图书在版编目（CIP）数据

男人约会往北，女人约会往南：男人来自火星，女人来自金星3／（美）格雷著；白莲译. —长春：吉林文史出版社，2005.9 2009.2重印

ISBN 978-7-80702-290-9

I. 男…　II.① 格…　② 白…　III. 恋爱—通俗读物　IV. C913.1-49

中国版本图书馆CIP数据核字（2005）第100394号

Mars and Venus on a Date: A Guide for Navigating the 5 Stages of Dating to Create a Loving and Lasting Relationship by JOHN GRAY

Copyright © 1997 by MARS PRODUCTIONS, INC.

This edition arranged with Linda Michaels Ltd. (International Literary Agents) through Big Apple Tuttle—Mori Agency, Labuan, Malaysia.

Simplified Chinese Edition Copyright © 2005 by Jilin Literature & History Publishing House

All rights reserved.

中文简体字版权专有权属吉林文史出版社所有

吉林省版权局著作权登记

图字：07—2005—1392号

男人约会往北，女人约会往南

男人来自火星，女人来自金星 3

作　　者：约翰·格雷

译　　者：白　莲

责任编辑：袁一鸣

责任校对：袁一鸣

封面设计：LZW1127

出　　版：吉林文史出版社（长春市人民大街4646号　邮编：130021）

网　　址：www.jlws.com.cn

印　　刷：北京鑫丰华彩印有限公司

开　　本：640×960毫米　16开

字　　数：320千字

印　　张：19.75

版　　次：2005年9月第1版

印　　次：2009年2月第2次印刷

书　　号：ISBN 978-7-80702-290-9

定　　价：28.00元

引 言

　　毋庸置疑，现代人在恋爱中面临的挑战，是以往任何一代人都无法想象的。过去，人们的婚姻并不以恋爱为基础，因为对于他们来说，婚姻仅仅意味着找个搭伙过日子的人。女人需要一个孔武有力，有经济能力，能够养家糊口的男人。男人则想找个能洗衣做饭，孕育后代的女人。但是，社会发展到了今天，这个延续了几千年的择偶标准发生了颠覆性的转变。

　　现代人不再把婚姻看成是生存的需要，结婚也不再是恋爱的唯一理由与目的。现代人期待这样一种两性关系——恋人之间必须要满足彼此的生理和生存需要，满足彼此对安全稳定的渴望，而且还要志同道合、两情相悦、灵犀相通。人们不再满足于短暂的快乐，而是希望拥有永恒的幸福。为了这个美好的愿望，为了在茫茫人海之中发现我们的另一半，为了确定我们的恋人正是我们的真爱，为了拥有非凡的爱情，我们迫切地需要一本正确的书来作为我们的恋爱指导！

　　18年前，承蒙幸运之神的眷顾，我遇到了邦妮。遗憾的是，那时我情窦初开，根本不懂如何约会、恋爱。结果我没把握住机会，在我们交往了一年半之后，痛苦地选择了分手。尽管直到分手之时，我们仍然深爱着对方，却无缘步入婚姻的殿堂。

　　我曾经以为，我和邦妮今后将会是两条平行线，再也不会有交集。然而，命中注定的真爱是无法遏止的。四年之后，机缘巧合，我们再度重逢了。经过了岁月的洗练，我们都成熟了许多。随着时间的流逝，我们之间的爱和眷恋也愈发浓厚。我们学会了真正的恋爱，领悟到了爱情的真谛，最终毫不犹豫地结合在了一起。婚后，我和邦妮如童话中描述的那样，"从此过上了幸福美满的生活"。

我的亲身经历让我明白，恋爱的技巧十分重要。我和邦妮初次相遇就萌生了爱意。但我们仅仅是相互爱慕，这种浅薄的感情并不足以建立婚姻。我们当时并不明白恋爱的技巧，时间一长，各种矛盾便激化出来，以至于我们都误认为彼此不合适，无缘牵手同行。后来我才明白，在爱河里畅游，是需要技巧和锻炼的，永远不要轻言放弃。

作为两性情感关系顾问，在我的咨询事务和讲座中，我与所有人分享我的经验和感悟。结果令我吃惊，一些看似平常的道理竟然对人们原有的思想观念有如此震撼的冲击，对感情的改善如此直接而有效！许多人得到了我的帮助，深藏心中的爱得以激活，重新燃起了希望。恋人们逐渐开诚布公地交谈，打开心结，擦去留在对方心中的污点，释放积压许久的不满。他们的爱情才又如初恋般那样，再次盈满了热烈的激情与温馨的浪漫。

我的第一本书——《男人来自火星，女人来自金星》出版后引起了巨大的反响，热销程度远远超乎我的想象。目前，它已经被译成40多种语言，发行了近亿册，遍及了世界的每个角落，且高居畅销书的榜首。时至今日，我仍然会收到许多来自世界各地的信件，热情的人们纷纷表示他们从我的书中获益匪浅。

在这期间，也不断有单身的男女向我提出各种问题，在为他们解答的过程中，我清楚地知道，对于两性关系如何和谐美满地发展，许多人仍然一无所知。最近十几年里，我一直努力寻找切实有效的方法，来帮助那些在感情道路上艰难前进的人们。因此我相继出版了《男人来自火星，女人来自金星2》和《男人来自火星，女人来自金星3》。而我近期出版的这本《男人来自火星，女人来自金星3》是为单身者或恋爱中的情侣量身定做的，如果你们正在苦苦寻觅属于自己的另一半，那么我坚信，本书中所有的理论与恋爱技巧绝对能对你们有所帮助。

当然，已婚的人士，同样可以从本书中找到答案——因为情感是相通的。无论夫妻现在多么甜蜜幸福，你们之间还是有进一步发展的空间的。如果关系已经剑拔弩张的夫妻，更应该读读这本书，或许你们能从中发现婚姻中的问题。当岁月将当初的激情消磨殆尽之时，挽救婚姻，可以和爱人重回过去，重新来过，再次体验恋爱的感觉。事实上，有许多夫妻已经这样做了，他们中有很多人都重新坠入爱河。

当然，此书不可能是万能的，在你的爱情遇到问题的时候，本书也许能为你提供解决的方案，但是它不能预测你的爱情将会发生什么，无法肯定你和爱人之间的结局一定是美满的。而我能肯定的是，如果你将书中的原理与规则运用到实际中，你就为爱情铺平了道路，你的爱情就有了成功的可能。

在此，我有必要声明：个体的差异是永远存在的，本书中的建议也不可能适用于每一个人。它只能提供信息与参考，以便人们正确地评估，正确地决断。要知道，本书的价值中心，就是它不偏不倚地反映了两性的心声。如果你因为对方的言行困惑，本书将为你提供一个透视对方的魔镜。阅读本书的时候，你有可能灵光一闪，原本的模糊变得清晰。这种转变有助于你从过去走出来，自如地创造梦寐以求的爱情。

最后，我很高兴能与大家共同分享《男人来自火星，女人来自金星3》。接下来，我将为你们全面展示恋爱的五个阶段，并对每一阶段中的困难与挑战加以分析、研究。只要你翻开本书，就会有所领悟，真爱原来就在你身边！

目录

第1章　火星人和金星人在恋爱／1

女人的困惑 2/男人的困惑 3/别在不知不觉中，破坏彼此的感情 4/
恋爱五步曲 4/约会可以变得很简单 7/为寻找真爱做好准备 8

第2章　寻找属于你的另一半／9

好的结束意味着好的开始 10/不要重蹈覆辙 11/不要试图去强行改
变 12/如何知道谁是你的意中人 14/寻找灵魂的伴侣 15/仅有身体
上的吸引是不够的 16/触及灵魂的永恒爱情 17/对你的另一半敞开
心扉 17/比尔和苏珊的故事 19/恋爱，你准备好了吗 20/灵魂的伴
侣并不完美 21/别犹豫不决 22/不专一的男人 25/每一次恋爱都是
一次机会 26/总恋爱不结婚 26/慢一点，再慢一点 28

第3章　恋爱第一阶段:吸引／31

如何表现最积极的自我 32/向她要电话号码 34/女人对男人的误解
36/恋爱中的女人不断付出时 38/开车门的心理学 40/女人无需总是
一味地付出 42/容易坠入情网的女人 44

第4章 恋爱第二阶段:不确定 / 47

篱笆外面的草看起来更青翠 48/为什么男人开始犹豫不决 50/当女人不确定时 51/女人的问题 52/如何避免过分追求 53/当他不与你联络时，你该怎么做 54/回报的压力 55/莎龙的例子 56/需要与义务 58/渴望是无罪的 59/身体亲密接触的四种程度 60/如何说"不" 62/等待投入的想法不可取 63

第5章 恋爱第三阶段:排他性 / 65

当男人的追求成为过去式 66/感情如同投资 67/男人是如何转变的 68/女人最大的挑战 74/坦诚地向男人寻求帮助 75/为什么男人会拒绝女人的要求 76/发现女人的优势 77/女人的转变 78/成功的秘诀 78/不要把你们的约会想当然化 79/认识到恋爱第三阶段的目的 84

第6章 恋爱第四阶段:亲密性 / 85

反应无法假装出来 86/爱的力量 87/第四阶段的策略 88/女人如同波浪 89/当情绪跌到谷底之时 90/女人所面临的最大挑战 96/在爱情中自由出入的强烈欲望 96/男人如同橡皮筋 97/亲密接触的四道门 99/为什么等待如此重要 100/转换角色 101/当男人变得感性时 101/寻找平衡点 102/步入恋爱的第五阶段 103

第7章 恋爱第五阶段:订婚 / 105

求婚的重要性 106/第五阶段的挑战 107/订婚的礼物 107/两种最为重要的技巧 108/练习的最佳时期 109/婚姻是面放大镜 110/为什么男人不肯道歉 111/在金星上，解释全无作用 112/向女人道歉的艺术 114/如何原谅男人 116/技巧让你们不离不弃 118/为什么要结婚 119/真实而持久的爱 119/灵魂最真切的表达 119/爱情的种子 120

第8章 顺利通过恋爱的五个阶段 / 121

为何女人总是过快地陷入情网 124/当男人投入得过快时 126/真的是男人不坏，女人不爱吗? 128/生活于期待之中 130

第9章　当男人止步不前 / 131

适当控制爱情的速度 134/何时必须坚持原路返回 135/当女人拒绝男人的求婚时 135/理智地返回到前一阶段 137/为什么男人的感情转变了 138

第10章　欲望男人，热情女人 / 141

男人的欲望 142/女人的热情 143/为什么最迷人的女人就最烦恼 143/使女人变得特别 144/使男人变得特别 145/当女人情窦大开时 146/当女人打开心门时 146/男人的第一个层面：身体的吸引 147/男人的第二个层面：情感的吸引 148/男人的第三个层面：精神的吸引 148/男人的第四个层面：灵魂的吸引 149/女人的第一个层面：精神的吸引 150/女人的第二个层面：情感的吸引 150/女人的第三个层面：身体的吸引 151/女人的第四个层面：灵魂的吸引 151/确立择偶标准的益处 152/成功的故事 153/每一段感情都是上天的恩赐 154/意识到潜在的感情 154

第11章　男人和女人的欲望之源 / 157

积极的兴趣和接受的兴趣 159/点燃浪漫之火 160/一次按摩中的给予与接受 161/女人接受兴趣的价值 162/欲望与动力的张力 163/态度的力量 164/女人把自己想要的东西给了男人 169

第12章　男人追求，女人引诱 / 171

女人引诱的十二种方式 173/男人展开攻势 175/最简单的，就是最有效的 176/为什么男人变得结结巴巴 176

第13章　感谢男人，崇拜女人 / 179

赞美的方式 180/女人最爱直接的赞美 183/俘获女人芳心的赞美 184/令男人雀跃不已的赞美 185/令女人心花怒放的赞美 186/顺带提一个小问题 188

第14章 男人展示，女人欣赏／191

火星上的生活 192/约会就像面试 193/金星上的生活 194/女人能做什么 195/打断的技巧的第一步 198/优雅打断的技巧 198/男人不喜欢女人不断提问 202

第15章 为什么他不回电话／205

为什么女人期盼电话 206/男人打电话的时机 207/当男人不打电话时 207/当男人太迫切时 208/男人打电话的三个万能理由 209/几种礼貌的回电方法 212/快刀斩乱麻的好处 216

第16章 主动给他打电话？／219

女人的选择 221/初次约会后给男人打电话的七个原则 222/如何邀请男人出去 228

第17章 微笑的女人最有魅力／231

当女人来自火星时 232/坚强而果敢的女人 233/第一种特质：自信 233/第二种特质：善于接纳 236/第三种特质：积极响应 240/有选择地做出响应 242

第18章 女人爱胸有成竹的男人／245

第一种特质：自信 246/第二种特质：目标明确 249/第三种特质：责任感 250/约会可以其乐无穷 253

第19章 为什么你还单身？／255

你需要一个男人吗？256/为什么女人需要男人 257/女人需要什么 258/恋爱的模式 260/为什么男人要给予 260/男人需要什么 261/乐于付出的女人 262/太有责任感的女人 263/做到需要但不过分渴求 263/给男人传递正确的信息 264

第 20 章　到哪儿去发现你的灵魂之侣／267

天助自助者 268／产生情感反应的首要因素：不同的兴趣爱好 269／
触电的感觉 271／尝试做新的事情 272／情感反应的第二要素：互补
的需求 273／情感反应的第三要素：成熟 275／情感反应的第四要素：
共鸣 279／一起寻找快乐 280

第 21 章　101 个遇到灵魂伴侣的方法／281

第 22 章　幸福终点站／293

寻找真爱的三种人 294／差异并非障碍 296／愤怒产生极端化 296／调
和差异性 297／到了正确的地方，却爱错了人 300／不健康的情感反
应 300／犯错误是常有的事 303

第 1 章

Mars and

Venus on a Date

火星人和金星人在恋爱

在我举办的两性情感关系研讨班上，经常有单身女性向我倾诉心声。她们总是绘声绘色地向我描绘想象中完美的恋爱，但理想与现实的差距总是很大，这些追求浪漫爱情的女人们在现实的恋爱中，却常常不如意。原本对爱情抱着美好憧憬的女人向我提出的问题惊人地相似，她们经常会问："我不明白为什么事情最终总是变得面目全非？我的恋爱为什么总是与想象的大相径庭呢？""我们约会的时候，每件事都很好，每个环节都完美无缺，为什么他却不想继续和我交往呢？"从这些疑问中，我们可以看出：大多数女性眼里，男人永远是一个百思不得其解的谜。她们提出的问题充分证明了她们对男人的误解，所以，她们必然不会理解男人的举动。

女人的困惑

"我怎样才能吸引到那些适合我的小伙子？"

"为什么男人总喜欢滔滔不绝地谈论自己？"

"为什么我喜欢的男人不给我打电话？"

"为什么我们相处了那么久，他却不向我求婚？"

"如何让一个男人敞开心扉？"

"为什么在我的恋爱里，我总是很努力才能保持和他关系的融洽？"

"每件事都很美好，但我的恋人就是不想与我结婚，糟糕的是，我却很想结婚，很想与他建立一个稳定的家庭，出了这种情况，我该怎么办？"

"为什么我每次都与同一类型的男人坠入爱河？"

多年来，通过对两性情感关系的调查与研究，我发现，女人的种种疑问其实都围绕着同一个核心问题，那就是：如何才能得到一段相亲相爱的、历久弥新的爱情？女人总希望拥有一段近乎完美的恋爱，这种感情将同时满足她们身体上、精神上的全部需求。而男

人对爱情的看法却与女人截然不同，当然，男人也会有疑问，但他们的问题却与女人的有着天壤之别。男人的疑问主要源于这样一种倾向：他们总希望在恋爱关系中获得主动权，并以此证明他们很成功。你瞧，男人的虚荣心就是这么强。"看，两个人的感情怎么发展全看我啦！"男人希望拥有这种感觉。这种倾向同样源于男人对于女人的误解，当然，他们同样不理解女人的行为。

男人的困惑

"我哪儿知道她在想什么！"

"为什么女人总是那么做作，就不能坦诚地说出她的看法？"

"为什么我们现在总为一点芝麻绿豆大的小事争吵不休呢？"

"为什么她就不能直接把意思说出来，非得让我猜呢？"

"我怎么能确定她就是我的真爱呢？"

"为什么她总谈论我们之间的关系？"

"现在，我们相处得如此美妙，为什么她偏要破坏情调，吵着要结婚呢？"

"为什么女人总会有那么多问题呢？"

我们可以看出，无论男人还是女人，对恋爱都充满困惑。他们提出的林林总总的问题反映出两个事实：其一，人们都想让自己的情感生活充满柔情蜜意；其二，男女之间存在着一道鸿沟，他们不断相互猜测却无法真正了解对方。他们倾尽全力想要得到那种梦寐以求的恋爱，却时常会感到束手无策。

人们只有认识了男女对待恋爱的方式存在差异后，才能明白一切疑问与猜测都是正常现象，没什么大不了的。基于这种认识，他们将拨开混乱嘈杂的迷雾，看到真实有效的信息，从而找到解决种种问题的答案。相反，如果不了解两性间的差异，那么误会在所难免，纠纷仍将继续。

别在不知不觉中，破坏彼此的感情

通常男人和女人误解不断，不知不觉之中，两人辛辛苦苦建立起来的感情被消磨殆尽，最终很可能毁于一旦。女人可能会误会她的男友，认为他"是一个不能给我承诺的男人"，从而放弃这段恋情。男人或许认为他的女友"是一个用各种各样的需求纠缠他，让他失去自由的女人"。

在恋爱中，无论你多么真诚，多么想让对方了解你，但有时不经意间流露出的动作，足以破坏你们之间刚刚建立起来的感情。这绝不是危言耸听，一旦这样的事发生，即使你再努力弥补，也无济于事。要想在恋爱中获得收获，你必须让你的意中人理解与领会你的意图。所以，有些时候，你不能随心所欲，畅所欲言。相反，你必须控制自己的想法，不要轻易地做出反应，仔细权衡你的反应能否表达你的初衷。你必须了解异性，唯有如此，你才能与之从容相处并做出选择；也唯有如此，你才能品尝到爱情的滋味。要想了解异性，就要树立这么一种基本的观念：男女来自于不同的世界，出现分歧是正常现象。

如果你对单身男女的心理有更为深刻的了解，你就能在恋爱的五个不同阶段中游刃有余。恋爱的五个阶段是：吸引、不确定、排他性、亲密和订婚。读了本书，你将对恋爱有一个全面的了解与认识，你将更容易理解对方的行为，从而也就能触及她（他）的心灵。

恋爱五步曲

第一步：吸引

在恋爱的第一个阶段，男女双方初次交往。这时候，维系两人的是各自最初的吸引力，也就是外表、谈吐等外在的因素。这一阶

段的挑战是：确信你有机会展示你的吸引力，并随着交往的加深逐渐了解你的"准恋人"。如果你清楚地认识到男人与女人的恋爱方法是多么不同，你就能够充分展示自己的长处，给对方留下一个好印象。

第二步：不确定

在恋爱的第二个阶段，你的情感又发生了转变，从开始的相互吸引转变为对感情不能确定。你不能确定眼前这个恋爱对象就是与你共度一生的那个人。此阶段所面临的挑战是：你必须承认这种不确定是一种正常的现象，你不能被这种感觉所左右。在这一阶段，两人之间的感情变得扑朔迷离，令人难以捉摸。当你犹豫不决，迟迟不能确定是否继续交往时，并不是因为这个人不适合你，而是你有强烈的不确定感。事实上，这种情况经常会出现。如果不了解恋爱到了一定阶段就会出现不确定感，那么男人就很容易放弃，不断地更换恋爱对象；天生缺乏安全感的女人则害怕这种不确定性，为了让男人不再犹豫不决，她就在恋爱中表现得过分热情，结果却适得其反，只能使男人逃得更快。其实，她一味讨好的这个男人也未必能带给她幸福。

第三步：排他性

在第三阶段，随着你逐渐明确自己的感情，较之前两阶段，你会更加喜欢你的恋爱对象，于是就会产生一种肯定：我觉得就是他（她）了。你想与之建立更亲密的关系，你渴望为之付出感情，也期盼收获爱情，在你们的世界里，你不允许有第三个人存在。你不再关注其他异性，此时的你只想与他（她）在一起，共度好时光。在你心里，其实已经认定他（她）就是你想要的那个人了。于是，原本用于寻觅的精力，现在全都用在与恋人创造浪漫的爱情上了。此阶段面临的危险就是：相对稳定的感情可能让你过于放松，甚至有些粗心大意。你可能不再像以前那样对恋人体贴又周到，你也可

能不再为伴侣做一些琐碎的小事，而这些细节，恰恰就是当初让他（她）备感温馨之处。

第四步：亲密性

进入第四阶段，你开始品味真正的亲密接触。你们彼此间已经建立起足够的信任，也因此放松警惕，不再像以前那样害怕与情敌竞争而紧绷着弦。随着了解更加深入，你们已经介入了彼此的生活。这一阶段，你们在一起分享各自的生活，彼此都把自己生活中最好的一面展现出来，你们已经进入热恋期。但是，挑战依然存在：随着交往的深入，各自的缺点也日渐暴露出来，这些不尽如人意的地方也许成为你热恋中的乌云。如果你不了解男人和女人对亲密性的理解有多么不同，那么就很容易得出这样的结论："噢，我们的差距太大了，还是分手吧。"

第五步：订婚

经过亲密无间的第四阶段，了解到彼此的真面目，这时，如果你仍然想和这个人结婚，那么就先订婚吧。到了这个阶段，你们真的可以稍微松一口气了。为你们的爱情举杯庆祝吧！此时此刻，你们两人品尝着爱情的滋味，品味其间的酸甜苦辣，品味那种只属于你们两个人的喜悦、幸福、安定与忠贞。这是恋人之间欣喜相拥的时刻，这是爱人之间相互承诺的时刻。遗憾的是，许多夫妇并没有经过这个阶段，就匆忙地步入婚姻。他们不知道，订婚也是非常必要的，相对结婚这个重大的考验而言，订婚可以给你们提供一个缓冲的时间，利用这段时间，你们可以放慢脚步，彼此分享，消除分歧，避免婚后可能出现的失望。订婚，对于你们下一步建立家庭、在一起共同生活极有好处。订婚阶段可以为你们的感情打一个良好的基础，经历了这个阶段，拥有一生一世的爱情与浪漫就不再是遥不可及了。

本书详尽地探讨与分析恋爱的五个阶段，并且力图解决每一个阶段所遇到的问题。本书的每一个章节都会告诉你，男人和女人对待恋爱有什么不同的看法，这些基本观点可以帮助你解析恋爱对象的行为，并指导你做出积极地回应，还能帮助你准确地表达自己的意图。它将使你在恋爱中如鱼得水，把握住每一次机会。有了它，你梦寐以求的那种和谐美好的感情已经近在咫尺了！

约会可以变得很简单

想要开始一份新的恋爱，最初准备阶段，就是约会。与陌生人约会很尴尬，这种无可名状的窘迫感真让人难受呀！要知道，有些人仓促做出结婚的决定，就是为了避免不断与陌生人约会。但是，你知道吗，约会也可以不再只是有一搭无一搭的聊天，沟通也可以不再困难重重，当然，约会也不会总让你看不到希望——似乎无休止地约会却碰不到可心的人。事实上，如果你还在茫茫人海中寻找你的恋人，最便捷的方式就是创造积极的约会经历。如果你明白了约会中的每个阶段男人和女人都在想些什么，就会发现约会一下子不可思议地简单起来。比如，在吸引阶段，陌生男女初次见面，彼此印象不错。可是第二天，女人却没有接到男人的电话。这大大地出乎她的意料。于是，她开始怀疑，"是不是我没有魅力？" "是不是他不喜欢我？"而事实上，即使他已经为你深深地吸引，也可能不会急于打电话。明白了这一点，就可以使女人避免产生不必要的担心。其实，女人大可以主动出击，与其坐在电话旁傻傻地等，不如找个巧妙的理由给他打过去。这么做并不会影响你的尊严，相反，却能使你更好地享受约会的过程。

同样，理解了两性间的差别，也可以使男人的约会旅程变得轻松。例如，一个男人要是知道女人最需要什么，怎么做才能捉住她的芳心，那么他就能轻易地俘获意中人，这无疑会使他信心倍增。通过了解男女之间的差异，男人就知道在约会的每个阶段，自己应该做些什么，而不再像以前那样束手无策。

为寻找真爱做好准备

一旦你对约会了如指掌，你的信心也大大增强；一旦你对恋爱的感觉收放自如，你就不再频繁出错。了解男人和女人的差异，你就会从错误中成长，从错误中学习能使你少犯相同的错误。当然，即使你知道了男人来自火星，女人来自金星，两者之间有巨大的差异，你也不可能将任何一次原本无意的约会都发展成为永恒持久的恋情。但你却可以使约会之旅变得轻松自在、妙趣横生、裨益良多。有时候，这种全新的视角，让你比以往更早发现这个人并不适合你。清楚自己想要什么人，会让你更容易做出判断，从而向真爱靠近。道理如此浅显：你越早离开不适合你的人，你就越早向真爱迈近了一步。

对恋爱的五个阶段有了充分的了解，恋爱就变得清晰明确，你将收放自如，举重若轻。陷入僵局时，你立刻就会意识到症结所在并快速挣脱，自如前行。无疑，只要你为迎接心灵交契的伴侣的到来做好了准备，那么你将惊喜地发现，与你灵犀相通的那个人原来并不遥远。你将带着寻找真爱的美好意愿，倾听内心的声音，让它指引着你，经历一次心灵的探险，去发现你的真爱。临行之前，请大声对自己说："我已经为找寻永恒的真爱做好了准备！"

第 2 章

Mars and
Venus on a Date

寻找属于你的另一半

找到适合自己的另一半的过程，就好比射击运动员在射击场上向靶心瞄准一样。要想瞄准并一箭射中，运动员要经过长时间的训练。当然，其中不乏有些幸运儿未经训练就能一箭穿心的。但是，大多数人不会有这样好的运气。同样的道理，大多数人在未找到另一半之前，会与许多人约会。还有一些人，在寻觅灵魂伴侣的旅途中踯躅徘徊、费尽周折。是上帝对他们不公吗？不是的，关键的原因在于，这些人的恋爱方法与方式存在缺陷。

要想搞清楚到底缺什么，那就让我们的目光回到射击场上吧。你屏息静气，聚精会神，瞄准靶心，然后手松箭出，"嗖"地一声，箭并未射中靶心而是掉在了地上。你射得太偏左了。下一次，你拿起箭的时候，自然会调整一下，会往右移一点。几经调试，不断地自我矫正，不断地向靶心瞄准，终于，你击中了靶心。

在两性情感关系中同样如此。每次，你调整心情，穿戴整齐，前去赴约，却发现对方并不是你理想中的人。不可避免地，你会感觉有点扫兴，但是没关系，就当增加一次情感经历，丰富你的约会经验吧。此后，你相应地做一些自我调整。你在下次约会遇到的人，也许就更接近你理想的情人。以后，一次次的约会，使得你不断地调整，不久，你就发现自己经常为哪一类型的人所吸引。经过不断地调整，最终，你就能够一击中，射中靶心。

好的结束意味着好的开始

找到意中人，你必须拥有向靶心校准的能力。当一段恋曲划上休止符时，如何评价这段感情，是衡量你是否具有校准力的重要标准。许多分手的男女过分沉溺于恋爱失败的阴影中，却不知，如何结束这段恋情对你们下段恋情的质量有着至关重要的影响。从这个意义上讲，好的结束就意味着好的开始！

如果你带着怨恨或愧疚结束这段感情，那么你寻找真爱的路程就变得更为漫长而遥远。许多人都不懂这个道理，女性很难接受男人向她提出分手的现实。她们会认为自己全心全意地投入，倾尽全力地付出，却落得这么一个下场。于是，她们愤恨、不满、委屈。尽管是男人先提出分手，但是他并没有感到如释重负，轻松自在。其实，他的感受一点也不会比女人好。分手时，女人愤怒的倾诉、委屈的泪水，使男人的内心充满负罪感。如此看来，一段恋情告终时，男人和女人的心情都会很糟糕。

面对分手，谁都不可能好受。一般说来，被拒绝或被抛弃的那个人会感到愤怒；而提出分手的人则会觉得内疚。在某些情况下，有人可能还会有受辱之感："这样的人都敢跟我提出分手？"这么想的大有人在。一段感情结束了，我们的心也随之冷却了。于是，当你再次遇到什么人，你就会有所保留，不肯轻意地为对方打开心门。

不能敞开心扉，就意味着你很难找到与自己情投意合的人。因为你在恋爱过程中畏首畏尾，不肯释放真正的自我，你的个人魅力无法表现出来，也就无法与意中人坠入爱河。所以，具备积极的态度，以宽容之心来对待分手，可以使你在感情的道路上有所进展，重新开始新的恋爱，发现理想的意中人；唯有心门敞开，你才能了解自己真实的想法，你才能确定自己是否正在向目标靠近。相反，如果你心门紧闭，那么下次的恋情说不定就会重蹈覆辙。

不要重蹈覆辙

如果你怀着愤怒或者愧疚的情绪分手了，那么下次再恋爱，你可能会喜欢上与旧情人相似的人。这是因为在你的潜意识中，想通过这次恋爱解决上段感情所遗留下来的问题。你总在为上次的分手后悔，幻想着回到过去，重新来过。一旦你为一段无果的恋情而空余遗憾时，你本能地会喜欢上与旧情人相似的人。这个人既然与旧情人有着许多相似之处，结果同样也可能会像他（她）一样，让你为之后悔不迭。在以后的交往过程中，你极有可能重复上次的交往方式，其实，这么做可就大错特错了。你必须从上次恋爱的经历中吸取教训，同时，你必须学会不断地自我调试，直到你们的交往和谐浪漫为止。其实，当你以一种积极的心态去看待那些不愉快的约

会经历或者已结束的恋曲时，你就能从中汲取力量，获得校准的能力。这些能助你再次扬起爱情的风帆，勇往直前。下次恋爱，你就不会再重蹈覆辙，你所喜欢的人也必将更接近真爱。

不要试图去强行改变

促使情侣分手的一个重要原因就是两个人在一起的时间太长，感情日渐变淡，最后无果而终。两个人都没意识到对方并非合适的人选，却一直勉强维持。他们试图改造对方，强求不得，只好改变自己。谁知，越是想搞好关系，情况就变得越糟。其实他们不明白，这个人虽然接近意中人，但他（她）还不是自己的真爱，试图强行把他（她）改造成真爱是不现实的。失望之余，也必然会增添他们的挫败感。尽管他们的初衷是使彼此的关系得以改善、升华，结果却适得其反，他们把自己最糟糕的一面呈现给了对方。

这就是为什么许多情侣分手后，反而能成为好朋友的原因。他们在一起的时候，为了达到结婚的目的，两个人都试图改变自己的本性以迎合对方，这种压抑本性的做法必然导致两人产生更深的误解与矛盾，于是终日争吵不断、剑拔弩张。而分手之后，两人终于放弃了以前拼命维系的那段原本不适合的恋情，顿感轻松许多，他们得以从容相处，反而对彼此更友善、更宽容了。

比尔和苏珊已经交往三年了。在最初的两年里，比尔不能确定自己是不是真的想跟苏珊在一起，但是苏珊却很坚定，她不停地付出，想让比尔相信他们两个可以有美好的婚姻。时间一长，两个人都倦怠了，糟糕的事情发生了。苏珊总疑神疑鬼，终日担心比尔会移情别恋，爱上其他的女人。尽管比尔很忠诚，可苏珊却总是不放心，老是缠着他。上班时给他打电话，问他："你正在做什么？"下班后问他："你要去哪里？"有时不断地追问："你到底觉得我怎么样？"此时的苏珊已经变得相当急躁、相当不自信了。比尔终于忍无可忍了，他感到自己似乎被这个女人绊住了手脚。于是，他

动不动就发脾气，对苏珊也越来越冷淡。他们终日激烈地争吵，甚至只为一点鸡毛蒜皮的小事也能吵得不可开交。这种情况一而再、再而三地发生，终于，他们都身心俱疲，认为对方辜负了自己的一片真心。于是，两人痛苦地分手了。

回顾两人的交往历程，在恋爱的前三个阶段，一切进展顺利，步入第四阶段后，情况却急转直下。随着比尔对苏珊的逐渐了解，他开始认为自己并不符合苏珊的要求，而苏珊也并不是他的理想情人。他虽然爱她，却并不想与她结婚生子，厮守一生。

这种感觉让比尔很迷茫，也同样让苏珊不解。苏珊当然能感觉到比尔的迟疑，于是她惊惶失措，害怕失去这段爱。为了抓住比尔的心，她不断地追问比尔："如果你爱我，为什么不愿意跟我在一起？""我们之间的感情怎么能说完就完呢？""这太不公平了！我本以为你是爱我的，现在你却要弃我而去。你怎么能口口声声地说着爱我，还拼命地想要离开我呢？""我们之间发生过一些特别美好的事情。你现在只是害怕与我太过亲密而已。你必须给我机会，我一定会证明给你看……"

然而，面对苏珊一连串的质问，比尔的回答却总是那么淡淡地一句："我爱你，但是我觉得你并不是我想要的那个人。"苏珊根本听不进去这些话。于是争执在所难免，并且愈演愈烈，最终演变成两个人只要见面就会吵架。他们的关系已经恶化到这一步，就连决定晚上去哪儿吃饭都得争吵半天，最后，也只得以分手告终。

比尔和苏珊都不知道，分手其实也是一件好事。遇到某个人，与之相知相恋、了解至深之后，却发现这个人并不是自己心目中的真爱。他们没有积极地看待分手。相反，由于分手前发生了那么多争执，两人的爱也在喋喋不休地争吵之中消磨殆尽。分手的时候，爱意荡然无存，唯有怨气长留心中。许多人都会犯与比尔、苏珊相同的错误。当一段感情结束时，他们总是把目光集中在负面，总是想着坏的一面，却并不懂得，与不适合的人分手也是一件好事。唯有如此，你才有机会遇到对的人，找到一生的幸福。

如何知道谁是你的意中人

说到这里，肯定会有许多单身者问我："当你遇到某个人，怎么就知道他（她）是合适还是不合适呢？"如果你问那些已经找到另一半的人这个问题，他们通常会这样回答："唔，我也不知道该怎么对你解释这件事，但是，当真爱出现时，你就会知道的。"

当心灵相契的人们坠入爱河之时，很奇妙，这种感觉如此清晰而明确，就好像你会知道今天的阳光很好一样。当你遇到合适的人，那么你就会知道。你接受他，认可他，并不是因为他家境显赫，聪明勤奋，也不是因为他身后有一长串的理由和资格。灵魂之爱是无条件的。当真爱出现在你面前，你"就会知道"，然后你们就会用一生的时间去探索、发现为什么他（她）就是你的另一半。

当然，这样回答似乎显得太过神秘，也会产生一些误导。它可能暗示如果你对某人没有这种"就知道"的感觉，那么这个人就不适合你。然而，事实并非如此。对于这个问题，最准确的回答是在前提上加入一系列的"如果"：如果你在交往的时候创造了合适的条件，如果你们的心灵是相通的，如果你真的遇到了意中人，那么，你"就会知道"；如果你敞开心扉，却并没遇到真爱，那么你"就会知道"你们不合适。

要想知道自己将与谁共度此生，你必须先聆听自己的心声。如果不这样做，那么即使你与适合的人终日相对，也不可能"就会知道"。在恋爱时，首先打开自己的心门，创造适当的条件，是多么重要的一件事啊！通过经历恋爱的五个阶段，不断地营造合适的时机，能够帮助你培养这种"就会知道"的能力。同样，当你与并不适合的人在一起时，你也"就会知道"。一旦拥有了这种能力，你就很容易发现真爱或被真爱发现。你所做出的每件事、每个决定，都将引导你越来越接近目标，最终与真爱相遇。

寻找灵魂的伴侣

多数情况下，你要花许多时间和精力完整地体验恋爱的五个阶段，最后才能找到真爱挚侣，与之共度一生。许多人没有经历恋爱的五个阶段就草率结婚，这也是造成今天离婚率居高不下的原因之一。还有许多夫妇仅仅是为了结婚而结婚，他们不是每个阶段浅尝辄止，就是跳过一两个阶段。

你也许要反对："我爷爷奶奶的婚姻就是包办的呀，他们没认识几天就结婚了，这一辈子过得也很幸福呀！"亲爱的，你忘了，我们所处的时代发生了巨大的变化。那个年代，人们结婚就是出于稳定的需要。我们的祖辈，无非就是想找一个伴侣一起谋生度日，生儿育女。到了父辈，夫妻间已经学会了相亲相爱，但是，仅仅有爱并不代表他们的婚姻是浪漫而美满的。

多数情况下，对我们的祖辈而言，婚姻恰恰是爱情的坟墓，从未有永恒的浪漫与婚姻相联系。如果我们想要寻找一个爱意与日俱增，任岁月流逝也激情不减的伴侣，那么他（她）必须是非常特别的——精心挑选并为我们的灵魂承认的。他（她）是我们心灵的约定，有时候，我们会感到能与他（她）相伴一生是上帝的安排。

与你灵犀相通的人才会具有独特的魔力，才能激发你展示出最迷人的风采。灵魂伴侣并非十全十美，但对你而言，却是完美的。他可以为你弹奏生命中最华美的乐章，但若缺乏良好的沟通技巧，他也可能把你的生活带入梦魇。当然你们不能仅仅停留于身体上的吸引，还要产生灵魂上的契合、心灵上的共鸣。

恋爱使人产生四种反应：身体反应、情感反应、心理反应和精神反应。身体反应引起欲望；情感反应产生爱慕；心理反应引发兴趣；精神反应创造爱情。与你情趣相投的伴侣必须能引发这四种反应。

仅有身体上的吸引是不够的

恋爱如果仅靠身体上的吸引来维持是无法长久的。性感、迷人的女人对男人极具杀伤力。一旦这个诱人的女子答应与他共度良宵，男人很难抗拒这种美色的诱惑。许多年轻男子更是如此，仅仅是性接触就能引起他本能的身体反应。然而，几次云雨之后，这种激情会消失殆尽。

作为两性情感关系顾问，我惊异地发现这么一个现象：在我的顾客中，有相当一部分女性是非常有吸引力的。她们有着模特般高挑的身材，电影明星般迷人的脸孔，没想到她们居然也有着同样的抱怨："我丈夫对我很冷淡，我们很久没有性爱了。"我惊呆了，简直令人难以置信。在我看来，任何正常的男人都不可能抗拒这样的尤物！然而，这的确是事实。我思考再三，终于明白了原因何在。

刚开始交往时，男人首先被漂亮女人靓丽的外表、性感的身材迷住了，尽管他对她一无所知，但被本能冲昏了头脑，他毫不犹豫地开始疯狂地追求她。一旦男人感觉到性冲动，基本都会认为自己对这个女人了如指掌。他对她充满了兴趣，愿意在她身边，甚至还会认为自己已经不可救药地爱上了她。其实，真正的考验在于：男人渐渐真正了解她之后，是否还依然爱她？尽管一时的激情看似情意绵绵，但这并非真爱，也难以持久。唯有历久弥坚的感情，才是真正的爱情。

如果男女双方一开始就把注意力过多地集中在肉体上，而不重视创造了解彼此的机会，爱之不深、思之不切，也就很难发现对方是否与自己性情相投、心心相印。当身体上的反应得不到情感上、心理上以及精神上的支撑时，感情就不能及时地增进，激情也就难以久长。一旦肉体上的快感与新鲜逐渐褪去时，吸引即会烟消云散。肉体吸引唯有源于思想共鸣、心心相印、灵犀相通时，才能维系一生。

触及灵魂的永恒爱情

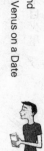

唯有精神持久不变。一旦你的灵魂为某个人所吸引，那就是你的真爱。那么你与他就会产生精神的交契与共鸣，唯有如此，身体、情感以及心理上的回应才能得以维系。长久的肉体吸引必须发现其灵魂深处的源泉。

在精神层面，你自始至终未曾改变。孩提时期的你仍然是现在的你。你无法成为别人，精神就是你生命中不可改变的那一部分。当然，随着年龄的增长，你的身材与容貌都发生了很大的变化。但在情感层面上，变化就相对少得多。举一个例子：几乎所有的成年人都会有这样的感觉，童年时的某些强烈的感情，比如愤怒，至今回想起来都耿耿于怀。这说明在思想层面，我们的改变很少。我们可能倾尽一生痴迷于某些东西和某件事情。当然，其间还是会有少许变化的，但肯定不会像身体上的改变那么大。而在心灵深处，我们从小到大，始终如一。

人的本质，就是抛开外貌长相、思想知识以及其他一些后天附加的东西之后，追问自己"你到底是谁"。传说中，这种本质都是成双成对的，你的精神也有一个潜藏的伴侣，它需要你用一生的时间去找寻找、去体会。一旦一对情侣是触及灵魂的伴侣，一旦他们的精神彼此相爱了，他们就会为彼此的身体和情感深深吸引，这种爱不但能够持久，而且还可以随着时间的打磨，不断增长、丰富、充盈。当然这并不是说，一旦你们是这样的伴侣，就无需再努力，每件事情都会顺其自然，水到渠成。精神相融的伴侣仅仅意味着你们幸福的可能性非常大。

对你的另一半敞开心扉

恋爱初期，你们的心灵并未完全向对方敞开，你们依靠是否相互吸引、是否彼此感兴趣这个标准寻找爱人。相互吸引、彼此感兴

趣也只能引导你们步入感情的大门，满足简单的需求。一旦在这段感情中，你们的需求相互碰撞、产生爱的火花，那时，心灵就开始向彼此敞开，你们体味着前所未有的浓情蜜意和亲密无间，带着真挚的爱渐渐走进对方的生活。然而，进一步了解对方后，你却发现，竟然越来越不能确定他（她）是否就是那个上帝精心安排的心心相印的伴侣。

尽管此时此刻，你感受到了源自心灵的深挚的爱，但是，这个人仍有可能不是你的唯一。即使你们的爱已经日渐深厚了，也并不意味着这个人就是与你完全匹配的另一半。有些人认为自己爱上了某人，就一定要与之结婚，一旦有了这种误解那他们就永远不可能体会珍藏在心中的爱意，因为在结婚之前，他并没确定此人就是可以共度一生的人。

这是两性关系中的"第二十二条军规"*。它总是困扰着男人们，使他们因此而陷入进退两难的尴尬境地。此时此刻，他们能明显地感受到女人总想搞清楚他们是否真心爱她。然而，男人却并不这样想。他们担心的是，一旦女人明白了他们的爱恋，就会期盼求婚的那一天，如果不这么做，将会深深伤害她。在浪漫的电影中，爱某个人就意味着娶她。然而，在现实生活中，并非如此。

许多人误以为唯有结婚才是爱的表示，其实不然。真爱是你们的心门向彼此敞开。唯有你们的心中盈满爱意，才能真正了解对方。也唯有心灵敞开，你才能找自己的真爱，才能确切地知道某人并不适合你。

明白了这些，你才能自如地结束一段感情而没有负罪感或愤怒感，你才不会因为拒绝而感到背叛。相反，将代之以正确的意识，可以真正地去寻找真爱。这么说也许有点空泛，让我们来看前一节中提到的比尔与苏姗例子。

---

* 这个词来自美国作家 Joseph Heller 的黑色幽默小说《第二十二条军规》，意指"叫人左右为难的规定或情况"。

比尔和苏珊的故事

比尔终于向苏珊提出分手，苏珊的反应很强烈："只要你给我一个承诺，只要你稍稍付出一点，而不是仅靠我一个人苦苦维持，幸福就触手可及；只要你对我哪怕多一点点关心，多一点点珍惜，我们就不会变成现在这样子；只要你不只关心工作而无视我的存在，那么我们现在就可能已经结婚了，而且我们会从此过上幸福美满的生活！但是，你没有，你什么都没有做！你毁掉了我们的感情，你轻易地就放弃了我们这么多年的爱情！我的生活全毁了！你毁掉了我的一生！"

苏珊不断地来我的工作室咨询她的个人情感，她日渐消瘦，憔悴不已，一种怨恨情结始终纠缠着她，让她久久无法释怀。痛苦是如此的清晰，她无法逃避："不可能的，我付出全部身心去爱的人，怎么可能不是我的真爱呢？为什么我们三年的感情就这么毁于一旦了呢？"我的回答是："你肯定会找到更好的人。"她凄凉地摇摇头，表示一点儿也不相信。

任何人被拒绝的时候，都可能产生苏珊这样的想法。怨愤是非常正常的情绪反应，但是，这种情绪必须通过正常渠道得以宣泄，并且代之以积极的情绪。

三个月后，苏珊再度坠入爱河。她深深地爱上了杰克。在他们相识相恋的一年中，事事顺利，样样称心。但是，一年后，苏珊意识到一个残酷的现实：杰克并不适合她。她的确爱杰克，但随着对他的了解加深，她意识到尽管杰克很好，但却并不适合她。

苏珊决定和杰克分手。听到这个消息，杰克惊呆了，他的反应与当初的苏珊一样。一看到杰克为感情而受到的折磨与伤害，苏珊就觉得自己有不可推卸的责任，于是，两人又勉强在一起相处了几个月。结果，苏珊发现情况变得更加糟糕了。两人的分歧与争执也越来越多，苏珊再也无法忍受了，她感到杰克现在的所做所言，跟一年前比尔与她分手时的情况如出一辙。

直到那时，苏珊才开始相信了："你可能会爱上什么人，却不想与他结婚。"苏珊终于原谅了比尔，她现在明白了当初他为什么选择离开。

苏珊痛定思痛，下定决心，没有愧疚地与杰克分手了。在她心中，已经知道杰克并不适合她。现在，她重新扬起爱的风帆，继续寻找真爱，她将义无反顾地向她生命中的男人奔去。她说："我非常感激杰克，我们在一起共同度过了一段美好的时光，但是，现在我们必须结束这段感情。"

三个多月后，苏珊遇到了汤姆。他们一见钟情。此后，他们完整地经历了恋爱的五个阶段。经过九个月的相处，他们结婚了。现在，他们在一起生活了十二年，感情历久弥坚，日渐醇厚。

如今，婚姻幸福的苏珊越发感激比尔当年的放弃。"比尔那时真是勇敢，他遵从心灵的声音，坚决地提出分手，现在想来，真是太感谢他了，要不然，我就不可能遇到汤姆了。"比尔最终也同样找到了他的意中人，过着幸福的生活。

苏珊的故事说明一个道理：以积极乐观的态度结束一段感情是多么重要！最终，苏珊和比尔都从怨恨情结与负罪感中解脱出来，获得了真正的爱情。

恋爱，你准备好了吗?

恋爱面临的首要挑战，是心里不要老想着寻找你的另一半，而必须集中精力为爱热身，以便当他（她）出现时，你立刻就能发现他（她）。

一旦你自己准备好了，真爱就会出现。许多人寻找真爱或被真爱找到，恰恰是在他们并没专注于找寻的时候。事实就是：一旦你自己准备好了，真爱就会出现。在我们还年轻的时候，与异性的约

> 许多人寻找真爱或被真爱找到，恰恰是在他们并没专注于找寻的时候。

会青涩而好奇，约会的目的并不是寻找共度一生的伴侣，而是要通过约会了解异性，了解自己，以此探寻两性之间彼此吸引的情感。

吸引力常常脆弱得不堪一击。你或许认为自己深深地爱上了某人，但事实却并非如此。你只是一时为爱冲昏了头脑。开始的时候，你期待着与意中人长相厮守，为了这样的强烈愿望激动着、兴奋着。然而，一旦你真正了解他（她）后，你的热情就会渐趋冷却。毫无疑问，这样的感情尚未成熟，还远远不是真正的灵魂之爱。可是，体验这个过程恰恰是找寻终身伴侣必不可少的重要环节。

有时候，一段恋情以失败告终后，即使那时你已青春不再，你仍然需要花很长一段时间调整自己，让自己再度恢复自信。一旦你确信自己对异性相当有吸引力，那么你就能够超越恋爱的第一阶段，慎重、严肃地进入下一阶段。

灵魂的伴侣并不完美

灵魂伴侣其实并不是完美无缺的。他们并不具备你所罗列的完美情人清单上的所有优秀品质，他们也是缺点与优点并存的。但是当你认识了他（她），充分地了解他（她）之后，对你来说，他（她）就是完美的了。

如果他对你来说是完美的，你可以包容他的一切优缺点，你对他的这种爱正是灵魂之爱。这种爱使你逐渐学会了与在许多方面都与你截然不同的他分享生活；正是对灵魂之侣的爱，使你学会与之合作，尊重对方，理解并欣赏、珍惜并崇拜他。在这个并非总是一帆风顺的磨合过程中，你变成了一个更加宽容、更加完美的人，你的心灵也因此得以成长。

一只丑陋的毛毛虫羽化成美丽的蝴蝶，绝非易事。它为此付出了艰辛的努力。这只小小的蝴蝶奋力挣扎以便摆脱厚茧的束缚。在这个破茧而出的过程之中，蝴蝶锻炼了自己的翅膀肌肉并且逐渐获得了飞翔所必需的力量。如果你同情它，为了不让它费力气而用剪

刀剪开虫茧，蝴蝶就会永远失去了飞翔的能力。等待它的，唯有默默死去。

如果你的人生伴侣在某些方面不能给你带来挑战的话，你生命中最美好的一面就不会被激发出来。灵魂的伴侣能唤醒你生命中最好的那个部分。在婚姻中，你必须学会克服种种负面倾向——挑剔、自私、抱怨、要求越来越多、饥渴、死板、殷勤、想当然、怀疑、不耐烦等等。与灵魂的伴侣在一起，就使你有可能超越上述倾向，提升自我品味。当你性格中的阴暗面浮现之时，你可以通过深藏于心中的爱使自己变得更加坚强，从而顺利化解恋爱旅途中出现的种种问题。在披荆斩棘、找寻真爱的漫漫征程中，你的灵魂，就如蝴蝶一般，得以破蛹成蝶，自由飞翔！

别犹豫不决

如果你是那种事事期待完美，小心谨慎，总不愿主动出击的人，那么你就可能永远不会对任何人感到满意。当你面对某人犹豫不决时，成功的秘诀是：你必须给彼此的感情一个发展的机会，敞开心扉，真心相处，直到你清楚地"就会知道"他（她）是否合适为止。这时，如果你发现这个人正是适合的人选，那么恭喜你，你找到了你的灵魂伴侣！如果不是，那么你要坚决而果断地提出分手，分手后切记不要总停留在回忆之中，不要回顾你们过去的感情历程。现在让我们看一个真实的例子。

理查德四十七岁，尚未娶妻。他见过的女子不计其数，本人也是颇具魅力的成功人士，仪表堂堂，而且最重要的一点是，他想结婚。在他的众多恋曲中，也遇到过一些给他留下了难以磨灭回忆的女人，可是他却迟迟不能安定下来，总觉得还缺少点什么。以下是他如何形容这些特别的女人的：

莎拉真是妙极了。她活泼开朗、魅力四射。我多么喜欢与她在一起的那种美妙感觉呀！甚至有段时间我们都产生了结婚的念头，

想要白头到老，可是不知道什么原因，我们两个都感到厌倦，不想再继续下去了。于是，这段感情也就不了了之了。

卡罗死心塌地地爱着我。无论我怎么做，她都一直深爱着我。我们也一起度过了许多美好时光。她的确很优秀，并且为我付出了很多，我真的不能再向她苛求什么了。当然，她不如莎拉那么活泼而有魅力。

玛丽是我所见过的最美丽的女人。她冰雪聪颖，事业有成。我携她一起出席公众场合，她总能吸引众人的目光，让我感到极有面子。我曾考虑过娶她，但是与玛丽在一起时，我觉得我不得不事事迁就她，事事按她的意思去做。我喜欢为她服务、为她付出的这种感觉，但是我觉得要是让我一生都笼罩在这种感觉之下，我绝对不会快乐的。

……

理查德还可以继续说上几个钟头，对他所遇到的女人评头论足，细加比较。简言之，他期望有一个完美女神出现，集所有女人的优点于一身。他交往的女人越多，他就越期待着灵魂伴侣要拥有更为优秀的品质。因为追求完美，所以理查德总是处于不断地比较之中。他总想着尽可能地得到一切。

理查德的头脑中一直萦绕着一个想法，那就是永远不能仅仅与一个女人约会。他永远不能进入固定地只与一个女人见面的"排他阶段"。他没有给自己只向一个女人敞开心扉的机会。当他为一个女人着迷时，不会像其他情侣那样共同进入"不确定阶段"。当然，他也感到了不确定性，他的做法是开始四处约会其他女人进行比较，以便择优选择。在感情上，他总给自己留一条后路，如果这个不成，那么还会有别的女人陪在他身边。

他无法承受炽热表白后却惨遭拒绝的风险。在与这个女人交往时，总有另一个女人作为备选。结果理查德永远都没机会与一个女人单独相处半年以上。在他所有的艳遇之中，他总是盲目地跳过"排他性阶段"，迅速步入第四阶段（亲密性阶段），然后又回到第二阶段（不确定阶段）。

　　一旦他感觉到不确定了，他就开始四处张望，又为别的女人所吸引，疯狂地追求她们。他总是在数位女人间周旋，他永远不可能知道到底哪个女人适合他，哪个女人不适合他。

　　理查德择偶一再失败，最根本的原因在于，他不能承认恋爱前四个阶段的失败。从未有人告诉他，单独与某人约会是找到合适伴侣的必要准备，这一阶段至关重要。

　　理查德固执地认为恋爱的顺序应该是这样的：首先认识某人，然后与其建立亲密关系，确定她是他的唯一之后，才能进入"排他阶段"。而事实却是，先进入"排他阶段"（第三阶段），然后自然而然地步入"亲密阶段"（第四阶段）。

　　理查德回顾了与许多女人的交往过程后，感觉到很多次婚姻都与他擦肩而过。只要他能做一点微小的改变，那么第四、五阶段就会变得异常完美。直到现在他还在苦思冥想，也对某个交往过的女人无法释怀：也许她是最适合我的，也许她是我能追求到的最优秀的女人。

　　理查德回忆自己过去的恋情时，并不会感到愤恨或愧疚，而是总感觉不完美、不满足。他根本弄不明白到底哪个女人适合他，哪个女人不适合他。除非他最终给自己一个机会，与其中的一个单独交往，他才能找到真正的答案，否则，他将倾其一生而终无所获。

　　理查德一次又一次地为自己的恋曲画上了句号。他没有意识到，正是频繁地更换约会对象破坏了他寻找灵魂伴侣的能力。在他约会的众多备选女性中，可能有人已经是他的灵魂伴侣了，然而他早已错过，却仍浑然不觉。

　　他找到真爱的唯一希望就是，停止不停地比较和追求完美。如果发现一个让自己深深迷恋的女人，就应该专心追求她，依次体验恋爱的前四个阶段。通过这个旅程，他就能最终获得那种"就会知道"的能力。即使他努力付出的结果只是"就会知道"这个女人并不适合他，那么他也是收获颇丰的——至少他弄明白了一段感情。在这段感情结束后，不会像他以前的众多插曲那样，毫无所获，他

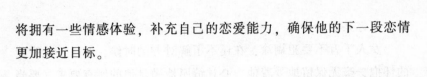

将拥有一些情感体验，补充自己的恋爱能力，确保他的下一段恋情更加接近目标。

不专一的男人

杰森，一个 32 岁的英俊小伙儿，正在同时与六个女人谈恋爱。尽管他频频约见美女，却仍然拿不定主意，犹豫不决。他总是想："有这么多漂亮女人，我怎么能轻易做出选择呢？"对他来说，从众多美女中选择一个，确实是很难以取舍的，因为一旦当他与某人进入第二阶段（不确定阶段），他就会迫不及待地提前跨入第四个阶段（亲密性阶段）。

他可能会花数周或数月的时间与一个女人恋爱。一旦他们开始真正了解彼此，并且有了一些实质性的亲密接触，他的怀疑就出现了："我是真的爱她吗？她是我的唯一吗？"由于无法面对这种不确定性，他很快就重新寻觅别的女人，开始新的恋曲。因此，他从未承诺过与任何女人进入排他性阶段。他在恋爱的前两个阶段之间不断徘徊往复，他不能够下决心安定下来，认真且专一地对待一段感情。

诚然，杰森同时与众多的女人谈恋爱的做法不可取，但是，那些女人也同样犯了原则性的错误。她们竟然在尚未确定杰森是否只与自己谈恋爱的时候，就与他发生性关系。过早地发生亲密关系，女人的魅力就大大地降低了，她无法正确地找到自己的意中人。

杰森与一个女人进入亲密阶段时，他会与她详尽地探讨自己生活中出现的问题，甚至包括他与其他女人交往时的种种疑问和困惑。这种看似亲密无间的私话，实际上却极不适合与现任女友交谈。当男人和眼前的女人喋喋不休地探讨他与其他女人的问题时，女人就应该警惕了，你必须清楚地认识到："这个男人有可能并不钟情于你。"此时此刻，女人就不应该在这个男人面前表现出一副对他死心塌地的样子，更不能与他过分亲昵。女人啊，切莫以为这时只要适时地同情、耐心地倾听他的回忆，他就会把你视为红颜知己，与你共度一生。

女人千万不要犯糊涂，在还不了解对方的时候，就一头扎进他的怀抱，毫无保留地爱着他，心甘情愿地满足他的所有要求。要当心，在他与你情意绵绵的同时，他还会对别的女人甜言蜜语，约会不断。这样的男人，是很难愿意塌下心来与你共度一生的。

每一次恋爱都是一次机会

每一个正在寻求真爱的人都应该建立这样的观念：将每次恋爱当做一次机会，去体会恋爱不同阶段的感觉，丰富我们的情感经历，提高我们辨别并找到正确人选的能力。即使你曾经将错误的人误认为是自己的真爱，并最终为他（她）黯然神伤，这段失败的情感经历也有助于你日后进行自我校准。当你在寻找真爱的旅途上继续前行时，你可以借鉴以前的恋爱经历，仔细地加以分析对比，彻底弄清楚自己现在正处于恋爱的哪个阶段。于是，你发现合适人选的机会就增加了许多，你又向自己的真爱靠近了一步。

如果你已经充分了解恋爱五个阶段的含义，那么你就做好了准备。你将拥有爱的辨别能力，你将在恋爱旅程中判断，何时永恒持久的爱情在你与何人之间产生。你耗费在任何一段感情中的时间都不是浪费。如果你能以一种积极的方式充盈完善自己，那么这些付出都将是值得的！

总恋爱不结婚

据婚姻现状调研所最新的统计数字表明：准夫妻的婚前等待时间延长了。对此现象，某些人忧心忡忡，认为"这又是一个新的社会问题"。然而，年轻的情侣们做出这样的选择实在是明智之举。当两人相爱至深，已经到了谈婚论嫁之际，他们却并不急于结婚，而是选择等待。你也许会问："他们在等什么呢？"其实，之所以等待，是想在步入婚姻殿堂之前彻底弄清楚，"我们是谁？""我们能做什么？""我们现在想做什么？""在决定厮守一生的约定之前，我们应该何去何从？"在即将到来的婚姻生活前，首先搞清楚自己的真实想法，是极其明智的。

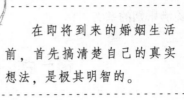

> 在即将到来的婚姻生活前，首先搞清楚自己的真实想法，是极其明智的。

热恋中的情侣们如果没学会保持各自的独立性，就会被炽热的爱情冲昏了头脑，盲目地闯入婚姻。由此带来的风险就是，他们过分依赖对方的爱，一旦爱情由热烈转为平淡，他们的婚姻也必将经受考验。在他们结婚前，没有给彼此机会锻炼独立性，这使他们没有足够的空间，以致在没有爱人可依靠时，不知道自己还能做些什么。让我们做一个比较，每一个人都用了几十年时间才真正长大成人，可以独立生存，不再事事依赖父母。然而，爱情到来了，许多年轻人便把对父母的依赖转移到爱人身上。一旦情侣们急于进入一种亲密无间的关系，他们就失去了寻找内心的自信、拥有必要的独立的机会，而这些都是维系美满婚姻的必要因素。

> 如同脱离父母的羽翼独立生活是让我们成长的重要环节一样，离开异性爱侣的温存同样很重要。

如同脱离父母的羽翼独立生活是让我们成长的重要环节一样，离开异性爱侣的温存同样很重要。在准备结婚前，你不妨自己单独居住一段时间或与同性朋友生活一些日子，这两种方式都能够让你的内心得到充实，帮助你获得精神独立，从而为你打一个坚实的基础，使你最终能够与爱人平等地共享人生。

当工作与友谊不能让你充实、满足的时候，如果有人能够填补你生活中的空白，你就会为之吸引。这时，你找到的只是一个能帮你度过空虚的人，而不是能与你共享彼此生活乐趣的人。你们在一起并不是充实彼此的人生，而是填补彼此的空白。明白了这一点，

你就会认识到，一个充实而又快乐的单身者，是找到合适人选并获得美满婚姻的基石。

慢一点，再慢一点

当然，我并不是说如果一对夫妇早早结婚，他们的婚姻就一定不幸福。我只是说如果你们仓促成婚，你们的婚姻可能面临更多的挑战。如果一对情侣在步入婚姻的时候感到有些疑惑——特别是男女双方都只有二十几岁的时候，那么，我给你们的建议是，最好放慢脚步，不要急于用结婚来消除彼此的疑虑。在现实生活中我们不难发现，许多已婚夫妻朝夕相对，却常常怨声载道，彼此都心存不满。这是因为他们有意无意地省略了恋爱与准备结婚的过程，这使得他们从未发现彼此的心心相印、灵犀相通。当然，我并不是说，一旦结了婚，夫妻就不可能发现对方与自己的契合之处，我只是说，如果你们在婚前充分体验了恋爱的五个阶段，将更容易印证真心的存在。

最后，我提醒诸位：花时间真正地了解某个人，是促使你获得恋爱成功的秘诀。俗话说："爱他就要了解他。"这句话当然也适用于每对心心相印的情侣。你们通过经历恋爱的这五个阶段，就能够确保有机会充分了解一个人，并且能够帮助你在婚前体验此人性格中最美好的一面。

当然，你也可能受幸运之神的眷顾，与你的真爱一见钟情，炽热相恋，闪电结婚。这样，你们可能不曾经历恋爱的全部五个阶段也能得到幸福。但就大多数人而言，要想知道自己是否选对了人，是否在婚后也能让爱情之火熊熊燃烧，那么，婚前仔细体味恋爱的每个阶段是极其有效的！

即使你已经熟练地掌握了本书所有恋爱技巧，也并不意味着你能够在任何一段感情中所向披靡，更不意味着只要经过恋爱的五个阶段，就能使爱情开花结果，与心爱的人缔结连理。任何爱情建议都不可能是万能药，再好的恋爱技巧也会有失灵的时候！但是，读

完本书，你一定会获益良多。本书将助你在寻找真爱的旅途中，畅意直行！你将发现你已经具备了于茫茫人海之中找到他（她）的能力！愿天下有情人终成眷属！愿你早日找到自己的另一半！

第 3 章

Mars and

Venus on a Date

恋爱第一阶段:吸引

男女初次见面，相互吸引，自然会产生想要再次约见对方的感觉。千万别以为，有了相互吸引就已经成功了一半。要维系彼此的吸引力，可绝非易事，为此，你必须掌握一些技巧。唯有如此，你才能够在适当的时候以适当的方式展现自己的魅力。要知道，仅仅对异性产生吸引是不够的，你还应该从他（她）那里得到爱的回应。在恋爱的第一阶段，你要是仅仅表现出"嘿！我在这儿！我就是这样一个人"是不够的。要想将一段普普通通的相遇演化成刻骨铭心的爱情，这其间，需要两个人共同经营，彼此妥协、让步，双方必须倾心付出，同样，双方也都需要得到回报。而且，你们彼此的付出与回报还要保持相对的平衡。只有一方不断付出的爱情是绝对无法天长地久的。噢，这是极其微妙的平衡。在恋爱的每个阶段，男人和女人都必须充分融合、互动，才能使两人的感情持续升温。

在恋爱的第一阶段，人们大多会产生这样的期待：真希望能从这段感情中得到我所需要的，真希望这个女孩（男孩）就是我梦寐以求的意中人！由于恋爱中的双方都存在着这种期待，维持相互的吸引力就变得至关重要了。假如在交往过程中，两人都不能从对方那里得到满足，那么恋爱伊始由于新鲜感所积累起来的吸引力就会渐渐消逝。一旦双方的吸引不再，误会与分歧的产生就在所难免，有时甚至一个不经意的举动或随意的闲谈都可能使一段原本应该很美妙的恋情无疾而终。为什么这样呢？这全是因为男女的思维方式与感受是如此的不同，以至于两人在彼此不甚了解的时候，就因一点点的不和而将对方轻易地全盘否定掉。由此可见，恋爱初始期最大的挑战就是，保持相互间的吸引力，并随着了解的加深，不断增加彼此的吸引力。

如何表现最积极的自我

要想在恋爱的第一阶段展现你的吸引力，你必须在最初几次的约会中表现出一个健康、向上、积极、自信的自我。亲爱的，即使

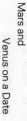

你已经明白了这一点，但是在异性面前表现出来，也不是一件容易的事情！由于不懂得金星人的思维方式与生存方式，男人很可能拼命地展示自己的长处，却在不知不觉中弄巧成拙，把一段好端端的恋情搞砸了。这是由于大多数男人并不了解女人的感受方式，更不知道她们想要些什么。当某男遇到某女，并对她产生兴趣的时候，相当自然地，他就会以己度人，想当然地用自己喜欢的方式去讨好人家。尽管他原意是想方设法给她留下深刻印象，事实上却在无意中失去了她的芳心。许多男人擅长做这做那，但当他们面对女人

> 由于不懂得金星人的思维方式与生存方式，男人很可能拼命地展示自己的长处，却在不知不觉中弄巧成拙，把一段好端端的恋爱搞砸了。

时，却都或多或少地有些手足无措，一筹莫展。

举个例子吧。比如男女初次见面，男人对女人很有好感，那么他的表现如何呢？他并没有花时间仔细聆听女人的喃喃细语，也没有逐渐了解对方，他打断了女人的诉说，鸿篇大论地谈起了自己的理想和对生活的见解。他认为这些是他挖空心思、博览群书才记下来的高深言论，一定会引起她的注意，甚至得到她的崇拜。如果这时，女人礼貌性地问他一些问题，就愈发使他觉得夸夸其谈正是她想要的。当她给他机会说话的时候，他误以为她迫不及待地想要听到他的见解或建议。于是，他开始滔滔不绝，不停地回答她的问题。一次约会下来，男人还意犹未尽，谈兴正浓，女人却早已厌烦失望，下决心再也不见此人。不知不觉中，男人让女人失去了兴趣。

莱瑞带菲比去餐厅吃饭，这是他们初次正式约会。我碰巧在他们隔壁的餐桌，这使我得以把他们约会的全过程看个清清楚楚。我发现自始至终，莱瑞都在高谈阔论。那神情就好比大学教授在讲台上热情洋溢地给学生演讲一样。而菲比呢？她很淑女地坐在对面，一双妙目凝视着莱瑞，仿佛在专心致志地听他演讲，一丝优雅的笑

容始终挂在嘴边，还在他讲到要害处时频频点头、表示赞同。这是多么糟糕的场面呀！

每当菲比偶尔插嘴说点什么的时候，莱瑞并没有趁机把她的话题引入，而是很快又开始夸夸其谈。很容易看出，莱瑞对自己所谈的内容真的很感兴趣，同时也不难发现，菲比彬彬有礼的背后，是难掩的忍耐与厌倦，她所想的一定是尽快结束这次无聊的约会。

原本该愉快浪漫的一次烛光晚餐，现在却让男女双方都感到失望透顶！他们打这之后，再不曾联系过。

假如莱瑞了解金星人，他就不会这么做了。他会问菲比更多的问题，不断地启发她、引导她，引起她谈话的兴趣。同理，假如菲比了解火星人，她就不会只是彬彬有礼地倾听或者只是偶尔问，她会适时地打断莱瑞的演讲，发表自己的见解。

男人不可能本能地知道金星人的思维习惯与生活方式。在某种意义上，面对女人，他就如同一个时常闯祸的孩子，笨手笨脚，左冲右撞，根本不知道他的所作所为会带来怎样的后果。他没有意识到，一味地自说自话远没有认真倾听更能让女人感觉到温暖与体贴，同时也会给女人留下更为深刻的印象。你瞧，对女人多一些了解就能使情况大不相同。

向她要电话号码

你的初次约会之所以困难重重，是因为你对异性知之甚少。男人面对初次见面的女人总是会犹豫不决，拿不准是否应该向女人要电话号码。尽管他其实很想得到它，也想知道女人是否对他感兴趣。

然而，男人却没有意识到自己完全有能力吸引她、征服她、得到她。他也没有意识到怎么做才会使自己对她更具吸引力。以下是增添男性魅力的小技巧：

★先开始眼神交流

★ 只关注她一个人

★ 当她走神时，礼貌地、有意无意地向她所张望的地方看去

★ 表现出自己对她极有兴趣，并想进一步了解她

★ 喜欢她

★ 表现出自己受到她的吸引

★ 冒着可能遭到拒绝的危险对她作自我介绍

★ 问一些友好的问题

★ 当她说话时，看着她的眼睛

★ 对她全神贯注

★ 适时地赞美她

★ 在约会快要结束时，让她知道你会给她打电话（在分手时说一句"我会给你打电话的"是非常简单的事）

　　无论何时，只要男人能让女人感到："噢，他能为我做这么多，他是多么与众不同呀！"那么，在这个女人的眼中，男人就会散发着无穷的魅力。在我的研讨班中，常有女人这么说："即使这个男人相貌平平，谈吐一般，我第一眼看到他时，没有任何感觉，但如果他对我感兴趣，并且时刻在意我的感受，久而久之，我也会觉得他渐渐变得令人着迷了。"其实，只要男人甘冒可能遭到拒绝的危险，主动向她索要电话号码或邀请她出去玩，她通常都会很愿意说出"好"这个字的。其中的缘由皆因他的主动开口示爱，他的举动令她感到特别，她觉得他是在讨好她，这让她颇为开心。

　　当一个男人按照上面我说的去做时，只要他是出于一片真诚，想要认识她、了解她，而不是别有企图，那么，他立刻就会变得魅力无穷。

　　当然，女人在初次约会的时候也不能静等着男人追求与付出，女人也需要警惕。女人应该能够感觉得到，男人的自信心与能力多半取决于女人对他不断示爱的回应。面对如意郎君，如果你过分关心他的感受、过分在意他的需求，唯恐一不小心伤及他的感情，那么他对你的热情就会减退。唯有你自如地表达自己的感受，而不总

是担心他的感觉如何时；唯有你摒弃那些一定要天长地久的复杂想法，单纯地享受他对你的一片挚诚时，你才能对他更具吸引力，他才能更为你着迷！

大多数男人并没有意识到，正是平时在两人相处中，你为她所做的点滴小事，才能俘获她的芳心。这种看似琐碎的举动具有令人不可思议的神奇魔力！你瞧，懂得男女之间的差异，了解女人的心思，就能赋予男人无穷的力量！

女人对男人的误解

如同男人不理解女人一样，女人同样也不理解男人。女人常常有一厢情愿的念头：只要这个男人喜欢我，那他就应该想我所想，就应该考虑到我的需求，做我喜欢的事，这样才能说明他对我一片真心。你瞧，这当然是不现实的幻想喽！一旦男人并没有按照她的心意去做，她就会变得异常沮丧，失望愤恨。

例如，女人想让男人知道自己喜好什么，通常不会直接说出来，她会采取暗示的方法。她会问男人很多有关的问题，以提示他"注意哟，我很喜欢这个"！其实，这么做大错特错。男人才不会注意到这些，一旦你向他提问，他的全部精力都会放在回答问题上。结果就是，你不断地暗示，他滔滔不绝地回答，你只好不断地压抑自己心中的怒火，尽量保持心平气和，耐心地倾听。你心里想："只要我感兴趣地听他谈话，他就会更加喜欢我。"在金星上，的确如此，但在火星上却完全行不通。男人讲得越多，他就越对自己所谈论的话题感兴趣。于是女人就很无奈。其实，要想让男人对你更感兴趣，你需要以一种更为积极的态度参与他的讨论，并且从与他的交谈中获得真正的乐趣。

你瞧，女人多讲讲话能使情况有多么大的转机呀！在金星上，两个朋友凑在一起，她们通常会热衷于共同分享彼此的痛苦、挫折、失望，甚至积攒了一周的抱怨。她们在一起喊喊喳喳地说个不停，但她们真的很快乐！这是因为有人愿意倾听她们的心声、分享

她们内心的感受。有人愿意"分享"她的一切——包括泪水与欢笑，是她通过行动在表达：我愿意与你同甘苦，共欢笑！如果她不喜欢某人，她就不会向他吐露自己的心声。倾诉，是信任、示好以及友谊的表示。

倾诉，这种行为在金星上或许代表"尽可能地展示自己的长处"，但在火星上却恰恰相反。如果你不停地向男人倾诉，他就很容易对此产生误解。当女人喋喋不休地向男人细数她一周以来的不快或者生活中出现的麻烦时，她的意思是在向心爱的男人敞开心扉，分享自己的内心世界。可是男人却并不领情，会误认为："噢，这个女人怎么对生活有这么多的抱怨。她可真难伺候呀！"正如女人会为有兴趣了解她的男人所吸引一样，男人也同样会为那些总是充满如花笑靥的女人着迷。一旦女人摆出一副很难取悦的姿态，男人可能很快就会放弃对她的追求。

> 一旦女人摆出一副很难取悦的姿态，男人可能很快就会放弃对她的追求。

女人在恋爱中也要掌握技巧。很多女人都想知道男人到底对她有多好，同时，也很想在意中人面前表现出最温柔体贴的一面。要想体验琴瑟和谐的感觉，要想感受恋爱旅程的甜蜜，那么女人就应该尽力创造适合的机会，女人需要时刻注意与他分享生活中最为灵动的、快乐的一面，尽量避免触及那些不愉快的经历。在一起谈论的话题必须是轻松愉快的、丝毫不会与沉重抑郁产生关联的领域。当然，也可以探讨当前世界的局势和国家大事，但是切记，在谈论这些大是大非时，态度一定要积极、乐观。

你也许会反驳说："哟，这不是很虚伪吗？生活本来就不美好，我为什么要对他说假话呢？"我可没想让你们虚情假意、掩盖本性去刻意美化各自的生活。是的，真心相对可以使任何人都极具魅力。不过，我们每个人都有积极的一面和消极的一面；每个人都有快乐的时候，也有心情不好的时候；每个人都有需要人陪的时候，也有独自品味孤独的时刻。对女人来说，"尽可能地展示你的

长处"就是要与他分享你人性中最美好、最积极的一面，你的快意之事，你的独立与自强。随着你们交往的深入，再逐渐与他分享你生活中的其他部分。

想要给对方留下深刻印象，想要最快地了解对方，最重要的一点就是让对方了解我们阳光的一面。在恋爱初期的三个阶段里——吸引、不确定性以及排他性——最重要的就是集中精力努力展现最好的自我。随着你们充分接触到对方的优点与长处，体验到恋爱前三个阶段的乐趣后，当你们步入恋爱的第四个阶段——亲密性阶段时，你们才会乐于讨论生活中真实的自我，稍稍地触及少许消极的方面。到那时，即使你们面临再大的困难或挑战——这是任何感情中都免不了会出现的——你们都将能够坦然面对，相互理解与彼此支持。要知道，感情若是来得快，必定也会去得急。如果你们刚认识不久，就整天如胶似漆地黏在一起，那么女人很容易产生依赖感，在其心中，眼前这个男人就是她的全部。而男人呢，面对女人的纠缠则通常会选择转身离去。恋爱中，男人倾向于迅速与女人建立肉体关系，女人则倾向于盲目而又迅速地投入全部感情。

恋爱中的女人不断付出时

女人一旦爱上某人，她常常会天真地认为："我把我最想要的、最喜欢的都给他，那么，他一定会更加爱我了！"于是，为了尽可能地展示她最好的一面，女人苦思冥想，费劲周折，"噢，我多么希望有人能爱护我、关心我、体贴我呀，要是有人这样待我，我该多么幸福呀！""嗯，他一定也希望有人这么对他，那么既然我爱他，从今天开始，我就要这样待他，让他感到自己是世界上最幸福的人。"面对意中人，女人通常都会心甘情愿地付出。于是，一旦他对她稍稍注意，她就兴奋异常，表现得过分热情；一旦他对她稍稍关心，她就以更为体贴的方式服待他；一旦他帮助了她，她立刻就想回报他的好意。然而，她忘记了，女人面对男人的殷勤，根本无需做什么，只需报以迷人的微笑并优雅地说一声"谢谢"就足够了。

女人必须懂得这样一个事实：当你接受男人的示爱时，你只需对他表示感谢就可以了。他为你所做的一切，都是应该的，你并不亏欠他什么。要知道，你的微笑与你的感谢，就是对他最好的回报。拥有这些，男人就已经心满意足了。你已经给他机会，让他去了解你、取悦你、联系你，与你结识，同你交往。女人必须记住：你就是与众不同，你就是超凡脱俗。如果你拿不出这种姿态，那么很难有男人会为你吸引，为你痴狂。

> 女人完全可以大方地接受男人的示爱，得体地感谢男人的付出，女人的微笑与感谢，就是对男人最好的回报。拥有这些，男人就已经心满意足了。

一旦男人为某个女人着迷，他就会变得兴奋异常、辗转难眠。因为他期待着自己有朝一日可以抱得美人归。能够让美人开心一笑，他的感觉就棒极了！女人的笑靥就是对他最好的回报。唯有当他满怀期待时，他才会对你更感兴趣，更加疯狂地追求你。

面对他的强烈追求，面对他的倾心付出，你心动不已，觉得自己似乎亏欠了他什么，于是，你投桃报李，一味地感谢，满足之情溢于言表，你的举动无异于告诉他："亲爱的，你表现得真好，我已经完全被你征服了。"这时，他反而会觉得："嗯，我好像已经得到她的青睐，她也不过如此，没必要再费力地追求她了。"距离不仅会使男人心中的爱意增长，同样也可以给男人创造追求女人的机会，让他们能够尽情地体会追求过程中的乐趣。假如他根本不再付出，或因女人过于主动而没有什么机会付出了，那么男人就很容易失去追逐的兴趣，而这恰恰是恋爱过程中所必需的。此时的男人，根本没心思，也不会浪费时间和精力，与你走过恋爱的全部五个阶段。

然而，当女人深深地爱上一个男人，为他所倾倒，为他所着迷时，她的感觉则是完全不同的。她同样也会兴奋，但她兴奋是因为

期待这个男人能够带给她相伴一生的幸福。当意中人对她关心备至之时，她的幸福感就会油然而生。男人的温存体贴激发她更深地投入，她就会萌生这样的愿望："他是多么迷人。在他面前，我一定要展现出最

> 距离不仅会使男人心中的爱意增长，同样也可以给男人创造追求女人的机会，让他们能够尽情地体会追求过程中的乐趣。

好、最美、最温柔的自己。我要让他感觉到我是世界上最完美的女人。"为了表达她的爱，她就会迫切地想要为心爱的人做点什么。

女人兴奋，是因为她期待着得到她日思夜想的浪漫长久的爱情，并且能够随心所欲地付出自己的爱；男人兴奋，则是由于他觉得自己能够成功地征服她，赢得她的芳心。看到她无比幸福的样子，他就更加坚信这一点。恋爱中，她的满足、她的快乐足以让他随之动容。在男人看来，自己追求的成功与否，完全取决于他们在一起时女人的开心程度。

开车门的心理学

在恋爱中，女人很容易犯这样的错误：相处伊始，就一下子倾情投入，在交往的过程中，她们全然不顾自己的感受，也不花时间提高自己、增加自身的魅力。相反，女人开始密切地关注对方的感受，不停地给予、不断地付出。却不知，随着交往的日渐深入，这样做的结果往往造成她对男人的吸引力迅速下降，男人很快就失去了兴趣。

这种情况在男人郑重其事地带女人参加约会的时候，彰显得最为突出。一番精心修饰后的男人把车开到了女人家门口，微笑地看着她优雅得体地走来。她看起来青春靓丽、美丽迷人。他注视着她，当她走到跟前时，对她说："你今天真迷人！"听到赞美，她显然很高兴，也微笑着对他说："谢谢你的夸奖。"他绕到客座旁，

殷勤地为她打开车门，在她低头坐进去时，他还体贴地用手为她挡着头，以免碰到她高挽的发髻。看着她舒服地坐到车里后，他又细心地替她关上车门。她微笑着对他表示感谢。接着，他走回车的另一侧，准备上车。这时候，她该怎么做？她需不需要俯身过去为他打开车门？亦或是坐着不动，让他自己开门？

假如女人不懂得两性间吸引力产生的源泉，不懂得必须与男人保持必要的距离，不懂得必须让男人主动追求她，那么她就可能俯过身去为他打开车门——即使这么做看起来很不优雅，姿态也很别扭。但是，这么做看似很公平，瞧，你为我开车门，我也为你开车门，似乎也很能表达你对他的关心与体贴。但是，亲爱的，你这么做是不对的。错误的原因就是你做过了头。你这个举动大大破坏了你在他心目中的美好形象。一旦你这么做了，你就完全抹杀了男人对你有所期待的兴奋，使得他酝酿的满腔浪漫与温情消失殆尽。当女人过于热情的时候，男人就会感到没有必要为了追求她付出这么多了。

有些独立而又自强的女人也许会这样争辩："不替他开门，太自私了，你只需俯一下身就可以了嘛，这只不过是举手之劳，为什么不能做呢？"很有意思的是，我发现持这种论调的人，大多为单身女子。已婚女人则不会这么想。现在让我们来具体分析一下。假如说，只是按动一个按钮那么简单，那么当然没有问题。但是你想呀，你需要扭动你的身体，伸长到另一边，特别是这时候你已经打扮妥当啦，你衣着得体、妆容适宜，一切都很好。可偏偏却做了这么一个动作，这看起来既不优雅，也不美观，你的好意，真是很难让他领情。一般而言，男女恋爱的全部要义在于：对男人来说，需要从一点一滴的小事做起，显示他对女人的兴趣与关心；而对女人来说，则需要大方地接受他的示爱、他的付出，并且从这些过程中发现自己是不是真心喜欢他。

要是早知道你会俯身过去为他打开车门，那么他刚才为什么又要费力地走到你的车门旁，殷勤地讨好你呢？他这么做，无非是想在你面前表现出绅士风度，让他的形象在你的心目中更完美一些。

你只要愉快地接受他的好意与殷勤，就成全了他的成功与风度。

但是，假如你偏偏就这么做了——你为他打开车门，那可就破坏了这次甜蜜约会的整体气氛，你混淆了男女双方本应扮演的角色，那可真是大煞风景！其实，你只需要愉快地等着他，感谢他对你的细心与好意就行了。这可是增添你吸引力的绝好机会！

要是自始至终，你总对男人体贴周到、关怀备至，为他做很多事，总是想他所想，事事都给他安排得舒舒服服的，那么，一旦有一次你没有想到或没有做到，男人就很容易察觉出来。他不会感谢一直以来你为他的倾心付出，相反，他却只会埋怨你这次怎么没做好。他可能会这么想："啊，我已经为她关上车门了，她怎么不帮我开车门啦？"由于带着这种情绪，他可能还会对你产生不满，于是，他会疏远你，不愿意接近你。随后，他便会意识到："噢，原来她并不情愿俯过身来替我开车门，这么做一定很令她尴尬，那姿势的确也并不舒服。"当然，更为重要的是，当他再回过头来看你的时候，他所见到是一个优雅的、快乐的、对约会满怀期待的女人。于是，他更加确定了，你果然不喜欢给他开车门。现在，他开始感觉有一点点骄傲啦。是的，我为她打开了车门，我接她去约会，她很高兴呀！于是，他的心情又好起来了。他先前的抱怨早就无影无踪了，他又开始为你痴迷了，你又重新赢得了尊重。

女人无需总是一味地付出

面对中意的男人，女人总喜欢在恋爱时一味地付出，她们这么做，是因为她们根本不了解男人的想法和感受。男人充满渴求是因为他有机会去讨好心爱的女人。看着女人高兴，他就会感到自己的满足与成功。这时候，她的幸福就是他的幸福。然而，女人追求男人则完全不同。女人不会像男人那样，看到自己所爱的男人幸福，自己也就满足了，她们对感情有着更多的期望与渴盼。女人很注重感情生活，她必须能够从这段感情中得到自己想要的那种温情与浪漫，拥有了这段感情，也就拥有了全部。唯有如此，她才能真正感

到幸福与快乐，她才能放心大胆、挥洒自如地付出全部的爱。唯有女人的情感需求得到了满足时，他的幸福才真正是她的幸福。

当女人的事业、生活都不尽如人意的时候，她会更加依赖感情生活。而男人则正好相反。当男人对自己目前的生存状态比较满意的时候，他们才乐意去讨女人的欢心。一个男人的生活越是井井有条，就越渴求有一个女人与他分享这份快乐。无论男人再怎么自信坚强、成熟独立、事业有成、生活如意，只要缺少一样——佳人相伴，就会使他感到空虚寂寞，使他的生活缺少许多乐趣。于是，他到处寻觅，终有一日，发现意中人。真正的求爱才拉开了序幕。通过追求一个女人，通过带给她快乐，他的生活似乎也更加充实，更加完满了。所以，在此，我要告诫所有的女人，必须记住一点：不要煞费苦心地讨男人的欢心。其实，你只需做出允许追求的姿态，给他追求的机会，答应赴他的约会，就已经给了他莫大的恩赐，使得他充满成就感。

> 告诫所有的女人，必须记住一点：不要煞费苦心地讨男人的欢心。

女人无需取悦男人，这种观点对女人来说很难接受。这是由于男人和女人的感觉差异所致。当一个女人感觉到坚强独立、自给自足时，她不会像成熟的男人那样，有一种关心他人、呵护他人的情感需要。相反，她觉得："嗯，这么多年来，事事都要我自己来打理，身边竟没一个心疼我的人。我也需要被关怀、被呵护呀！"当一个人闲来无事时，空虚就如暗夜幽灵般不期而至，此时的女人，卸下白天工作时坚强自信的面具，露出的是一副空虚而又寂寞的面容，在她的内心里，极度渴望着能够有一段稳定而又美满的感情，一个坚强而有力的臂膀，为此，她甚至会抛弃现有的一切。忽然有一天，遇到心爱的男人，她自然会倾情付出。在这段感情上，花费再多的时间与心思，她也心甘情愿；为了所爱的人，就算倾其所有，她也在所不惜。所以说，女人都是天生爱浪漫的人啊。浪漫对

于女人而言，就是能够依偎在爱人的怀抱里，放松疲惫的身心，听凭他掌握她的所有需求。

空虚的女人急于付出，也急于得到回报。空虚的女人更是需要有人来爱，有人来疼的。男人请务必记住这一点：女人不会白白地付出，她的付出都是需要得到回报的。尤其是当女人空虚寂寞的时候，她会不停地给予、不断地付出，如果迟迟得不到你的回应，那么她无疑会极度失望，进而产生愤恨和不悦。你想仅仅用一个敷衍的微笑或一句"谢谢你"来打发她，是根本不可能的。在这一点上，女人又与男人有着本质的区别。当男人感觉到空虚时，他会真心实意为心爱的女人付出，作为回报，他仅仅需要微笑，或道声"谢谢"就足够了。

容易坠入情网的女人

相处伊始，女人就立刻坠入情网，她之所以这样犯傻，除了不了解男人外，还有其他的原因，那就是女人的天性使然。女人习惯付出，尤其是当女人看到自己的意中人的时候，她会立刻把全部心思都放在他的身上。女人成天想着与心仪的男人约会时的情景，有些片断经过她的想象和再加工之后，完全被美化了。男人不经意地一句问候、一个体贴的举动都会触发她强烈的信心，使她愈发坚定自己的信念："嗯，他就是我梦寐以求的男人！他就是我的唯一！他就是我的全部！他那么完美，我们真是再般配不过的一对啦！"此时的她，已经完全被盲目的爱情冲昏了头脑，自己仿佛已经无关紧要了。受这种情绪的支配，她会热情地回应男人所做的一切，仿佛她已经得到了自己想要的，已经很满意了。她情意绵绵地回应着他，无论他做什么，她照单全收。这种爱情的狂热肯定会让她把自己最好的一面展示出来，诚然，这时的她肯定是非常迷人的。但是，她的过分热情会让男人觉得没有继续付出的必要，她也不再有强烈的吸引力了。

当女人坠入爱河时，她就会表现得心满意足，如同她已经得到了自己梦寐以求的爱情。她的过分热情会让男人觉得没有继续付出的必要，她也不再有强烈的吸引力了。

女人恋爱了，她对眼前的这个男人是如此的满意，她的全部身心都放在

当女人坠入爱河时，她就会表现得心满意足，如同她已经得到了自己梦寐以求的爱情。她的过分热情会让男人觉得没有继续付出的必要，她也不再有强烈的吸引力了。

了他的身上，于是，她会被一系列的问题纠缠着："噢，他是这么好！他是这么完美！我该做些什么才能配得上他呢？现在的我值得他爱吗？我要怎么做才能赢得他的爱？我一定得为他做点什么。可是，我到底该怎么做呢？我怎么才能确定他也同样爱我呢？我怎么才能更有魅力呢？"思考必然会导致行动！她开始追求他了，然而，男人似乎却变得越来越对她不感兴趣了。

聪明的女人从不这么做。即使她真的恋爱了，她爱这个男人，她也会始终记得这些：即使他很理想，即使我现在已经感觉到有了他就不再需要其他异性了，但我们现在的感情还没有发展到那一步；即使他有可能成为我最终的归宿，但他现在还不是。她会不断地提醒自己：我们还处在恋爱的第一阶段。他现在甚至还有可能与别的女人恋爱呢！我们还没进入"排他阶段"（第三阶段）。我也并不真正了解他呀！尽管现在的感觉非常美妙，我们也不可能立刻订婚或结婚！对女人来说，牢牢地记住眼前这段感情正处在哪个阶段是至关重要的。你必须审时度势，做出适当的回应。能够在恋爱中时刻保持清醒的头脑，知道恋情正处于哪个阶段，对约会中的情侣们是极有帮助的。

第 4 章

Mars and
Venus on a Date

恋爱第二阶段:不确定

假如某个人对你非同寻常，你对他（她）也格外关注，那么很自然地，你一定还想与他（她）进一步交往，你们就会进入恋爱的第二阶段——不确定阶段。当你开始感觉到你真的很想了解某人，想与之建立排他的关系，那么，你就会对彼此间的感情转移很敏感，一时间觉得无从把握，不知道两个人会不会有将来。

如果你幸运的话，你现在恋爱的对象可能就是你的灵魂之侣，但是限于交往短暂，在恋爱的第二阶段，你根本不可能知道眼前的这个人是否适合自己。在第二阶段，你的感觉恰恰就是不能确定。遗憾的是，许多单身者并不明白经历不确定性是恋爱的一个必要阶段，他们往往在此阶段就过早地误下结论："嗯，我们都不能确定，那他一定不是那个最适合我的人。要真是他，我们应该一见钟情，早就认定了彼此呀。"你瞧，他们以为一旦碰到了那个魂牵梦萦的人，天堂之门就会打开，钟声自然会奏响，从那一刻起，他们不用经历什么就会过上幸福美满的生活呢！你可能正与灵魂之侣陷入爱河，但是在恋爱的第二阶段，你并不可能知道这一点。男人进入第二阶段，他很可能产生这样的想法："唔，如果我不能确定她就是我想要的那个女人，那么我可以再与其他女人交往，多比较、多体验。"然而，他并没意识到这种倾向的危害：频繁地约见新人，可能使他永远都不能确定自己的理想伴侣是什么样。

到处寻觅，同时约会许多女人，这种情况如果出现在第一阶段的话，还是可以理解的。但是进入第二阶段，这种倾向必然会产生副作用。这一阶段本来应该是男人挥剑斩情丝，暂时停止与其他女人的恋爱，仅仅和某一个女人接触的时候。比较而言，第一阶段，男人多结识、多了解各种不同类型的女人；第二阶段，则要集中精力了解那个特别的她，还要下定决心给你们感情一个升温的机会。

篱笆外面的草看起来更青翠

在不确定阶段，篱笆外的草可能看起来更青翠、更诱人。对男人而言，此时此刻，自己内心是困惑的、不确定的，可能除了她之

外，其他的女人开始变得更有吸引力。男人喜欢做白日梦。在他的心中，有一个理想伴侣的图像，当然，这个图像通常是不现实的，纯粹是幻想的梦中情人。男人唯有与一个女人灵魂相依、不可分离，才能体会到真正的爱情、真正的情场得意。也唯有此时，梦中情人的影像才逐渐弱化，为现实生活中那个真实的她所替代。

如果男人在现实生活中尚未体验使心爱的女人幸福的感觉，那么他就会不断地把她与梦中情人进行比较。他开始对自己的感情提出质疑："不错，我是喜欢她。但是她可并不完美，我的意中人似乎不应该这样。"男人继续了解那个女人，他逐渐感觉到一种交织着渴望、爱慕与兴趣的心灵契合，这种感觉剪不断、理还乱，让他觉得用一生的时间也无法看透。直到这时，他以前拼命寻找的梦中情人才消失得无影无踪了。当他的心灵敞开，感受到与对方特别的联系时，这种幻象就打破了。即使他目前正在与最适合自己的另一半谈恋爱，男人认识到这一点也需要时间。

进入第二阶段，即使篱笆外面的草看起来越来越绿，男人也要收回自己的注意力，建立新的目标：停止漫无目的地走马观花，只在自己的篱笆里挖掘金子。你或许会找到真爱，或许会一无所获。但是，要是你不主动挖掘，就永远都找不到那块只属于自己的真金。

为了挖得更深，你需要问自己如下问题：

★ 我是最适合她的那个男人吗？

★ 我具备使她幸福的能力吗？

★ 我关心她吗？

★ 我想让她幸福吗？

★ 看到她开心的样子，我也开心吗？

★ 一旦我离她而去，我会想念她吗？

经过一段时间的交往，男人对上述每个问题都有确定的答案后，那么，他就会与她进入第三阶段——排他阶段。

为什么男人开始犹豫不决

要是男人不理解金星人，那么他可能就会误认为他不能使女人幸福。其实，在现实生活中，他或许具备这个能力，但是由于他不懂金星人的所思所想，于是他得出了错误的结论。

比方说，他们驱车经过一幢豪华的别墅，女人可能会发出这样的感叹："噢，看那栋漂亮的房子。我敢打赌他们家里一定有个大大的游泳池。啊，我真喜欢游泳，要是家里也有个游泳池就好啦！"

其实，她这么说无非是看到良辰美景的自我陶醉。但是，说者无心，听者有意，男人的反应却有可能是这样："啊，这个女人要求可够高的呀！带游泳池的别墅！天知道我到底供不供得起她，看来我能力有限，难以给她幸福呀！"其实，完全是他多想了。他以为拥有别墅和游泳池才能让她幸福，以为唯有实现她所有的愿望，她才满足。于是，他开始产生这样的想法：这个女人太难养了，她不适合我，算了，我还是改弦易辙吧。

到了第二阶段，对男人来说，稍微为女人少做一点事，就会让他反复思量与验证这种想法——他是否拥有带给她快乐与幸福的能力。男人唯有成功地为女人提供快乐、舒适与满足，才能真正与女人相契合。唯有他确定：我可以给她幸福，他的疑虑才能烟消云散。其实，男人之所以犹豫不决并不是等女人为他做些什么，而是在看他的付出让女人有什么反应。

> 男人唯有成功地为女人提供快乐、舒适与满足，才能真正与女人相契合。唯有他确定：我可以给她幸福，他的疑虑才能烟消云散。

这就是为什么男人会成为约会安排者的原因。你瞧，男人得到女人的电话号码，男人与女人联络，男人主动邀请女人，男人为女人提供约会方案，男人开车接女人，男人为女人打开车门又替她关

上，男人开车并提供导游，男人买票，男人把女人引领到她的位子上，男人负责让女人开心、让女人高兴，男人付账。整个约会过程，男人一直在给予，女人只需优雅地接受。

通过这些点滴小事，男人给自己一个测试水深水浅的机会，由此他可以判断自己到底能让这个女人得到多少快乐。同时，女人也品尝到被男人呵护的滋味。通过约会这种方式，他与她联系在一起，捆到了一起。到下一阶段——排他性阶段，她开始与他分担交往的费用，渐渐地为他做一点小事情，但是，一次浪漫的约会，男人还应该是主要的组织者。

> 一旦男人将精力集中于自己的所得，他肯定会与最般配的女人失之交臂。

不了解恋爱的这些阶段，男人很可能在不确定性阶段就止步不前了。他不去检验是否能使这个女人快乐，是否有征服她的可能，就开始怀疑："她到底能不能给我想要的东西呢？我能从这场恋爱中得到什么呢？"一旦产生这样的想法，男人就会将精力集中于自己的所得之上，那么他肯定会与最般配的女人失之交臂。当他注意到这个问题："我是最适合她的那个人吗？"那么，他立刻就会清楚地发现并迅速决定，是进入排他阶段还是结束这段感情，另觅他人呢？

当女人不确定时

女人进入第二阶段，她的反应与男人是完全不同的。男人对这份感情犹豫不定，通常会不知道自己是否应该更进一步，女人则倾向于问自己："这段感情到底进展到哪一步了？"她会感到这个男人正在与她渐行渐远。为了证实这一点，她往往会犯两个常识性的错误——或者开始喋喋不休地追问男人："我们的感情怎么样了？你现在到底还想不想跟我继续交往？"或者试图征服他。这两种方

法均不可取，女人越这么做，就越容易把男人推走或让他觉得"我不是最适合她的那个人"。男人对这份感情犹豫不定，通常会不知道自己是否应该更进一步，女人则倾向于拷问自己："这段感情到底进展到哪一步了？"进入到彼此不确定的阶段，一旦女人不了解男人，那么她很容易就会陷入根本不必要的恐慌之中。她心里肯定会这么想，在吸引阶段，他攻势汹汹，那么热烈地追求我，那情形至今仍历历在目，难以忘怀，可是时隔几天，他就变了一副模样。于是，一系列坏情绪都可能产生。其实大可不必惊慌，这些都是恋爱过程中很正常的反应。

女人的问题

★ 我哪里做得不好吗？

★ 他又爱上别人了吗？

★ 他还关心我吗？

★ 他会再给我打电话吗？

★ 我现在这么做对吗？

★ 是我做得不够吗？

★ 我怎么做才能再次引起他的关注？怎么才能让他对我充满爱意与渴望呢？

尽管产生这些想法很正常，但是不幸的是，所有这些问题却使得她误入歧途，她抛弃女性的羞怯，开始倒追他。其实，如果男人停止追求，女人所要做的就是不要惊慌，按兵不动，耐心等待。女人必须要抵制内心不断涌上探究原因的强烈念头，没必要一定搞清楚到底发生了什么事，并为此做出相应的行动。

对女人而言，不确定阶段两个人的交往减少，其实恰恰给她提供了一个静下心来思考的时间。此时，她应该反思：经过这一段时间的交往，我从这个男人身上得到了什么？是情感寄托？还是物质支持？这正是女人清楚地意识到她将来可能得到什么的好时候。但

是更为重要的是，这一阶段，是女人呼朋引伴，用友谊填充生命中短暂空白的时刻；这一阶段，是考验男人是否真正适合自己的时刻，唯有经过此阶段的考验，你才能与他进入第三阶段——排他阶段。

此阶段，用"小别情更浓"形容最恰当不过。如果

> 如果男人停止追求，女人所要做的就是不要惊慌，按兵不动，耐心等待。女人必须要抵制内心不断涌上探究原因的强烈念头，没必要一定搞清楚到底发生了什么事，并采取相应的行动。

他选择离开，那你应该大方地允许他走自己的路，并为他送上真挚的祝福。男人就像橡皮筋，当他们走远时，切莫追赶，他们会自己再弹回来的。经过几次来回反复，他就能确定是否和你建立永恒持久的感情。

大方地留给男人暂时躲避的空间，反而会引发他对你更加浓厚的兴趣。与此同时，女人也可以了解这个男人是否能与她步入下一阶段。如果在这段日子里，你用友谊与亲情将自己的空白充满之后，你仍然会不时地思念他，那么这可是个好兆头。

如何避免过分追求

在不确定阶段，男人和女人都必须小心谨慎，面对恋爱伴侣的迟疑与犹豫，不要期望通过拼命追求来获得疑问的答案。要允许对方犹豫，要留给对方思考的空间。在这段时间里，男人不要认为通过自己坚持不懈的追求，对女人山盟海誓就能以强大的攻势征服她，赢得她的芳心。当女人对你的示爱说"不"时，你必须注意你的言行，采取温和而又尊重的方式。坚持不懈、持之以恒是好的，但是必须以一种非强迫的方式去做。如果你一味地追求、一味地强求，想以自己的拼命付出，换取她的欢欣，期待她以身相许。事实上却事与愿违，你的所作所为会使她竖起一面抵制的墙，防备你、

抵触你，这使得她不会产生与你建立排他的、稳定关系的愿望，最终她将彻底地离你而去。

假如女人面对男人的犹豫不决，采取了倒追的方式。这实际上阻止男人通过他的不确定期去发现他真实的感情。这就是为什么妈妈常说的"身为女人，不应当主动给男人打电话"的原因。然而，一味地被动等待是愚蠢的。聪明的女人能够主动创造机会让男人追求她。

当他不与你联络时，你该怎么做

在不确定阶段，如果男人有一段时间没与你联系了，女人主动给他打一个电话也是不错的主意。但是，你不要表现出想他的意思，也不要告诉他，这段时间没有接到他的电话，你感到失落。相反，你应该有意无意地让他知道你现在过得很好。你可以打电话给他，只是说声"hello"，道一声问候。或者，你可以对他以前为你做的某件事表示感谢，再或者，你可以就一些他擅长的问题向他求教。要知道，仅仅是一个短暂的、友好的探测电话，透露给他的信息却很明确：你过得很好，并没有因为他迟迟不与你联络而心存不满，也没有一丁点儿的不高兴或怨言。最糟糕的事情，莫过于你打电话给他，喋喋不休地追问："你为什么不给我打电话呀？""你对我到底感觉如何呀？""我们的感情还要不要继续呀？"

有时候，当男人进入恋爱的第二阶段，由于工作繁忙或其他的事情，可能会暂时忘记与女人联系。两天过去了，两个星期过去了，甚至两个月的时间也不知不觉地飞逝而去。然后，突然有一天，他想起了女人，而且清晰地感觉到自己多么喜欢她。给她打电话的念头萦绕在他心头。但是，这么多天来一直没与她联

> 女人最糟糕的事情莫过于频繁地给男人打电话，质问他对他们之间的感情作何感想。

系，忽然打电话过去，可能会遭到她的冷嘲热讽，还有可能被她拒绝。因此，他犹豫了，迟迟没有给她打电话。如果恰在这时，他接到了来自女人的友好电话，他立刻就得到一个清晰的信息："我可以与她联络啦！她并没有生我的气！"这使他感到无比轻松，开始考虑如何追求她了。

不确定阶段，时间对女人来说似乎拉长了，但对男人来说，却飞逝如电。要是女人不理解男人，她就很容易得出这样的结论："噢，这个男人真是反复无常、性情古怪。他要么是个花花公子，要么就是无情无义。追求我的时候那么多情、热烈。可现在，时隔几天，他就对我不理不睬，连电话也不打一个！"

其实，这根本不是事实。男人不打电话，原因是多方面的。随着对男人的思考方式与感受方式有着更加透彻的了解，女人就能够客观公平地评价一个男人的本能行为，而不再想当然地带着个人情绪对他进行评说了。

回报的压力

如果说，男人在第一阶段感情炽热、攻势猛烈，那么进入第二阶段，他可能要求回报。此时，女人有时会感到来自男人的性的压力。她会这样想："我已经得到了这么多，他对我又这么温存体贴，我是不是应该回报他的好意呢？"看到男人对她的痴迷，看到男人眼中喷薄欲出的欲火，她天真地希望，通过她的肉体来回报他的热忱。女人认为，满足他的性欲，就能重新引发他的兴趣。最终，她却发现，她所付出的远远超出自己的意愿。尽管她违背自己的心意，倾心地付出，实际上，她却于不知不觉中破坏了彼此的关系。在两性情感关系中，更多的付出并不意味着更好的回报。

如果女人坦然接受来自男人的追求与示爱，她就能顺利通过不确定阶段；如果女人不习惯被人追求，如果男人为她精心营造的浪漫氛围让她感到受宠若惊，那么她的压力就会很大。人挨饿的时候，都会这样想："为了得到食物，我可以为你做任何事。"同样的道理，女人感受到男人的爱意与崇拜时，也可能会这么想："我也得为他做点什么，好让他继续爱我。"这种思想其实是非常有害的。

身为女人必须知道，对男人的浪漫，给予热情而友善的回应，就已经足够了，你已经把他最想要的东西给了他。这个基本的理解是至关重要的，而今天的女人却恰恰认识不到这一点。相当多的女人会认为自己给的不够，还有必要付出更多。

女人本来应该因男人对自己极度渴望而满足于自身的魅力，可是，一旦她感觉到眼前的男人索取更多，她就只能感受到回报的义务与压力，她无形之中破坏了恋爱的潜在规则。于是，她无视目前二者所处的感情阶段，与他进行了更多的肉体亲密接触。一旦她这么做了，就会发现，付出是个无底洞，她的付出并没有让他对自己的爱意加深。相反，他不再继续取悦她，形势发生了根本性的变化，她转而开始讨他的欢心了。不可避免地，她的形象一落千丈，他也开始对她失去了兴趣。

莎龙的例子

莎龙这样描述她的处境："一开始，凯文是那么完美、殷勤。无论我跟他说什么，他都耐心倾听。他可真是个绅士呀！谈吐幽默、风度翩翩，他说的每一句话都那么动听。我们在一起共度了一些好时光。然而，后来，一夜激情过后，事情就面目全非了。"

对此，莎龙困窘无比。她本来深信他们两个是灵魂之侣，注定要结合在一起的。但是实际上，凯文对她的感情尚处于恋爱的第一阶段，即吸引阶段。而且在与她约会的同时，他还与别的女人交往着。莎龙说："这件事对我打击太大了！它伤透了我的心，我再也不想涉及感情了！我再也不需要男人了！"

面对伤心的莎龙，我邀请她参加我的研讨班。经过一段时间的培训，她对男人有了一些认识与了解。这时，她才意识到是自己误解了凯文的暗示。她一厢情愿地将他的强烈追求与深深关注理解

成："他对我一见钟情！我也喜欢他！他就是我的灵魂伴侣啦！"然而，事实却是，他们才刚刚认识几天，彼此尚不了解呢！尽管她这边已经进入了排他性阶段，不再跟别的男人约会了，但是，事实上，他们甚至还没有经历过第二阶段——不确定阶段呢！

自从参加了"火星与金星"研讨班后，莎龙坦承她的过错，她说："我当时真的好傻呀！的确，他说过他爱我，只是爱得不够，不足以维持下去。现在，我觉得让我受伤害的真正原因，是在我们发生性关系之后，他抛弃了我。要是没有那一晚，或者我们仅仅是亲吻、抚摸，那么，他的拒绝就不会伤我这么深了。""要是我们仅仅交往了几个星期，他就适可而止，放弃追求，那就好了。"

莎龙当时觉得凯文是那么完美、那么称心，于是，她开始感觉有必要随他所欲，满足他的一切要求。毕竟，他已经为她付出了很多，给了她所需要的情感。她自认为，要做出一些回报，这才公平，也不能让男人一味地付出呀！但是，莎龙当时却没有静下心来仔细地思考："他真的已经满足了我的要求吗？他真的尽善尽美吗？我与他交往，最终是想步入婚姻的殿堂。而他呢？他真的能给我婚姻的承诺吗？"

> 亲密的肉体关系并不代表一切，有时候，性爱可能仅仅是一时激情的结果，什么也代表不了，感情必须经历时间的考验才能与日俱增。

莎龙现在已经意识到了，她不能因为一次深受感情的伤害就不再与其他男人恋爱。在与男人的恋爱中，她时刻谨记与这个男人发生性关系还为时尚早。莎龙终于明白了，亲密的肉体关系并不代表一切，有时候，性爱可能仅仅是一时激情的结果，什么也代表不了。感情必须经历时间的考验才能与日俱增。

得出了这个结论，莎龙终于给自己和凯文这段短暂的恋情画上了句号。她不再终日以泪洗面，时刻折磨自己了，相反，她为自己

能够曾经拥有这段感情并从中解脱出来而心存感激。诚然，目前莎龙需要有人疼、有人爱，但是她不再以肉体为代价换取恋情了。以前，她曾经产生过不再与男人恋爱的念头，现在，她才不会这样做呢。她放弃了女人有义务回报的想法。这时，她才真正地体会到恋爱的乐趣。她与男人们调情、约会，直到有一天，生命中注定的男人出现。以后，他们如期地步入排他阶段，她始终保持冷静，一直未曾与他共度良宵。最终，他们结为夫妇。直到那时，他们才冲破了她一直坚守的最后防线，体会到了真正的灵与肉的结合。

需要与义务

莎龙的感情经历形象地阐明了极其重要的一点，一旦女人清楚地意识到自己并没有回报男人的义务，那么她就能与男人自如地交往，充分享受男人的殷勤与接受的乐趣。她感觉到自己的需求，却没有义务付出，她会变得越来越乐于接受，同时也懂得适时地给予，她对男人的吸引力也与日俱增。

一旦女人认为自己有义务报答一个男人的好意，那么，她的感觉就会影响到她继续接受这个男人的付出。特别是对年轻女人来说，当男人在约会中付账时，她会有与他分摊账目的想法，因为她不想因此而对他有所亏欠，否则她就会觉得似乎有义务满足他对性的需求。一旦出现了女人与男人争相买单的情况，男人就要意识到，这是女人在告诫你"不要有太多欲望"的方式。

这表明，她已经感觉到你对发生肉体关系的强烈渴望，她想打消你的这种错误念头。问题在于，男人并不了解女人此举的意图。当她与自己争着买单时，男人可能误认为："看来我的努力都白费了。她根本不领情嘛，还要与我 AA 制，跟我算得这么清楚。算了，我还是别费力气了。"此时的男人，可能会放弃追求。年轻女人往往在否认自己需要男人爱慕的同时，也弱化了自己感受吸引和吸引别人的能力。

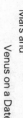

女人唯有在心安理得的时候，才乐意安享男人的馈赠，她不愿意承担除一个甜美的微笑或一声"谢谢你"之外更多的义务。女人常常会为男人的期待而困惑不已，男人总是怀着侥幸心理，期待着能与她共度良辰。

> 女人唯有在心安理得的时候，才乐意安享男人的馈赠，她不愿意承担除一个甜美的微笑或一声"谢谢你"之外更多的义务。

其实，大多数男人并非那么热切地期盼着与女人枕席相偎，他们仅仅是希望有点儿运气而已。他们绝对不会有这种想法："瞧，我为烛光晚餐付了账单，她就应该与我做爱。"

现在，仍然有一些女人坚持拒绝让男人买单，总是要分担账目，她们之所以这么做，无非是想告诉男人，不要产生什么非分之想。其实，这样做不仅仅是对男人的侮辱，也是对女人自己的侮辱。难道她将自己当作商品让男人花钱买一夜情吗？

渴望是无罪的

男人想与你亲密接触、对你的肉体充满渴望，这种想法并没有什么错。这就好比女人想得到男人的强烈追求和关心一样。当然，大多数男人即使怀有非分之想，也仅仅是想想而已，幸运的话，能得到一夜欢情固然最好，不行也无所谓。但也有一些男人对此满怀期待，他们与女人交往，唯一的目的就在于此。这是因为他们从那些不求天长地久、只求一朝拥有的女人那里很轻易地得到了性爱，所以他们对正在与自己交往的女人充满了同样的期待。

充分了解、慢慢进入和完全体验恋爱的五个阶段，男人和女人都将更加享受恋爱的美妙过程，并最终找到真爱。当一个习惯于速食爱情的男人遇到慢热的女人时，他一定会有点抱怨，这很正常的。然而，要是他们之间不仅仅是身体上的吸引，那么他就会尊重她的意愿，慢慢地步入爱情。

不要全盘拒绝男人的示爱，如果面对男人的性需求，你还没做好准备，那么你只需礼貌而坚定地对他说"不"。如果他尊重你的意愿，他就值得你去爱。如果他不能接受，并为此恼怒不已，那就证明他根本不想与你严肃认真地交往，只是浅尝辄止、玩玩而已。

面对性的请求，坚持说"不"，并不代表着一对恋人应该清心寡欲、绝对不能有任何性接触。男人产生身体亲密接触的冲动，其目的是要打开女人的心门，充分感受两人间的爱意和对彼此的渴望，确认自己的感情已经得到了她的认可与回应。

身体亲密接触的四种程度

女人可以答应男人不同程度的性要求，而不必进行性爱的全过程。控制的程度是极其重要的。出于避免性爱行为的目的，许多女人都拒绝男人爱抚和性接触的要求。女人需要自己心里有谱儿，清楚地知道自己想做什么，而且，她必须从男人那里得到确切的信息："他会尊重我的意愿。"

对女人来说，当她的身心被唤醒，沉浸在男人的爱抚中时，她很难主动退出来，对男人说"不"的。有时，她也不愿意说"不"。为了与男人谈论性更加容易些，我们可以用棒球作例子：

进入第一垒

性交或身体接触大致分为四种程度。如同在棒球运动中，每一种程度都与进入下一垒息息相关。进入第一垒与接吻和充满柔情的爱意密切相关。一开始，约会情侣会有一些随意的或无意的接触。他们可能在共进晚餐的时候，偶然寻一个契机，相互间深深地凝视，他们忘记了时间的存在，一言不发，久久不愿打破此时的寂静。然后，他握住她的手，把她拉进自己怀中，低头吻她。渐渐地，他们的亲吻就会变得炽热而长久。

随着彼此更加熟悉，他很自然地就会用胳膊搂住她，无论在私人空间还是公共场合，始终牵着她的手。当然，在没人瞧见的时

候，他们可能长时间地紧紧拥抱在一起，或者激情地热吻，恨不能
两个人变成一个人。此时两人如胶似漆，总愿意黏在一块儿。尽管
他们已经情意绵绵、激情无限，但还是有意识地想要更多的亲吻、
拥抱、抚摸、依偎、缠绵。

进入第二垒

第二垒是更为亲密的爱抚。在这一阶段，情侣们开始刺激能唤
起情欲的敏感地带。人的身体有三个敏感的区域。第一个区域是肩
部以上，包括头和手。第二个区域是腰部以上，第三个区域是腰部
以下。第二垒主要探索第一、二两个区域。逐渐地，他们将开始探
索对方的未知领域并彼此触摸。一开始是隔着衣服的，然后，所穿
衣服渐少，最后，不穿衣服进行。

进入第三垒

第三垒是对生殖器官的抚摸，但不进行性爱。这包括触摸、抚
弄和相互刺激彼此的全部敏感区域。尽管男人并没进入女人的身
体，但是两人都从相互刺激中得到了快乐。最终，他们都享受到了
两颗心合二为一的巨大快感。

女人常常错误地匆忙进入第三垒，以满足男人的欲望，因为她
能够感觉得到男人长久以来对她的渴望与期盼。可这就大错特错
了。理想的状态应该是这样的。在她带给他兴奋的高潮之前，需要
首先开放并迎接自己高潮的到来。确立了这样一个原则，女人就不
会付出太多，给予太急了。在这种感觉支配下，听从自身的意愿，
女人就能知道自己到底想走多远。

渐入本垒

第四垒或本垒是性爱。女人唯有对进入第四垒有着清晰的理解
和准备，她才能知道自己在做什么。女人走多远，应该总是由她自
己说了算。做出这个决定，她必须确定全部出于自己的意愿而并非
义务或对男人的同情。她需要听从自己的心声，当她准备好后，再

从容地决定。对恋爱五个阶段的清楚把握，将帮助她认识为什么等待是如此重要。

如何说"不"

蕾切尔面对欲火中烧的情郎，能够毫不犹豫地说"不"。尽管如今很多女孩都非常开放，但是她仍然洁身自好、守身如玉，她决心唯有新婚之夜，才把自己毫无保留地奉献给新郎。她结婚那天，已经年满 28 岁了。在婚前恋爱时，她就逐渐感受到男友日渐亲密，越发炽热的爱抚，然而，对于此，她仅仅说："我喜欢我们相互亲吻、相互爱抚的感觉，但是，仅限于此。"就这样，设立身体上的防线，蕾切尔与男友都不越雷池半步，两人的情感交流与精神交流也更多了。

如何拒绝，安德烈另有妙招，在与男友交往了一段时间后，两人的感情迅速升温，亲吻、拥抱成了家常便饭，但是她并没有意乱情迷，她清楚而又坚决地说："亲爱的，我不想进行得太深，我还没有准备好，我需要更多的时间。"后来，两人交往时日增多，她才让男友知道，她已经做好准备，可以进行得更深入一点。

佳雪以温柔的语调快速地告诉男友："不，我不想做，我还没有准备好。"

要说"不"，最好的方法就是直截了当地告诉他。含糊其辞、模棱两可的说法是无济于事的。如果女人说："我不知道，或许我们还应该再等等。"这种话在许多男人听来，却是一个鼓励他继续深入的信号，这时候，他才不会停下来呢。唯有当他听到了一声清晰的"不"字，他才会罢手。正如男人尊重女人的意愿、严守她所设立的防线一样，女人也需要注意她给男人传递信息的方法和怎样才能准确地表达她的意图与想法。

男人的手在女人身上游移、抚摸时，女人移开他的手，大声喊"停"，通常会被误认为："现在还不行，等会!"如果你想对他说："今夜不行。"那么，你需要费更多的口舌。如果从一开始，他就根

本不听你"不"的请求，那么你所要做的就是立即离开。你可以彬彬有礼，但同时也要泾渭分明。你甚至可以直接对他说："我真的很喜欢你，但是我还没准备好。"随后，你就此告辞回家，或者至少睡到另一间屋子里。

等待投入的想法不可取

面对情人越来越亲密的接触，女人要是不懂得如何说"不"，不知道如何设一道防守的底线，那么，她就会因频频遭受身体的纠缠而对男女的交往厌烦。她将产生不想再与陌生男人约会的念头，只想等着一个特殊的男人，懂得她的心思，无需她死命地拒绝肌肤相亲，对她体贴备至。然而，她苦苦等待的却是并不存在的"完美先生"。她决心推掉所有的约会，从此独守空闺，直至她一眼就能看出某个男人适合她。

玛丽对此观点深表赞同："对我而言，分手最为尴尬的就是，这无异于再次宣布我又将开始恋爱，还将在另一个男人面前宽衣解带、赤身裸体。"

诚然，玛丽只是自我解嘲，跟大家开个玩笑，但是，她确实因此放弃了意中人，并不再继续恋爱了。对待男人的要求，玛丽无论拒绝还是默许，都感到无所适从。所以她下决心对自己说："我干脆静观其变，听天由命好了。我不会再轻易地对谁付出感情，我就这么静静地等着我的那个他出现好了。"在内心中，她是这么想的："我时运不济，如意郎君迟迟不出现。那么从现在开始，我就不再与任何男人恋爱了，除非我能够认定他就是我的唯一。"

这种期待原本也无可厚非，但是因噎废食却未免可笑。这是多么不切实际的想法呀！要是抱着这种态度，玛丽终生可能都难遇知音。要想确切知晓此人是否终生良伴，那就必须与他约会、恋爱，交往直至第四阶段——亲密性阶段，才有可能获得答案。想要在初次见面之时，就预知他是否合适，完全是不现实的。实际上，到了第二阶段，你们两人都还搞不清楚彼此是否适合，这是极其正常的

现象。

在不确定阶段，如果恋爱中的男女都不再与其他异性交往了，那么你们两人就已经为进入下一阶段——排他性阶段做好了准备。此时，也许还有人不能确定他的感觉——即便如此，如果对方想继续交往，而他则想要再接触接触以便确定自己的情感，那么，他们携手进入第三阶段——排他性阶段的时机就已经成熟了。

第 5 章

Mars and
Venus on a Date

恋爱第三阶段:排他性

经过一段时间的接触与交往，就能够感觉到，对方可能会成为你的终生伴侣。那么，你们已经进入第三阶段——排他阶段。在这一阶段，你们已经达成了默契，暂时只将注意力集中在对方身上，尽力避免节外生枝，尽量避免与其他人任何浪漫的邂逅。

到了第三阶段，你们之间已经具备一定的感情基础，这使你们很容易就敞开心扉，真正地爱上对方。在此之前，你们的交往无非是一些你来我往的回应，以期得到互相需要的信息；你们不断地试探彼此，以期了解自己能否真正地爱上对方。实际上，你们已经有机会尽情地付出自己的感情，充分地体验对方给予你回报与感应的乐趣，这种情感交流，恰恰是你现在最需要的。在此阶段，许多恋爱中的情侣都在不知不觉之中，放弃了体验对方最好的一面和展示自己最好的一面的机会。他们往往是一进入排他性阶段，就放松了警惕，不再把自己人性中最美好的一面展现出来，不再掩饰，言谈举止中暴露出许多缺点。但是，要知道，现在这么做还为时尚早啊！在这一阶段，你仍然需要格外小心，多多努力，不辞劳苦地为对方做一些看似琐碎，实则浪漫温馨的小事。细节决定成败，这些看似无关痛痒的举动，曾使你顺利地通过第一阶段和第二阶段，同样也关系着你在此阶段的成败。

一对情侣进入排他阶段后，他们往往对彼此的感情掉以轻心，太过稳定的感情使他们舒适安逸，开始想当然地要求对方如何如何。具体而言，男人觉得已经把女人追求到手了，就不再继续创造浪漫；而女人则对这个男人产生更多的期许，要求他懂她的心思。这是因为她觉得"他明明已经对我表白，他只爱我一个人，所以，他当然要关心我、体贴我。"你瞧，两个人的想法大相径庭，问题的产生也就在所难免啦！

当男人的追求成为过去式

在男人还没确定女人的感情倾向时，他会想方设法、挖空心思地为女人做这做那，此时，他的目的只有一个——吸引她。这时的

男人就如同开足马力的汽车，急速向女人驶去，一旦他认为到达了终点，他就会熄灭引擎，停下车来，举杯庆祝自己的胜利。进入恋爱的第三阶段——排他阶段，男人错误地认为，追求已经到终点了："我已经做了我应该做的一切，噢，我已经把她彻底征服了。"现在，他认为可以停下来休息了，由于采取松懈的态度，他逐渐丧失了最初的动力，在两人的交往过程中，也常常忘记展示他的魅力。在两性情感关系中，他再也不像以前那么积极主动了，并且逐渐失去锋芒。

许多男人认为，一旦女人表示接受了你，那么就可以不必像以前那样费尽心机了，一些增添情调的浪漫小插曲，就变得可有可无了。"交往了这么久，彼此都很熟悉了，何必再做那些小事、拘那些俗礼，反倒显得生疏了。"男人并没有意识到，正是他先前那些浪漫的举动点燃了女人的热情，使女人注意他、对他着迷。如果男人在此阶段过于放松，那么女人就不能维持足够的燃料，难以继续对男人热情。

这时候，需要有人告诉他，路还长着呢。他只是转入了第三档而已，还远远没有达到自己的极限速度。他还需要挂第四档、第五档。要想超越第三档，他必须打起精神，重整旗鼓，尽可能地做到最好，成为最佳情人，继续在两人的交往中占据主动，使两人的爱意继续升温，交往的乐趣与日俱增。只有这样，两人的感情才能渐入佳境。

男人切记，进入排他阶段后，你对她的追求不能停止。要知道前面的旅途中还有更为艰辛、更加复杂的两个阶段，你必须清醒地意识到自己的目标，重新聚集能量、集中注意力，倾尽全力做到最好！只有这样，你才能将自己最好的一面展示给自己的恋人。而她那温暖的爱恋、友好的回应也必将成为你在爱情的道路上继续前行的动力。

感情如同投资

男人很自然地将感情视作投资，他为此倾尽全力并希望从中获得相应的收益。这就是为什么男人在决定追求某个女人时会犹豫不决，因为他要花时间反复衡量，挑选最适合自己的那个女人。所以一旦男人从众多备选中选择了一个女人，与她单独相处，进入排他阶段，他就会误以为现在是他应该得到投资收益的时候了。

实际上，男人需要锻炼一种更为现实的眼光。在第三阶段，他必须明白仍然处于投资阶段。而且到了第四阶段、第五阶段，他的投资仍将继续。唯有当他顺利地通过恋爱的全部五个阶段后，他的投资才会大获全胜。那么，也许有人会问："恋爱自始至终，我们一直都在投资，收益到底在哪呢？"道理其实很简单，你们结合后，你的余生都将从你成功的婚姻与情感生活中获益，你在恋爱的五个阶段中刻意地努力、拼命地付出终将成就你今后幸福的婚姻生活，并从中获得丰厚的回报。

在第三阶段，男人必须意识到，革命尚未成功，仍需加倍努力。当然，我说的是尽可能地付出。即使是为了爱情，也不必倾尽所有，做力所不及的事情，你只需尽可能地做得完美些就足够了。随着你逐渐成熟，一次比一次做得更好，付出得越来越多，你的伴侣也会感受到这一点，并以健康友好的方式积极地做出回应。随着你们渐渐做好心理准备，以更好的方式共同体验彼此的亲密无间，那么你们就能够进入下一阶段了。此时，男人对感情的定位就有机会改变。

男人是如何转变的

现在让我们通过几个真实的例子，来看看第三阶段的男人是如何转变的。

①强尼和他的计划

在两人刚刚开始谈恋爱的时候，强尼习惯事先筹划好约会，然后再去征求他的女朋友——凡妮莎的意见。而她对于他的提议总是举双手赞成，两人共度了许多美好的时光，约会在他们看来是多么愉快的一件事呀！

然而，这种情况在他们进入排他性阶段时，发生了变化。一切都变得不同了。强尼不再提前筹划了。他总是拖到星期五才会问凡妮莎："周末想怎么过？"由于两人都疏于准备，他们开始随意地度周末，比如上街看电影或自制爆米花。当然，这么做也无可厚非。毕竟，不可能每次约会都精心安排、匠心独运。如此过了一段时间后，强尼和凡妮莎觉得在家过周末似乎也不错。

然而，好景不长，随着时间的推移，他们逐渐对彼此失去了兴趣，对周末的约会也不再有新鲜感了。后来，两人参加了"火星与金星"研讨班，强尼才真正意识到症结所在。在研讨中，他懂得了女人喜欢男人安排约会，喜欢胸有成竹的男人，而他忽略了女人的想法，忽视了事先筹划约会制造浪漫的重要性。

两人恋爱之初，强尼事事会以凡妮莎喜欢的方式提前做好计划，这是为了确保他们的约会能够顺利进行，以便他再次邀约，两人的关系进展顺利。后来，两人感情升温，发展到了排他阶段，凡妮莎会自然而然地与男友强尼共度周末。这时，强尼就没有动机提前计划了。

通过参加研讨班，强尼又为提前安排约会找到了新的理由。一旦他事先计划好周末去哪，凡妮莎不仅体会到他的细心体贴，还会用一周的时间去期待这次约会。许多男人并没意识到，提前告知对女人有多么重要。女人喜欢在赴重要约会前有时间去准备、去布置，喜欢有充足的时间与闺中密友谈论这次约会。了解女人的这些小心思，强尼立刻又有了提前安排约会的动力。他告诉我，就是这小小的改变为他与凡妮莎的感情注入了新的活力，两人现在又甜蜜如初了。

②为什么鲍勃不再说话了

在刚开始的几次约会中，鲍勃无疑是个健谈的小伙子，他给沙拉留下了深刻的印象。他的谈话内容无所不容，他与她讲起他的职业、理想与奋斗目标，还提到了他的父母、兄弟姐妹、他的过去、

他的宗教信仰、他所擅长的运动项目，还有他日常生活中的点点滴滴，更有他对时下热点问题的看法与见解。在沙拉看来，他可真是个理想的伴侣呀！女人总是喜欢男人与自己分享他们的所思所想、所感所悟。这么一来，鲍勃愿意说，沙拉乐意听，那时候，他们两人的交谈常常是妙语如珠、笑声不断。从这样的场景来看，两个人简直是珠联璧合！

于是，两人很自然地经过第二阶段，进入第三阶段。沙拉期待着与鲍勃有更多的交流，有更为深入有趣的交谈。然而情况恰恰相反，沙拉的期盼落空了。鲍勃不像以前那么滔滔不绝了。起初，沙拉以为是工作让他分心了。但是过了一段时间，他仍然是少言寡语。沙拉百思不得其解，最后只能断定："他一定是对我不感兴趣了。"

为了改善他们的恋情，沙拉建议鲍勃与她一起参加"火星与金星"研讨班。鲍勃一开始并不情愿，但在沙拉的劝说下还是报名参加了。参加了研讨班后，两人的情况大为改观。在研讨班，沙拉得知鲍勃现在变得不爱讲话其实是一种正常的现象，这完全与她以及他们的感情无关。明白了这些，沙拉才真正松了一口气。

男人可能在开始的几次约会中说很多，这是因为他们把约会当作了参加工作面试。当然，这个面试的主考官是坐在对面的约会伴侣，要得到的工作是胜任她的男朋友。他滔滔不绝，向她投递一份语言表达能力的简历，通过与她分享他的所思所感、价值观与人生观，他告诉她："我是谁。"一旦男人得到了这份工作，顺利地成为她的男朋友，转变就会发生。他不会再不停地说话吸引她的注意力了，因为没有理由继续展示口才了嘛！

其实，交谈有多种意义，不仅仅限于口才展示。男人之所以在第三次约会时说话最多，是因为这次约会后，他就要决定是否进入排他阶段。如同打棒球一样，通常在第三击之后，才会决定继续攻垒，还是淘汰出局。现在，通过学习，沙拉和鲍勃对彼此都有了更为深刻的了解，他们能够共同将感情经营下去。

在火星上，谈话本身毫无意义。男人才不会没事彼此联络；

"喂，你最近好吗？咱们一起共进午餐怎么样？其实也没什么特别的事情，我只是想跟你聊聊天。"如果他们打电话邀约一起吃饭，一定是有什么特别的事，迫在眉睫，不得不说。受到邀请的男士赶赴相约地点，一见到朋友，第一句话就会说："出了什么事？"或者"你找我来想跟我说些什么？"

相反，女人却不这样。她们经常彼此煲电话粥，只是因为无聊或其他的原因就相约聊天。她们聊天的内容也没有特别的话题，更不会有什么格外要紧的事商量。她们彼此都心知肚明，就算是相约共进午餐，也只是想天马行空地神聊。

鲍勃，就像大多数男人一样，因为感觉没必要而停止了对沙拉神聊。他认为他已经向沙拉充分地介绍了自己，而且已经得到了他想要的"工作"——沙拉的专职男友。参加了我的研讨班后，他终于意识到尽管两人进入了恋爱的第三阶段，他仍需继续付出、继续用心才能最终把她征服、俘获她的芳心。

③为什么杰瑞不再倾听了

进入恋爱第三阶段，有些男人以为大功告成，就不再像以前那样注意倾听女友的诉说，或者不再那么重视与女友的约会了。斯蒂芬妮就有这样的抱怨："我们俩刚刚确定关系，杰瑞就不再听我说话了。"

杰瑞，也在第三阶段犯了过于放松的错误。他根本没意识到，他现在的所作所为正在一点一点地把斯蒂芬妮推到一边。后果当然很严重，斯蒂芬妮感到备受冷落，于是她提出分手。在"火星与金星"研讨班中，斯蒂芬妮才知道自己对杰瑞的误会有多深。

当面临商场谈判时，男人总是将全部精力都集中在谈判对手身上，但是，在私下里，比如朋友聚会这种轻松的场合中，男人就不会这样了。男人和朋友闲聊的时候，状态很放松，他才不会在乎朋友是否集中注意力听呢，即使朋友在听他说话时，时刻盯着电视看球赛，他也毫不在意。

斯蒂芬妮知道杰瑞的这种行为只是男人的习性后，她的态度不再那么生硬了。她懂得了杰瑞之所以不再像以前那样，事无巨细地都替她安排好，正是因为他想与她继续交往、建立真正的感情。

在恋爱的最初阶段，他总是凝神定气地盯着她，是因为那时的他仍然处于"谈判、做生意"的状态。他用心地倾听她的每一句话，努力地了解她，那是因为他正在搜集信息以便做出正确的判断。他全神贯注，将所有的注意力都倾注在她的身上，那是他在揣测怎样与她进一步交往。一旦他认定，就是她了，那么问题似乎就解决了。现在，她与他交谈的时候，他可以放松身心，四处张望了。由于不知道女人最欣赏男人哪一点，杰瑞破坏了两人之间的感情，由于对火星人习性的不了解，斯蒂芬妮误会了杰瑞。

④为什么罗斯不再赞美了

娜奥米抱怨说："刚认识之初，罗斯经常赞美我，但是在我们约会几次后，他就不再赞美我了。他变得可真够快呀！我本来以为我们俩正在向彼此靠近，谁知他会这样。我真搞不懂这是为什么，如果他真是如他所说，越来越爱我的话，他就不会停止赞美我。相处了一段时间，我真是受够了，他的爱飘忽不定，让人琢磨不透。我再也不会跟他约会了。"

许多男人在第三阶段会不自觉地停止赞美对方。男人误认为，既然两人已经进入排他阶段了，他就不用老是甜言蜜语的了，她也不必再听到赞美之词了。他认为自己已经用行动证明了这个事实——只想与她在一起，她与其他的女人不同，她对他而言，有着特殊的意义。

从男人的角度看，赞美女人是传递信息的一种方式。赞美她，就意味着对她说："我深受你的吸引，我真为你着迷。"他用由衷地赞美告诉她："我发现了你的美丽。"一旦他清楚地得知，她已经收到了这个信息，那么，他就不再那么迫切地赞美她了。从他的角度看，赞美已经没什么意义，而且没什么必要了。由于罗斯一而再、再而三地犯简单的错误，使得两人的关系止步于此，无缘进入下一阶段。

⑤汤姆和他的安全地带

路易斯曾经问我："为什么我和汤姆现在总是不停地重复同样的事情？一开始，我们的约会是多么的有趣与特别，令我回味无穷。可是现在，汤姆却总是带我一次又一次地做重复的事情。"

路易斯产生这种困扰，是因为她不知道火星人就是这种习惯成自然的习性。当他们发现一种模式起作用时，就会反复地一直这么做下去。他们想："已经有了一个保准不会出差错的成功模式，为什么还要冒险试图改变呢？"

男人到了恋爱的第三阶段，会找到自己的安全地带。这样，他就喜欢反复做同样的事情，而不愿意再尝试新的事物。如果有一天，他带她去了一个别致的餐馆，她非常喜欢那里，他们过得很愉快，那么下次，他还会带她去那儿。他并没意识到，她喜欢那个餐馆的一个最主要的原因，就是他们以前从未去过那儿，而且它与以前他们到过的餐馆完全不同。女人喜欢各式各样的变化，喜欢丰富多彩、变幻莫测的生活。她们喜欢尝试新鲜事物，经历不同的体验。男人唯有继续带她探险和不断尝试新事物，才能够确保成功地走过恋爱的第三阶段。

⑥罗杰不再（主动）提供帮助了

玛丽娅这样抱怨道："我们刚进入排他阶段，罗杰就再也不主动帮助我做事情了。他空闲的时候，就会来我的公寓，然后跟大爷似的坐在沙发上看电视，而我则忙忙碌碌地为他准备晚餐。一开始，他还主动帮我做这做那的，可是过了一段时间，他就什么忙也不帮，只是静等着我为他准备好一切。天哪，我简直不敢相信，他把我当成佣人了。"

在他们还没进入排他阶段之前，罗杰为了使玛丽娅明确地知道他的心意，经常主动帮她做事，为她洗车、倒垃圾、搬东西、送她上班、为她做精美的晚餐、帮她修理公寓里损坏的东西。然而，到了第三阶段，他却停了下来。

玛丽娅误以为现在他就想要回报了，回报他曾经给予她的帮助。开始的时候，玛利娅乐于回报。但是，一段时间过后，她就变得愤愤不平了。她产生这样的想法："哼，我整天为他做这做那，可他却没为我做什么事情。他现在变了，再也不会主动帮我的忙了。"

玛丽娅不明白罗杰停止提供帮助的真正原因。实际上，罗杰认为，至今为止，他还是很愿意帮助她的。但是，现在他俩走得更近了，所以他误以为："我们的关系已经这么稳定了，要是她需要我的帮助，她会直接告诉我的。"然而，女人的天性让她没有主动向他寻求帮助，所以他只会认为："看来，我的努力已经够多了，她不再需要我的帮助了。"

进入恋爱的第三阶段，男人应该记得，唯有他主动提供帮助时，女人才会深刻地察觉到她被他深爱着、支持着。当一个男人预料到她需要什么，并且主动提供帮助时，对一个女人来说，才是最为浪漫的时刻。即使此时此刻，她并不需要帮助，而他主动提供的帮助，使她拥有了被呵护着、被关爱着的美好感觉。

聪明的男人总是无偿地为女人提供帮助，智慧的女人总是会抓机会寻求她要的支持。但是要知道，无论一个男人有多么完美，多么了解女人的心思，他仍然是来自于火星的。因此，即使他深爱着一个女人，他仍然不可能本能地知道一个女人真正需要什么。他虽然愿意全心全意地为她付出，真心实意地为她做事，却常常不知道自己应该在什么时候做些什么才能使她感到快乐和满足。

女人最大的挑战

进入恋爱的第三阶段，女人面临的最大挑战就是实践寻求帮助的艺术。女人常被教导说，要懂得迎合男人的心思，要讨男人的喜欢，而不要渴望得到什么。所以当她们有所需要时，她们很难开口讲出来。其实，进入第三阶段，女人可能犯的最大错误就是，认为恋人之间应该心有灵犀，无需多言，男人就能知道她需要什么。

实际上，女人必须打破这个限制，不再一味地保持矜持，勇于

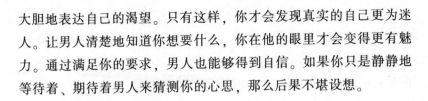

大胆地表达自己的渴望。只有这样，你才会发现真实的自己更为迷人。让男人清楚地知道你想要什么，你在他的眼里才会变得更有魅力。通过满足你的要求，男人也能够得到自信。如果你只是静静地等待着、期待着男人来猜测你的心思，那么后果不堪设想。

坦诚地向男人寻求帮助

向一个男人寻求支持或帮助的最佳时机，就是在男人不再主动的时候。这个再简单不过的事实，却困扰了许许多多的女人。男人不再主动时，女人就会误认为："唉，现在是最不应该开口的时候。"就像玛丽娅一样，女人并不会这样想："男人其实是非常愿意提供帮助的，只是他们正在等着你开口要求呢。"很多时候，心有所求的女人非但不会主动要求，相反，她会不动声色地自己承担或者打消她的需要。尽管做出必要的牺牲是恋情发展的一部分，但是女人常常为此付出得太多。

男人没有做他们该做的事，那是由于他们不知道该做些什么，或者不知道某件事对金星人多么重要。这与他们对女人关心与否毫无关系。第三阶段是两人进行沟通与交流的最佳时期，女人完全可以不必像前两个阶段那样委婉间接，她完全可以开诚布公地说出自己的想法，寻求他的支持与帮助。女人的要求就是给男人的最好礼物。正如男人点滴的浪漫就能使女人备感幸福一样，女人的一点点要求也能鼓励男人给予她所需要的一切。

有时，女人甚至心甘情愿地为爱作出牺牲，不惜一切。在金星上，她这么做无疑就是一个爱的信号，同时也是她寻求回报的方式之一。当一个女人付出很多，作出很大的牺牲时，她也在明显地暗示，她并没有得到她应该拥有的。比方说，如果一个女人正在费力地搬一个大箱子，她这个举动本身就说明她需要帮助。

男人并不总是清楚这一点。在恋爱的第一阶段和第二阶段，他会主动提供帮助，使她确信他是乐意帮她的。可是到了第三阶段，他就会这么想："假如她需要我的帮助，她会直接告诉我的。"

当一个女人想要帮助，却不愿直说，而是付出更多时，她就传递给男人一个错误信息。他会认为："也许她不再需要我的帮助了。"或者"我为她付出的已经足够了。"不理解男人与女人的想法是多么不同，女人就会不停地付出，直到她感觉到不公平。她日益觉得自己有权利得到更多。最后，她忍无可忍，终于提出更多的要求时，由于心存愤怒，她说话的语调满含责备与抱怨，这必然令男人难以接受。

为什么男人会拒绝女人的要求

男人拒绝女人的要求，这并不意味着他拒绝给予帮助，真正的原因是他不能接受她愤恨的态度。她愤愤不平的抱怨刺痛了他。尽管女人认为正在与他分享自己的感受，而男人却认为她在抱怨："这么待我太不公平了。"

在男人看来，这无疑说他付出得不够，埋怨他不提供帮助。他认为这么说有失公允，他一直是乐于帮助她的，所以他拒绝接受批评。

女人如果知道第三阶段是寻找支持的最佳时机，所有的这些可预见的混乱和冲突就都能迎刃而解。这个阶段，她最具调和性，男人实际上也最乐意接受她的请求。

如果女人太过矜持，等待很久之后，直到忍无可忍时，才开口提出要求，男人可能会产生这样的抵触情绪："噢，看来她还是很不满足呢。她一定认为我做得不够。"对男人来

> 在恋爱的第三阶段，女人最具调和性，男人实际上也最乐意接受她的请求。

说，这很难接受。男人常常陶醉于这样的憧憬之中：他是女人眼中最完美的情人。为此，他非常乐意为她多走一些弯路，多付出一些努力。事实也是如此。当女人温声细语，充满期盼和感激地向他寻

求支持时，男人就会备感动力、满心欢喜地对女人的请求说
"YES"！

当男人真正把一个女人放在心上时，如果他知道做某件事会让
女人高兴，即使这件事让他很为难，那么他也会心甘情愿地为她去
做的。反之，如果他得到了女人抱怨或愤怒的信息，仿佛在说：
"你本来就应该做这件事！"那么，他就会产生抵触情绪，可能拒绝
再为她做任何事情。

发现女人的优势

进入恋爱的第四阶段（亲密性阶段）之前，女人与男友分享她
的坏心情也是可以的。然而，她必须略施小计，巧妙地运用她的优
势：不带丝毫抱怨地向男人提出请求，就比较容易让男人接受。

许多女人都犯过这样的错误，在作出请求之前，不能控制自己
的坏情绪。女人带着抱怨的请求，无疑会使男人拂袖而去。在金星
上，在寻求解决方案之前，她们通常会直言不讳地讨论彼此对某个
问题的看法。然而，这种方法在女朋友间或许适用，对男人则完全
不起作用。下面是几个例子：

不要说：

"我们从来没有出去过。"
"我们从没做过什么有意思的事情。"
"总是在市里转来转去，真是烦透了！"

一定要说：

"下周末，你能带我出去听场音乐会吗？"
"让我们这周末做些有趣的事情吧！我们到山上野餐如何？"
"也许这个周末我们可以去海滩，你认为如何？"

学会以积极的方式提出心中所想，培养一种表达的技巧，这是

女人成功地维系一段感情所必须掌握的。

女人的转变

女人常常极其敏锐地意识到男人在感情中的微小改变，然而她们却无法知道自己也发生了转变。如果两人处于排他阶段了，女人会认为男朋友应该主动地为她做更多的事。于是女人的期待值增加了。她认为两人的感情更加稳固，她更加爱他，她觉得要为他做得更多。这看似温柔体贴，实则极不可取。

当女人觉得自己付出太多时，便开始认为男友为她所做的一切都是理所当然；她开始觉得他的帮助也不过与她的付出平分秋色，不会为此感激和兴奋了。

要是男人一直为她做这做那，女人就会觉得自己也该回报。于是，她开始热衷于为他做一些小事：她为他制订行程计划，为他预订酒店房间，为他担心焦虑，为他苦苦等候，她努力讨他的欢心，如此种种。女人逐渐开始做得更多——尽管他可能喜欢她这么做，但是她却于不知不觉中带走了他的自信。

成功的秘诀

为男人付出并没有错，但更好的方法是善于接受。对女人而言，在恋爱的第三阶段，成功的秘诀就是继续接受他的示爱。通过接受男人的示爱与做出积极的回应，女人实则为彼此的感情提供了一个迅速升温的好机会。

要想被男人所接受，女人需要知道如何去信任他，而不是一味地给他提建议；她需要接受他本来的样子，而不是试图改变他；她需要感激他所付出的一切，而不是让目光被其他的东西吸引。

这时，她就给他提供了不断获得成功的机会。在恋爱的第三阶段，对女人来说，塑造一个乐于接受的态度，可能与男人本来想自动地放松，却必须要继续付出一样，都是巨大的挑战。正如男人喜欢想当然地就这么认为："噢，她已经得到她想要的一切了，我不是已经不见别的女人，与她进入排他阶段了嘛。"女人也会想当然地认为："他已经是我的男朋友了，他应该为我付出更多，也理应更加支持我。"

不要把你们的约会想当然化

男女双方第一次约会，通常两个人都会调动情绪，积极响应。在约会数次之后，假如男人频频犯同样的错误，那么女人就很容易变得挑剔苛责。此时的女人，不应该把注意力放在挑剔男人上，而是需要保持一个乐于接受的态度。

女人经常忘记做出回应。回应是一种本能的自动反应，但女人必须有积极的意识。当回应变成了女人很自然的一种习惯时，她就为进入亲密性阶段做好了准备。下面是几对约会情侣的例子，他们都参加了"火星与金星"研讨班。

①当艾尔迟到时

初次约会，艾尔就迟到了。道恩想："嗯，第一次来我家，他不认识路，看来，他得慢慢熟悉来我家的路。"两个人交往了几个月之后，艾尔还是旧习不改，照样迟到，道恩为此烦恼不已，黯然神伤。她忽视了这个事实：毕竟艾尔来找她了，而且很高兴见到她。而一见到道恩难过的样子，本来兴致极佳的艾尔也就提不起精神了，他开始抱怨道恩对他太苛刻了。

好在道恩及时发现了自己的错误。下一次，当他又姗姗来迟，她并没有像以往那样，待之以责备的目光或喋喋不休的抱怨。这个夜晚，两个人度过了一个从未有过的完美约会。在摇曳的烛光下，他情不自禁地吻了她，当她抬起头来时，一丝歉意涌上心头，他深情地对她说："对不起，我总是迟到，谢谢你的宽容与谅解。"从此，艾尔再未迟到过。

这下，道恩明白了积极回应一个男人的努力是多么重要，她的

改变挽救了几乎陷入僵局的恋情。往往就是这些看似微不足道的小误会，使一对情侣劳燕分飞，各奔东西，无法共同走过恋爱的全部五个阶段。

②当乔尔倒垃圾时

起初，乔尔经常会帮维诺尼卡倒垃圾，而她也总是很乐意接受他的帮助，并且对此报以开心的笑容。维诺尼卡偶尔也会到乔尔家去，给他打扫一下走廊。日子长了之后，他再帮她倒垃圾时，她就习以为常没什么反应了，而乔尔立即察觉到这一点。有一天，他终于忍不住问她："知道吗？我每次到你家，都帮你倒垃圾的。"维诺尼卡也不甘示弱，据理力争道："那么我为你打扫走廊的时候，你又向我道谢没有？当然，我并没期待什么谢意，那么，你帮我倒垃圾，也别指望我特别感激你。"

结果，维诺尼卡口头上虽然占了上风，但乔尔却再也不为她倒垃圾了。维诺尼卡就是不明白这一点：当男人的努力总无法得到女人的响应时，这个女人对他的吸引力就没那么强烈了，他也就不愿意再为她做什么了。直到参加了我的研讨班，维诺尼卡才终于明白过来，当她积极地回应乔尔，并且感谢他的努力付出时，乔尔非常高兴，并且更有兴趣为她做事了。他的关爱使她备感幸福，她就越应该做出积极的回应。

③当麦克不打电话时

恋爱之初，麦克就不会定期地给泰瑞萨打电话。那时，泰瑞萨很理解他，知道那是因为他们还处在恋爱的第一阶段，而且麦克的工作时间表也总安排得满满的。两人初期交往还算顺利。但是，大约十次约会之后，问题出现了，她开始觉得："嗯，我们似乎已经开始真正地交往了，作为男朋友，他不能再像以前那样了，应该经常给我打电话才对呀。"于是，等他的电话，便成了她的一块心病。每当好不容易接到他的一个电话时，她都会很高兴，可是，一旦他不怎么给她打电话时，她就会闷闷不乐，有时甚至会对他产生莫名

的怨恨。就这样过了一段时间，麦克又对她说："我不想老给你电话。"所以，泰瑞萨就更不敢要求他多打电话了，她担心过多的要求会让他转身离开。

后来，麦克渐渐了解了泰瑞萨的心思，于是，他对她说："好吧，你要是想与我聊天，随时可以给我打电话。"一时间，泰瑞萨高兴极了，经常给他打电话，可是兴冲冲地拨通了他的电话后，结果却令她极其失望。电话那头的声音听起来既冷淡又心不在焉，很显然，他根本没兴趣与她聊天。这个沟通的细节让这对刚刚相处的情侣着实烦恼，于是，两个人就报名参加了"火星与金星"研讨班。麦克终于意识到只要抽空打一个电话，也许仅仅要说声："嗨，今天过得怎么样。"或者是给她寄去一张小小的卡片，都能令她惊喜不已。

麦克时刻将她放在心里，泰瑞萨也学会了表示感谢，而且积极回应他的每一个电话。两人的感情得到了更进一步的发展。

④当达瑞尔打开车门时

起初，达瑞尔带琳达出去约会的时候，总是殷勤地为她打开车门，她则嫣然一笑，显得极为高兴。大概六次约会之后，她就静等着达瑞尔走下车来替她开车门了，而且在他服务之后，琳达也不再报以笑容。此时她的表情仿佛在说："嗯，这就是你的工作。你是男人，你理应替我开车门。"过了一段时间，达瑞尔就不再愿意为她开车门了。

尽管男人通过做一些小事——比如为女人打开车门，表示对女人的关心，是极为重要的，然而，女人注意到男人所做的点点滴滴也同样很重要。面对男人的努力，女人应该有回应，让男人知道女人很领情，他才能很快乐。

他们参加了"火星与金星"研讨班后，都改变了彼此的态度。琳达说："我以前从来都不明白为什么每当他为我做事，总要我向他表示感谢，当时我觉得他真是太挑剔了。现在，我懂明白了，感谢是表达我对他的爱意的最佳方式。一个小小的改变，立刻使我们

的关系变得既轻松又惬意了。"

⑤当盖瑞带丽萨出去吃晚餐时

相识伊始，盖瑞带丽萨去了一个环境幽雅的餐馆，丽萨显得特别高兴。她大赞这里的环境，而且连声道谢。在那儿，她真是特别开心，接连品尝了许多美味佳肴。盖瑞对当时丽萨的反应印象深刻。所以，一连几次约会，他都带她去那儿用餐。这下，她的反应渐渐冷淡多了。兴奋与惊喜也全都烟消云散了，她甚至根本不愿意在那儿用餐。盖瑞再也看不到她以前那种欣喜异常的表情，往日的欢笑都不存在了。

相处了一段时间后，盖瑞就不愿意再为丽萨挑选餐馆了。每次他都事先淡淡地问一句："我们今晚去哪儿吃饭？"他心里想："既然你对去哪儿吃饭这么挑剔，那么我干脆让你自己选择餐馆算了。"又过了一段时间，两个人都对约会失去了兴趣，最初的吸引力已经消失殆尽，为了挽救这段恋情，他们报名参加了研讨班。

现在，盖瑞和丽萨同去用餐，盖瑞会先建议一个地方，而丽萨也总以一种积极的方式做出回应，表现出她最快乐的情绪。也许有人会说，这不是强颜欢笑吗？其实不然，她并没有故意掩饰。她一直有能力调动她最积极的情绪，只不过恋情火热之后，她就开始懈怠了。她只关注消极的一面，将自己生活中负面的情绪流露出来了。

恋爱旅途中，不单只有鲜花与欢笑，同样也有荆棘与忧愁。共同分担痛苦与沮丧当然也是恋人交往的重要部分。但是，你们最好到了恋爱的第四阶段，再去经历风雨。在恋爱的第三阶段，双方都要养成表达自己性格中最积极一面的习惯。当这些成为彼此最自然、最习以为常的事情时，你们就已经调整好感情的天平，就能够共同分忧解愁，能够消解彼此的负面情绪。

⑥当爱德付账单时

刚开始恋爱时，爱德请伊莲娜看电影，她总是非常感动，并且经常道谢。当他们交往了几个月之后，她开始习惯由他买单了，她不会再为此说"谢谢"，就好像他应该这么做一样。

当伊莲娜意识到这么做不对时，她对爱德的反应立刻就有所改善了。她不但会微笑着向他道谢，还时刻注意做出积极的回应。当他为一次约会费尽心思、精心安排时，她一定会对他说："亲爱的，我太高兴了，谢谢你花心思准备这次约会。"

即使有时候爱德的主意并不尽如人意，伊莲娜也会感谢他所付出的努力，她会告诉他："我可真开心呀!"她开始了真正的转变。自从伊莲娜做出积极回应之后，爱德也改变了许多，他时刻都想着两人将在一起做些什么。他不再像以前那样，总担心事情做不好。相反，他知道无论他做什么，都会得到她的支持。现在，快乐与欢笑又重新回到了他们的约会中。

⑦当瑞克赞美考琳时

刚开始相处的时候，瑞克经常会赞美考琳。对瑞克的赞美，考琳则会报以甜甜的微笑。随着两人交往日深，他再赞美她时，她就不再有什么反应了。有时候，瑞克说："亲爱的，你的头发可真美。"考琳说："噢，其实我真的不喜欢我头发的样子。"或者说："真难以置信，我竟然穿着这么一身衣服就出来了。"又或者说："我真的没时间准备，匆匆忙忙地没怎么打扮就出门了，真是有失体统。"再或者说："你千万别这么夸我，我现在看起来一定糟糕透了。"如此一段时间后，瑞克就不再赞美她了，甚至连瑞克自己都不知道这种转变是什么时候发生的。

在"火星与金星"研讨班，瑞克懂得了赞美女人的重要性，所以他又开始了甜言蜜语。他还告诉考琳不必过分谦虚，接受他的赞美后，只要说声"谢谢"就足够了。考琳也能够坦然面对两人的差异，愿意积极地回应。数月之后，考琳高兴地对我说："现在，我真喜欢听他在我耳边称赞我美丽。天啊，多甜蜜。我开始相信他说的都是发自肺腑的了，简直一刻也离不开他的赞美了。"

认识到恋爱第三阶段的目的

要是不懂得恋爱第三阶段存在的目的，那么一对情侣就很容易忽略第三阶段，直接进入亲密无间的第四阶段。其实，恰恰就是第三阶段的相处，决定他们的感情是否开花结果。每对情侣都必须体验到对方所能给予的最美好的感情，同样，恋爱中的两个人，也都需要成功地展现自己。

在恋爱的第三阶段，他们需要建立这样一种关系，他要有成就感，而她则要得到支持。当一方不能像以前那样给予或接受时，他们也能坚信，这仅仅是暂时的现象，一时的低潮，他们有能力重获积极的感情。

第三阶段绝对不是评估你的伴侣好坏的时候。相反，第三阶段是考虑你应该怎么做、你做些什么、怎么展现最佳的自我和带动对方表现得更好的时候。在本章接近尾声的时候，我要重申一点，男人一定要做出浪漫的表示，而女人则必须注意善于接受和做出积极回应。如果经历了这一阶段，你们能够得到这样的成果：你们彼此激发了对方最好的一面，你们已经为体验真正而持久的爱情做好了准备，这种爱是唯有进入恋爱的第四阶段——亲密性阶段，才得以产生的。

第 6 章

Mars and

　　Venus on a Date

恋爱第四阶段:亲密性

你们经历了前几个阶段，展示出自己最佳的一面，并体会到伴侣最体贴、最温馨的关怀后，那么，你们就已经做好了准备，进入恋爱第四阶段。在此阶段，你们将全方位地了解彼此，既看到对方的优点，也不回避对方的缺点。同时，你将向伴侣展现一个现实生活中完全真实的自我，而非以前稍加粉饰或美化的自我。

一旦你从对方身上感受到了所有四个层面的反应——身体上的、情感上的、心理上的和精神上的，那么，进入亲密性阶段正是时机。

如此多的反应也许搞得你昏头涨脑，无法辨别清楚，其实，区分起来非常简单：

★身体上的反应创造欲望和觉醒；

★情感上的反应创造爱意、关心和信任；

★心理上的反应创造兴趣和接受能力；

★精神上的反应开启我们的心扉，产生爱情，使我们相互理解、欣赏彼此、尊重对方。

只有在上述所有四个层面都与对方相契合的时候，才能顺利进入第四阶段。

反应无法假装出来

任何层面的反应都是无法假装出来的，正如你无法让任何人都迷恋你的身体一样。你所能做的，就是在两人交往过程中寻求适宜的土壤，创造合适的条件，试试你们两人之间可能产生什么样的反应。要是你倾尽全力也无法与他（她）产生感情的话，你也不必灰心丧气，要知道，这就如同你不能在任何地方打口井就出水一样。

举个例子吧。旅馆中，有一个美丽的女人悠闲地走到休息室，路上看见她的男人们，有些人会怦然心动，有些人对她毫无感觉。

不同的男人看到同一个女人，产生的感受可能大相径庭。同一个女人可能唤起他们不同程度的爱慕与兴趣。

同样，即使我们的技巧如何丰富，也不能制造感情的、心理的或精神的反应。感情就是如此，来不得半点强求。我们所能做的就是创造适当的条件，让自己能够发现他（她）到底有多爱你，或者他（她）是否能带给你幸福。

通过在恋爱的前几阶段设定适宜的条件，我们给彼此的感情一个机会，使我们能够感知到自己的爱。你已经反复地领略了此人最好的一面，同时也刻意地展现了自己最好的一面，那么，现在你可以稍稍松一口气了，这一阶段是你放飞心灵的时候。唯有当你心中盈满爱意之时，你才能做好充分的心理准备，体验曾经的完美爱人最糟糕的一面。面对他（她）的缺点，你仍然张开双臂，报之以爱，继续与其交往。

爱的力量

一旦你的心门向爱侣敞开，你就会爱他、敬他、欣赏他，你就能在他最困难的时候，不离不弃，默默地支持他，即使现在的他并不那么完美。

这种精神上的反应能够赋予你们无穷无尽的力量，克服恋爱征程中遇到的重重阻隔，比如猜疑、苛求和指责。即使你们暂时关系紧张，你们也能很轻易地找到回去的路。前几个阶段的交往，使你们拥有深深的爱意和美好的经历，这些都为爱情打下了坚实的基础。

彼此反复地找寻，你将最终获得自信与自我确定。它将帮助你在第四阶段挑选到能够与你相伴一生的、最为特别的伴侣。当你们结婚后，遇到争执时，切记不要针锋相对，互不相让，你要静思冥想，唤起精神层面的反应。唯有如此，你才能心甘情愿地做出适当的妥协与退让。在必要的时候，你还要勇于道歉，你的爱人不是那么完美的时候，你要学会原谅。

第四阶段的策略

进入第四阶段，你们要记住的要点是——慢慢地变得更加亲密，逐渐地向对方展示越来越真实的自我。此时此刻，是该让你们放松一下的时候了，你们不必顾忌太多，只需注意了解彼此、倾听彼此的心声就可以了。到了这个时候，没必要再像以前那样，时刻保持警惕，总注意隐藏自己的缺点了。

女人可以不再总是以淑女的姿态面对情郎。当你感觉不好或不在状态的时候，大可不必遮遮掩掩，完全可以直接对他说，与他沟通，向他展现一个真实的自我。你直言不讳地说出你的不满，说出你的真实感受，这对增进你们的感情大有裨益。有些时候，当你情绪不佳时，向爱侣发发牢骚，倾诉一下，他安慰安慰你，彼此相互影响，可能会使情况好起来。两个人在一起的时候，并不需要强颜欢笑。

对事事追求完美、时时在乎形象的女人而言，这一阶段真可谓是解脱。现在，女人终于可以依赖爱侣，让他看到你柔弱的一面了。你可以放松身心，让他了解你性格中的另一面。你更多地展现自己，让他知晓你的感受、你的想法，而他仍然能继续爱你，对你兴趣不减，那时，就表明你已经为即将到来的亲密接触做好了准备。你逐渐地撤销心灵的防线，终将有机会释放如波涛般汹涌的感情，体味两人日益美妙的爱情和欢愉。

同样，在恋爱的第四阶段，男人也会感到轻松许多。自从与这个女人交往之后，他无时无刻不在渴望与她肌肤相亲。这一阶段，女人渐渐地不再回避他的渴求，把自己的全部呈现给他——心理上的和情感上的，两人变得更为贴心了。这使他有机会体验渴望已久的亲密接触，两人共享男欢女爱的乐趣。而男人，则在经历与女友日渐增多的身体爱抚之后，才会有机会释放深埋在心底的爱，将一个真实、完整的灵魂赤裸裸地展现在女友面前。

女人如同波浪

进入这一阶段，挑战之一就是，男人必须明白女人往往在兴致高昂的时候，也可能突然变得兴味索然。恋爱中的女人会变得更加脆弱，她的情绪就像波浪一样，自然而然地有起有落。可能连续几个星期，她都觉得爱意充盈、幸福无比。这时，她在"波峰"，情绪快乐到了极点，也很可能，情绪突然跌到谷底，脾气瞬间变坏。

> 日渐亲密令女人变得更为脆弱，结果，她的情绪会像波浪一样起起落落。

一旦女人的情绪坏到极致，她就会暂时将自己封闭起来，对爱人少有回报。此时，男人就需要运用前三阶段的技巧，不失时机地、虔诚地把最温柔的体贴献给心爱的女人。这时，男人千万不要期待立刻从她那里得到相应的回报。他必须提醒自己有能力使她幸福。当男人错误地认为他不能令这个女人快乐时，他就会变得异常沮丧。

男人也许会对女人的波浪情绪无从把握，不知如何是好，第三阶段所积累的种种经验此时就派上了用场。到时，男人就不会感到无能为力了。他会清楚地知道该做什么，并对自己付出的结果有着比较切合实际的预期。

一旦女人的情绪坏到极致，她就会暂时封闭自己，少有回报。此时，男人就需要运用前三阶段的技巧，不失时机地、虔诚地把最温柔的体贴献给心爱的女人。

当女人的情绪上升，达到高峰时，她就乐于付出，甘于奉献，情意绵绵，无比温柔；当她的情绪低落时，无论她身边的爱侣多么完美、多么优秀，她都会暂时失去爱他的能力（当然，只是不同程度地失去）。

面对女人的波浪情绪，男人常犯的错误是试图改变她。他给她

讲道理，让她摆脱这种负面情绪。其实，男人不明白现在唯一能做的，就是多花时间关心她、体谅她、支持她。不要急于向她提供解决

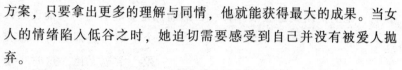

当女人的情绪陷入谷底时候，最需要男人的爱。

方案，只要拿出更多的理解与同情，他就能获得最大的成果。当女人的情绪陷入低谷之时，她迫切需要感受到自己并没有被爱人抛弃。

当女人感到自己很脆弱，需要得到支持时，她不可能一得到男人的温情与体贴，立刻就从谷底走出来。她需要经过一段"过渡期"。当然，男人的支持与理解将会缩短"过渡期"。她感受到他沉默而有力的支持，她的情绪就会逐渐好转起来。

当情绪跌到谷底之时

下面就是一些女人情绪低潮来临的实例：

①她感到颇有压力

她可能会无缘无故地抱怨生活不公平。此时，男人需要耐心地倾听，真诚地理解。在她向你啰啰嗦嗦地倒完苦水之后，你必须极力克制想要给她提供解决方案的念头，代之要给予她同情和支持。

要是她抱怨："工作太多，我都没有时间出去散心。总是有这样或那样的事情要做。唉，我怎么可能把它们都处理好呢？"

此时，你千万不要说：

"亲爱的，你根本不必身兼数职，你应该放松一下，享受生活。"

"忘了那些烦人的工作，跟我一起出去玩吧，我们肯定会度过一个愉快的周末的。"

"你太多虑了，问题总会解决的。让我们一起出去，玩个痛快

吧！"

此时，你一定要这么说：

"宝贝儿，为了这些人，你付出了那么多，让我抱抱你吧！"
"你要做的事情真是太多了。"
当她列举事情清单时，极富同情地仔细倾听。
你仔细听过她的倾诉后，也要提供一些必要的帮助或主动询问："亲爱的，我能帮你做些什么吗？"

一旦她需要向人倾诉痛苦，你就需要大方地、尽其所能地提供支持。不要期待你的帮助立刻就能使她摆脱沮丧的情绪，她不会马上就说："噢，太感谢你了，现在，我感觉好多了。"只有当她的情绪逐渐上升，心中洋溢着爱意之时，她才会这么说。

男人必须知道，女人的情绪陷入低潮时，不具备感激的能力。唯有她的情绪上升时，她才重新具有给予爱与接受爱的能力，才能对你的帮助感激无比。当女人陷入低谷时，你们的爱情所面临的真正考验就是，在她最渴望关爱的时候，你是否能够忠实地守候在她身边，用你的真诚与爱意陪伴她渡过难关。要是你这么做了，那么，她从"深井"中出来后，她就会记起你的好，并终生为此而感激你。你们共渡难关的时刻，就是女人一生中最值得珍藏的时刻，就是女人培养信任和爱的时刻。

②她变得没有安全感

女人可能突然变得多疑起来，她有时会冷不丁地冒出一句："你到底爱不爱我？"或者"你觉得我如何？"男人听到这类问题，千万不可掉以轻心，这就是报警器，提醒你她的情绪有所跌宕。这时的她忽然对自己失去了信心，产生了不安全感。男人切不可自作聪明，试图通过合情合理的解释打消她的疑虑。她之所以问东问西，并不是想要得到正确答案，而是想从你那里寻找安全感。

如果她问："你觉得我看起来胖吗？"

千万不要这么说：

"你的确没有模特般高挑的身材，但是，她们并非自然美，那些女人都是刻意减肥的。"

"你没必要减肥，我不在乎这些。"

"要是你真的想减肥，那么你应该找业内人士，好好地咨询一下。"

"要是你跟我一块儿工作，用不了多久，你就会对自己的身材非常满意了。"

你可以这样说：

"我认为你是最美丽的，我就喜欢你现在的这个样子。"然后，给她一个深深的拥抱。

"你看起来好极了，宝贝儿，你就应该是这个样子。"别忘了给她一个拥抱。

"我认为你太迷人啦，简直都要把我电晕啦。"随后，深深地抱住她，给她热烈的吻。

"你让我那么着迷，我爱你的每一寸肌肤。"拥抱，深吻。

如果她问："你觉得我们彼此合适吗？你依然爱我吗？"

不要这么回答：

"噢，我觉得我们仍然处于磨合期，还有一些问题需要解决。"

"噢，时间将决定一切。这就是为什么我们继续约会的原因。"

"要是不爱你，我为什么与你交往了一年多？"

"这些话你问了我多少遍？我认为我们之间已经有无数次类似的谈话了。"

你可以这么回答：

"是的，我疯狂地爱着你。你是我生命中最特别的女人。"

"是的，你是我所见过的，最令我着迷的女人。"

"是的，我每天都爱你多一点。"

"是的，我越了解你，我就越爱你。"

要是她这么问："你到底爱我哪一点呢？我的生活一团糟，我现在都快崩溃了。"

你不要这么回答：

"是的，有时候和你交往的确很累。我真的希望你不要老是小题大做，没事找事。"

"在我看来，你的生活并没那么糟呀！你呀，就是不要太情绪化了。"

"你太悲观了。要是你能想开些，情况也许并不像你说的那么惨。"

"你不总是感时伤怀的话，我爱你就会容易得多，我们相处也会简单得多。"

"要是你能够按事情的轻重缓急合理安排你的时间的话，你的生活就不会那么乱糟糟的了。要是你……"

你应该这么说：

"噢，我爱你，我就在你身边与你患难与共。你做了那么多事，可真不容易。宝贝儿，让我抱抱你，我当然爱你。"

"要是你累了、倦了，我的怀抱永远是你温暖的港湾。我爱你，无论什么时候，只要你需要我的帮助，我都会随叫随到。"

"我爱你是因为你那么的慷慨。你把全部感情都倾注到我的身上。除了帮助你、爱你，我还能做些什么呢？"

"我爱你，因为对我而言，你是那么特别。我才不在乎你是不是真的一团糟呢。宝贝儿，我永远都会在你身边。"

"我喜欢你需要我的那种感觉。我乐意陪伴在你身边。我有时间，让我为你做些什么吧。"

③她感觉到愤怒

当女人情绪高涨的时候，她会心甘情愿地付出，并不曾意识到她也期待着回报。那时，她毫不吝惜自己的情感，并不在意你是否回应她的好意。当然，要是她的付出远远地超出她的回报，那么当她情绪跌至谷底时，她就会对此愤恨不已。这就是令男人们都头疼的"找后账"。她会把许多陈芝麻烂谷子的事情翻出来。她可能对现实生活中的每件事情都感到愤愤不平，看什么都觉得不顺眼，同事、生活、工作、父母的唠叨乃至你的职业、糟糕的天气、餐厅的服务态度、路上塞车等等，统统令她感到不快。在这些时候，男人一定要注意，不要轻易地下判断或者责备她太消极、老是毫无道理地发脾气，也不要试图通过讲大道理让她摆脱这种不佳的情绪。

要是她抱怨："我恨我的老板。他简直不可理喻，他让我做那么多事情，今天临走还不忘甩给我一本会议记录，边往外走边说……"

你不要说：

"我并不认为他这么做是故意找你的麻烦。从你对他的描述来看，我认为他其实挺喜欢你的，也待你不薄，你不要这么说他。"

"他可能不清楚你手头还有别的事情。他也是情有可原的，他只是希望你能尽最大的努力帮他做事而已。"

"你的事情已经多得不能再多了，其实你只要明确地告诉他一声就行了。"

"你应该直接对他说你现在有多忙。这样，他就不会派给你那么多活了。"

你应该这么说：

"这可真不公平。他怎么能这么说呢？"

附和她表示愤怒："他不知道你已经做了多少事吗？你承担了那么大的责任，做了那么多工作，亲爱的，看把你累的，他还想怎样呢？"随后耐心倾听，让她大倒苦水。

"太糟糕了。难道他没看到你做了多少事吗？"随后倾听，任她诉苦。

"嗯，他让你做那么多事。宝贝儿，那你什么时候才能休息呢？"倾听，任其诉苦。

要是她抱怨说："这个服务生可真是个废物。我们在这儿等着他结账已经整整十五分钟了，他还没过来。"

你不要说：

"他们今天的确很忙呀，我想他已经尽力了。"

"这并不是他的错。你瞧，客人这么多，他们人手不够，怎么忙得过来呀？"

"不用担心，我们又不急着走。电影要再过一会儿才开始呢，我们完全能赶上。"

你应该说：

"简直难以置信！坐在我们后边那张桌子的客人都已经结账了。现在他们都走了，我得找服务生问问，看他怎么说。"

"是的，真烦人！我不相信这么大的餐馆，就这么几个服务员。"

"要是他再不快点结账，我们就来不及看电影了。我看我得大声点，把他叫过来。"

女人愤怒时，她最不愿意听到男友对她所不满的问题大而化小，把她的烦心事当作小事一桩，认为不值一提。此时，她最需要向男友畅吐心中淤积的郁闷、发泄不满，男人必须让她感觉到，你是站在她那一边的，与她是同一个战壕的。

男人必须学会应付女人如波浪般起伏不定的情绪波动，这就是在恋爱的第四阶段男人所面临的巨大挑战之一。

女人所面临的最大挑战

正如两人关系日渐亲密后，女人的情绪会像波浪般起落一样，男人也会变得反复无常，情绪时好时坏。一旦男人认为与女人的关系已经亲密无间之后，他就会产生两个截然相悖的念头——走得更近或想要离开，并在两者之间来回摇摆、游走不定。

既想走入女人的生活，又不想失去自我、失去单身时的独立与自由，这是男人在此阶段的普遍想法。于是，男人就开始在两个极端之间游走徘徊，既有与她亲近的强烈欲望，又有离开她、做回自己的企图。女人要记住，男人与女人越亲密，有些时候，他就愈发强烈地产生逃避的念头。

当然，这种冲动因人而异，各不相同。但是无论哪种情况，男人都必须放弃部分自我，才能与恋人靠得更近一些。随着两人距离的空间越来越少，他也越来越彰显独立的需求。无论他的女友多么完美，随着他们渐渐走得更近，男人都会产生周期性逃避的想法。

> 随着两人的距离越来越小，男人也越来越彰显独立的需求。无论他的女友多么完美，随着他们渐渐走得更近，男人都会产生周期性逃避的想法。

经历了一段时间的冷静与独处之后，他又会回到女友身边，此时的他，爱意更浓。所谓距离产生美，每次走开之后，想念使他对她的爱绵延增长，他再次回来的时候，他将变得更加缠绵。

在爱情中自由出入的强烈欲望

所有的男人都或多或少地都有在爱情中自由出入的愿望。因此，对女人而言，在恋爱中要懂得收放自如。当男人走开时，至关

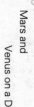

重要的一点是，你不能去追他或者试图把他拽回来。当他重新回到你身边时，你必须注意自己的态度，不要把他离开时所积蓄的不满流露出来。男人最想知道，女友对他随时离开的倾向并不介意，而且乐于接受。

女人总是错误地以为与他越亲密无间、越形影不离就越好。在这个前提之下，男人离开的时候，她就会感到惶恐不安，以为两人的关系出现了问题。他越想逃避，她就越想抓住他，把他留在自己身边。聪明的女人绝不会这样做。她懂得要给男人留点空间，她相信，不久，他就会自动回来。她甚至会大方地鼓励男友走出去，多花些时间与好哥们儿聚聚。把他放开，给他距离，使他再次如初识般，产生追求她的渴望，一次又一次，他又开始追求她，想要把她征服。

男人如同橡皮筋

一旦女人接受男人某些时候需要逃避的欲望，她就能够创造适宜的条件，让他也发现她内心深处渴望靠近的想法。这一点正像前面我们讨论的第二阶段那样——男人如同橡皮筋。当他选择逃避时，开始拉长，如同橡皮筋，拉到一定长度，就会猛然反弹回来。所以，女人应该支持和理解他内心找回自我的渴望，她也应该坚信，这只是男人正常的"亲密周期"，不久，他就会恢复常态，带着更强烈的激情和冲动，自动回到她的身边。

每次他回来的时候，都会给予她更多的爱。随着时间的推移和两人相处的日渐深入，他想要逃避的愿望将渐渐减少。逃避次数会越来越少，时间会越来越短。要是男人尚没做好准备，就与女友过分亲昵，终日厮守，那么他逃避的需要也更急迫、更强烈。这种情况下，他更想找回原来的自己。要是男人与女友亲密接触前，尚未体验到全部四个层面的反应——身体上、情感上、心理上和精神上，那么没有足够的爱情拉力，当他走开之后，橡皮筋不断拉长，也许就会突然崩断，男人一去不回。下面，我试举一例，与大家共

同探讨。

①一见钟情

32岁的德里克第一次看见30岁的罗切丽，就深深地爱上了她。罗切丽对德里克也颇为满意。几次约会后，两人就确立了恋爱关系，深信对方就是自己的灵魂之侣。每天，德里克都会给罗切丽打好多次问候电话。他们每周都共度周末，德里克从未感觉到自己像现在这样，充满柔情蜜意同时又热情似火，似乎觉得再怎么亲密、再怎么接近都不够。

然而，三个星期后，情况突变。德里克不再打电话了。罗切丽不明白为什么会这样，她担心他出了什么事。于是，她给他打电话，得到的答案却是，他好好的，什么事也没发生。他对她的态度依然是友好的，但无疑较之以前稍显冷淡，而且他也没有再次邀她一起出去。罗切丽有些愤怒，感觉似乎受到了冒犯。她不能接受他的态度转变如此之快，就像对她已经没有感觉一样。她表面上装得很好，但内心却深受伤害。

罗切丽又忍了两天，德里克还是没给她打一个电话。她又气又恨，发誓永远也不想再见到他了。但是她心有不甘，还是德里克打了个电话，并且在电话中告诉他自己这段时间的感受。结果可想而知，在经历了一段极其不愉快的电话交谈后，他们不欢而散。

其实，德里克并不想欺骗罗切丽的感情。他原本也以为她就是陪伴终身的那个女人。但是，某天早晨，他醒过来，看着熟睡在一旁的她，他突然有一种感觉，她并不是他的唯一。他产生了一种不可抑制的想要离开的冲动。随后，他们共进午餐，他开始将她与理想中的女人相比较。得出的结论是，罗切丽并不是他想要的。如同他突然就与她坠入爱河一样，他也突然间就不再爱她了。

他拿不定主意该做什么，该如何解释，因此，他就决定什么也不做。当她打来电话的时候，他听到了自己伤她有多深，他下定决心结束这段感情。他感觉很抱歉，但是分手是他唯一能做的事。他无法控制自己的感情，因此他决定不再继续伤害她了。

②先热后冷

分手六个月后，德里克参加了"火星与金星"研讨班，他才明白，男人如同橡皮筋。他明白了为什么自己对罗切丽的感觉忽冷忽热。那时，他正体验两人的亲密无间，随后，正当他意图逃避的时候，罗切丽打电话给他。因为他自己正处于矛盾之中，根本没心思换位思考，体会她的感受。于是，他做出判断，罗切丽对他并不合适。现在回想起两人的交往，他真的想知道，假如他们当初再花一些时间了解彼此，而不是匆忙地进入第四阶段，情况将会怎样？他现在像以前一样，十分想念她。于是，他决定给她打电话，向她解释清楚一切。罗切丽接受了他的邀请，两人共进晚餐，共同讨论他在研讨班学到的新知。

这一见面就一发不可收拾，他们又重新开始恋爱了。这一次，尽管很难避免有性的接触，但是他们尽力克制自己的欲望，放慢了进展的速度。他们决定给彼此的感情一个机会，花必不可少的时间去经历恋爱的不同阶段。

当他们好不容易到达第四阶段的时候，德里克再次产生了逃避的想法。但这次与上次完全不同。就像橡皮筋一样，他弹了回来。因为他们花了很多时间培养彼此的感情，德里克逃避的欲望并不如先前那么强烈。在他离开后，不出几天，他就会开始想念她。终于，他们再也不用担心橡皮筋会抻断了。一年之后，两人结婚了，直到今天，他们都非常幸福。

亲密接触的四道门

要想与对方体验真正的亲密关系，必须经过四道门。如前所述，这四道门分别是身体上的、情感上的、心理上的和精神上的，直到你们两人都做好充分的准备，充分地了解对方为止，你们才能进入下一步，两人关系变得更加亲密，同时更为深入地走入对方的生活。

恋爱的前三个阶段，实际上都是在为体验亲密关系打基础、做准备。你们共同度过了一段好时光，在那段时间里，你们不断体验、发现、培养感情，彼此在身体上、情感上、心理上和精神上都有所交流，这使得你们能够走得更近。如果在前三个阶段，你们只是痴迷于身体上的需求和情感上的依恋，忽视心理上的碰撞和精神上的契合，那么，到了第四阶段，你们的爱情必定留有缺憾。

一旦情侣间关系过于密切，感情进展过快，那么男人通常会倾向于结束这段恋情，想要逃走。而女人则对情郎更加依赖，不肯就此放手，不断纠缠，结果适得其反。要是你们没有在全部的四个层面上都做好准备，就过早地进入恋爱的第四阶段，那么这两种反应就会愈发强烈，结果也就可想而知了。为了避免这种情况的发生，必须首先敲开全部四扇门，男人和女人才能开始进入真正的亲密性阶段。

为什么等待如此重要

通过前三个阶段的充分接触与了解，恋爱中的男女得以顺利开启通往亲密阶段的四扇门。对许多男人而言，想让他们抱着极大的兴趣与耐心，探究女友的所思所想，关心她的情感需求，就像重视肉体的接触一样，那可真是一个奇迹。一旦男人领略到身体接触的乐趣后，女人再想试图让他关注她的思想感受，再想让他关心她的情绪波动，寻求两人的精神契合，绝对是徒劳无功的。事已至此，如果强求，那么他一定会认为女人啰嗦，急于摆脱，借故离去，而且一去不复返。

过分地纵容他，他想要做爱的时候就满足他，就如同本来可以享受感恩节盛宴，却不得不吃垃圾食品。如果按步骤去做，你们可能要花费更多的时间和精力，但结果却能真实有效且更为长久。花费时间共同走过恋爱的全部五个阶段，就能够确保在女人把自己毫无保留地奉献出去之后，将会得到他最大限度的回报。

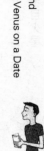

转换角色

　　男人设身处地为女人着想，女人就会有安全感。她会展现出女性特有的柔弱来赢得他加倍的怜爱。男人如果能偶尔转换一下角色，体会一下女人的想法，不仅对女人极有帮助，还有助于男人释放自己的感情。通过学会理解，进而读懂、尊重她的感受，男人在与女友心灵走得更近的同时，也开始关注自己的内心感受。自然而然地，他就会想要与她更多地分享。唯有女人不再心存顾虑，她才会毫无保留、放心大胆地敞开心扉，忘我地与男人共享美好时光。

　　进入第四阶段，偶尔换一下角色，换一个思考方式，对增进彼此的感情是非常有益的。比方说，如果平时总是男人策划约会，那么现在，女人不妨也试试。在交谈中，他总是扮演倾听者的角色，现在，她不妨少谈自己，多听听男人的心声。如果平日里，总是由他制造一些浪漫温馨的小插曲，那么现在，由她来营造一点浪漫也未尝不可。角色转换是极为重要的一步。但是切记，此举必须审慎为之，要适可而止。如果女人太主动，男人就很容易回到原位，静等着女人伺候他，完全由女人来安排一切。所以，一旦两人的角色发生置换，你们必须清醒地意识到这么做只是暂时的。

当男人变得感性时

　　某些男人过分关注自己的感受，他们对女友就会无所顾忌、直言不讳。在两人交往的过程中，他每时每刻都在向她表达他真实的感受。然而，这样的男人也许并不知道，过多地诉说可能在不知不觉中，破坏了两人建立起来的感情。女人毕竟不同于男人，她需要先感受到男人的关怀，才能设身处地，为男人着想。如果男人需要女人的慰藉胜过女人对男人的依恋，你们的关系可能就危在旦夕了。因为，作为男人，在恋爱的第四阶段，即使面对最亲密的女友，也不能总向她倾倒苦水。唯有如此，男女在交往之中，才能保

持应有的平衡。

有时，女人感到男友需要她的支持与安慰，实际上，这影响了她对自己内心需求的感知。这就是

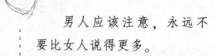

男人应该注意，永远不要比女人说得更多。

男人和女人的不同。当男人呵护女友的时候，能使他更加了解自己的真实感受和需要。然而，女人则刚好相反，当女人关心男友时，她无法感知自己的情感与需求。

寻找平衡点

要是一对情侣频繁地转换角色，男人就有可能像女人一样，变得情绪波动很大。女人则可能总想逃避，像橡皮筋一样。问题是，由于男女的性别差异，当女人成为橡皮筋时，她或许就不会像男人一样自动地弹回来。而当男人情绪跌至谷底时，女人则可能会过分照顾他的需求，甚至忽略了自我。为了避免这种情况出现，情侣们需要找到角色置换的最佳的平衡点，否则就有可能扼杀浪漫的爱情。

诚然，在两人相处的过程中，男人可以坦然地与伴侣交流，分享他最为私密而又最具个性的想法和内心的感受交流他的需要、理想与追求，但是，男人切记，唯有在女人得到充分满足的前提下，才能这么做。男人必须时刻注意，即使自己在很多方面都不如意，情绪已经坏到了极致，也不能在她面前表现得过于感性、过于敏感。一旦面对某些事，你比她还要难过，女人同情弱者的天性就会促使她安慰你，而这么做必然会妨碍她与内心真实的情感取得联系，使你们无法体会真正的亲密关系，因为这种关系唯有当女人完全放松、男人在她真实的内心世界里支持她、慰藉她的时候，才能感受得到。

进入恋爱的亲密阶段，男人一定要注意不要过分依赖女友，过多向她寻求精神慰藉。女性的母性本能使她容易溺爱你、宠爱你，

久而久之，她就会厌恶这种关系。这时，她也许会产生逃避的想法，一旦她离你而去，就不会轻易回头了。即使她勉为其难地回来了，也是出于义务，而非心甘情愿。情侣的关系如果止步于此，那么就无缘共同进入恋爱的第五阶段——订婚阶段。

步入恋爱的第五阶段

通过第四阶段更为密切地接触，你们彼此之间有了更深入的了解。只要交往时间适宜，经过恋爱的前四个阶段，你们很容易判断出对方是否就是你的灵魂之侣。在我举办的研讨班中，许许多多的人都不断地问我同样的问题："怎么才能知道对方就是你想要的那个人呢？"而我对此的一贯回答就是："经过前四个阶段的接触，你就会知道他（她）到底适不适合你。"当你们的交往到了一定程度，你就能知道此人是否适合你。要是你们共同走过了恋爱的四个阶段，你仍然爱他（她），那么恭喜你，你们即将迈入恋爱的第五个阶段。

第7章

Mars and
　　　　Venus on a Date

恋爱第五阶段:订婚

通过恋爱前四个阶段的准备，你们获得了确知真爱的能力，真切地知道恋爱对象是否可以与你步入婚姻的殿堂。

尽管你们已经确定恋爱伴侣就是最适合自己的那个人，然而，随着时间的推移，这种承认可能会遭到质疑。因此，趁热打铁是非常重要的，否则，你们的感情变得平淡之际，就错失了良机。

结婚的承诺，将你们自然而然地套在同一个圈里。对方正是你的灵魂之侣。你们按照自己的心愿行动，订婚就势在必行。订婚使这种原本很微妙、看似脆弱的承诺变得坚固、真实而牢靠。你们的感情成果就如同春天刚刚破土而出的小苗一样，在两人的精心培育，细心呵护下，得以健康成长。

求婚的重要性

大多数男人并没意识到求婚对女人多么重要。在金星上，仅次于婚礼的要事，就是求婚。求婚是一个女人一生中最值得珍藏的记忆之一。有些男人对求婚不以为然，认为这不过是个虚礼，没什么意义。这样的想法大错特错的。求婚不但是男人给予爱人的最重要的礼物之一，而且还为两人建立美满婚姻铺平了道路。

> 在金星上，仅次于婚礼的要事，就是求婚。求婚是一个女人一生中最值得珍藏的记忆之一。

创造一个值得回味与珍藏的瞬间，是男人给女人的最美妙的礼物。这种瞬间只能出现一次，即求婚。因此，在求婚过程中加入一点特别的、新鲜的创意，的确是绝好的主意。如果你这么做了，你的爱人在她后半生都会幸福无比。为了让求婚更合乎她的心意，男人大可以私下里向已婚好友咨询一下。

第五阶段的挑战

亲爱的朋友，千万不要以为只要进入恋爱的第五阶段就可以高枕无忧了，挑战依然存在。第五阶段最大的挑战就是，不要急于承担起婚姻的责任。许多婚姻失败了，原因并非是他们选错了人，而是他们没有做好准备。两人步入婚姻，不可避免地会遇到压力和问题，这时候，他们就开始怀

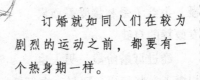

> 订婚就如同人们在较为剧烈的运动之前，都要有一个热身期一样。

疑："既然我们的生活不和谐，那么我们真的适合在一起吗？"此时的他们，已经远离恋爱第五阶段应该感受到的特别的爱，也淡忘了他们当初许下的诺言。

订婚阶段，给热恋中的情侣们提供了一个机会，为彼此留下与众不同、永恒持久、仅属两个人的甜美回忆。从这个意义上说，订

> 订婚为两人共同迎接未来生活的挑战和分担生活的艰难与复杂，打下了坚实而必要的基础。

婚就好比运动员的热身运动，能让你蓄势待发，为你们成功地步入婚姻做好了准备。

情侣们用五到八个月的时间，感受爱情的炽热与快乐，那样就为随之而来的巨大考验做好了准备。你们已经共同拥有了许多纯洁的爱的体验，订婚为两人共同迎接未来生活的挑战和分担生活的艰难与复杂，打下了坚实而必要的基础。

订婚的礼物

订婚对男女双方同样重要，但又因性别差异而有所不同。女人时常回味订婚时的那种清晰而又充满爱意的感觉，丈夫订婚时对她

作出的郑重的承诺，帮助她创造了那个美好的回忆。在后来的婚姻生活中，随着两人的生活变得越来越现实、越来越平淡，女人将不时地回味过去，找回当初那个善于调节气氛、营造温馨浪漫、为给予爱和接受爱而启发鼓舞的自我。

经过订婚阶段，男人也积攒了一些经历与回忆，足以扶持他度过今后的婚姻生活。在订婚期间，不曾有婚姻的压力，却能感受婚姻的实质，同时，知道他将尽毕生的时间与她分享他的生命。

经过订婚阶段，男人也积攒了一些经历与回忆。在订婚期间，没有婚姻的压力，却能感受婚姻的实质，男人将最大限度地感觉到自信、目标明确和勇于承担责任的自我。

订婚赋予男人日后经营婚姻的能力，在时间的压力下，他回顾起当初灵魂交契时对她许下的诺言，这使他能够重新与那个曾经时刻关心她、格外尊重她、珍惜爱怜她的自我相联系。

两种最为重要的技巧

订婚是一对情侣庆祝他们的爱情，并为步入婚姻做好准备的阶段。在这段时间里，你们将学会并实践两种使婚姻幸福美满的技巧，即：道歉的能力和原谅的能力。打个比方，这两种技巧就如同鸟的两个翅膀。没有了双翼，爱情和睦之鸟就无法展翅飞翔。

道歉和原谅是相辅相成、相互关联的。夫妻双方，只要有一方勇于道歉，那么另一方就很容易原谅；要是有一方首先原谅了对方，那么另一方就可能主动承担责任，勇于道歉。

①当男人道歉时

为了更有效地培养这两种技巧，男人首先应该勇于为自己所犯的错误承担责任，勇于道歉；而女人则应该学会原谅男人，接受道

歉。相比较而言，男人道歉的机会较多，而女人最关键的是掌握原谅的艺术。运用这种技巧，两人的婚姻必将美满而幸福。

如果男人期待妻子的爱和接纳，他将勇于承认自己的错误，希望得到妻子的宽容与理解，并且从错误中汲取经验和教训，以便下次不再犯同样的错误。如果他根本不考虑是否会失去她的爱，那么，在未来的婚姻中，他就会肆意而为，无所顾忌，根本无需考虑后果如何、自己必须怎么做。

男人只有在一种情况下才有足够的勇气向女人道歉，那就是男人向她道歉后，他为错误负责的态度，让女人开心快乐。与此同时，男人也得到自己最为需要的——她的信任、接受和感激。只有男人关心自己将如何被爱人接受的时候，才有那种体贴他人的自我校正能力。当男人觉得受到了伴侣的惩罚时，他就很难体贴周到地顾及她的需要了。

②当女人原谅时

女人原谅男人的错误，积极回应男人的歉意，她就获得乐于接受和付出信任的能力。如果男人总是回避自己的错误，女人应该一再提起，直至他承认错误，向你道歉为止。女人必须承担起感化他、督促他的责任，而绝非深深地自责，一味地纵容。

> 要是男人做错事，却不愿意承认错误，这时，女人就可以经常提起，直至他承认错误，向你道歉为止。

相处过程中，男人必须时刻注意改正自己不妥的行为，以便更加体贴周到地爱女人；女人必须注意不断调整、纠正对男人的态度，只有这样，两人的感情才能得以升华。

练习的最佳时期

订婚阶段是练习勇于承担错误和学会原谅的最佳时期。当然，

交往已久，彼此相知相爱，而且婚期将至，女人不再斤斤计较，代之以宽容和理解；而此时的男人总是对未婚妻睁一只眼闭一只眼，不那么追究她的细枝末节。然而，他们这就算为即将到来的婚姻准备好了吗？不是的。我听到过太多已婚女人抱怨："我丈夫从来不向我道歉。"男人却辩解说："我妻子总是抓住我的一点儿小错不放，十年前的陈芝麻烂谷子，她都记得很清楚。太可怕了，她总是不肯原谅我，稍有差错，她就会惩罚我。"

为了避免婚后产生这样的抱怨，我们要尽早校正这种错误。在第五阶段，男人可能会说："道歉哪儿有那么困难呀？不就是说句对不起吗？"其实，道歉不是那么简单的。他还不曾尝过婚姻的苦头，不曾体验过数年乃至数十年的指责。在恋爱第五阶段，他仍然期待着能够得到她的谅解，这就是为什么此时是男人练习道歉的最佳时期的原因。当男人更注意自己所犯的错误，而不是只盯着女人的错误不放时，他就会发现让她开心的神奇力量。在第五阶段，女人仍然期待着男人能够继续照顾到她的需求。因此，女人要不厌其烦地在两人的相处过程中练习原谅。

女人首先要打消发脾气的念头，营造出理解与包容的宽松氛围，然后对他的道歉采取接受的态度，只有这样，你才会发现男人是多么想取悦你、多么想做你坚强的后盾！你开始相信他确实已经倾尽全力了，这种信任使男人为你提供越来越多的支持与帮助。在练习道歉与原谅的过程中，女人体验到了源自内心的真挚的爱，而绝无惩罚之意。女人懂得了如何去爱，用爱将男人征服，用爱将他性格中最美好的部分引发出来。

婚姻是面放大镜

婚姻如同一面放大镜。在这面镜子中，所有事情都无一例外地被放大了。在今后的婚姻生活中，你们两人将爱得更深更醇，但与此同时，你们之间存在的问题和压力也将扩大。通过婚前的磨合与练习，两人能够及时发现、及时解决将来可能会出现的问题，两人都将变得更宽容、更善解人意。

从女人面含娇羞地答应嫁给男人的那一刻起，男人会觉得他已经得到了女人完全的接受与认可。正是这个时候，他最为自信、最具责任感，因而也更乐意为他所犯的错误道歉。在这一阶段，男人越是勇于道歉，就越能被女人原谅。在以后的婚姻生活中，也就越能坦然地承认错误，

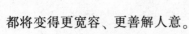

> 婚姻如同一面放大镜。在这面镜子中，所有事情都无一例外地被放大了。

听从建议，努力改正某些行为。

女人也要表现出同样的宽容与大度，随时接受男人的歉意。当他心怀愧疚、小心谨慎地等待女人的判决时，女人最好的方式是大方地接受他的道歉，这同时也就向他传递了这样一个信息："你需要做得更好。"学会原谅是准备结婚的女人必需的一项技能。有了这种技能，你就能释放现实生活中渐渐积聚的不满与愤恨。同理，道歉的能力也是男人最重要的一种力量。

为什么男人不肯道歉

许多男人不愿意向女人道歉，原因很多，其中最重要的一个就是，道歉对女人并不起作用——至少男人是这么认为的。在火星上，一旦男人说"对不起"，那就意味着他承认自己犯了错，而对方就会很高兴地接受他的歉意，有人主动示错，通常意味着争执结束。

在金星上，情况却恰恰相反。男人向女人说"对不起"三个字的时候，却意味着争执刚刚开始。当来自火星的男人对来自金星的女人说"抱歉"时，她可不会就此罢休，她将继续喋喋不休地向他详加表明，为什么他应该道歉。

一声"对不起"，换回了她长篇大论的不满和牢骚，这可真让男人沮丧呀！他本来还期望主动承认错误能够结束争执呢！但她却打开了话匣子。"看来，我的道歉不起作用呀，她还是唠叨个不

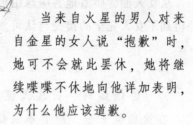

停。"男人觉得道歉失灵了，于是，他就开始琢磨其他的办法。他开始搜肠刮肚，为自己所犯的错误找恰当的理由。他试图向她说明，他是有多种原因、不经意间才犯下这么个小错儿的，她根本无需为此气愤。

当来自火星的男人对来自金星的女人说"抱歉"时，她可不会就此罢休，她将继续喋喋不休地向他详加表明，为什么他应该道歉。

他认为这么做能让她好受得多。因为在他的星球上，要是理由充分，解释合理，对方立刻就会释然。

比方说吧，我要参加火星的一个会议，结果我迟到了。我解释："在我开车来的路上，碰到一场交通事故，在那儿耽搁了45分钟，所以我来晚了。"其他火星人听到我的解释，立即释然了。在火星上，解释得越充分，听者的感觉就越好，也就越容易得到原谅。

在金星上，解释全无作用

在金星上，情况截然相反。在金星人眼中，解释如同狡辩，解释得越多，情况就越糟。当男人给女人一个合理的解释时，结果却适得其反。她一听到解释，却想："噢，他解释了半天，无非是想说：'这不过是小事一桩，你根本用不着那么生气。'"在金星上，火星人的招数完全行不通。

仅仅向女人解释原因，并不能让她好受一点儿。女人必须先向男人说出她的不满，并且得到男人的理解，然后，她才有情绪原谅他。其实，男人的解释合不合理，甚至是否解释原因都无关紧要，重要的是，女人要让男人明白她难过的原因。

以下是一些典型的火星人解释错误的话，而金星人却偏偏不这么认为：

他说："真对不起，我来晚了。过桥的时候，发生了交通事故。塞车很严重。那地方又是交通要道，车越堵越多，我在桥上堵了好久，知道吗，我就堵在了肇事卡车的后面……"

她却听成："我虽然来晚了，但我理由充分呀，所以你没必要气成这样儿。毕竟，我费尽千辛万苦还是赶过来了，你应该高兴才对。"

他说："真抱歉我惹你生气了，可是你也未免太苛刻了。"

她却听成："一直以来，你总这么任性，我老得哄着你，你太难伺候啦！明明是你的错嘛！你应该向我道歉才对！"

他说："很抱歉没有给你回电话。当时我正在单位，手头的活儿特别多、特别忙。你简直都不能想象，这个项目完工的最后期限马上就要到了，我必须在两天之内把它弄完。所以，我当时没接你的电话，过后太忙，忘了给你回……"

她却听成："你根本不应该对我发脾气。相反，你应该向我道歉才是。我工作的压力有多大呀！"

他说："对不起，我忘了买交响乐的票子。亲爱的，别生气了，天气这么好，我觉得我们应该去玩滑板。现在可是一年中玩滑板的最佳时间。"

她却听成："你不该对我发脾气。我的主意更妙，去玩滑板不是比听交响乐更好吗？你听到我的好点子应该高兴才对！"

他说："真不好意思，晚会上让你一个人呆了那么久。我当时碰见几个多年不见的好友，太高兴了，所以才忘了找你……"

她却听成："你不该这么敏感。如果你正常的话，就不会感觉到受伤害。我又没做错什么，只不过是与几个好友聊天而已，况且那么多年没见了。"

他说："刚才我所说的事，真的抱歉。我当时只是被你的态度气糊涂了。当时你说……"

她却听成："你这么对我说话简直没道理嘛！我的确说得过分了些，但是，你说得比我更糟糕。是你先挑事的……"

道歉也是一门艺术。让道歉被女人接受，男人必须记住——解

113

释毫无用处。下面我介绍一种方法，它具有一种魔力，让男人的道歉事半功倍。

向女人道歉的艺术

向女人道歉，必须遵循以下三个步骤：

①说"对不起"

女人生气的时候，她最想听的三个字就是"对不起"。你要注意，只需简单地说"对不起"，而无需做任何解释。最少的字眼反而能产生最好的效果。你说过之后，就意味着你必须准备好，倾听她的感受了。

②听听她的反应

男人要知道，你向她说"对不起"，就是给她开口的机会，说出自己的感受。当她滔滔不绝地发泄心中的不满时，你不要做任何解释或与她争论。你应该耐心地把她的牢骚听完。要是她不再说什么了，那么你才可以进入第三步。

当然，听一个情绪不佳的女人发脾气，肯定不是件令人愉快的事情。尽管她的口气很不中听，但作为男人，你也只好忍了。相信我，这么做绝对是值得的，与其忍受她连续数周阴晴不定的态度，倒不如在这几分钟里垂头丧气忍受她的训斥更划算。这就是女人特有的心态了，当女人感觉到情绪不佳、想要发火的时候，某种程度上，她需要让你也体会到她的不快。

③以具有否定性的形容词回答她

继第一步、第二步耐心地倾听她发泄完不满之后，你应该立刻使用否定性形容词的语句描述你当时所犯的错误，进而否定你自己，以此向她表明，你是真心实意地向她道歉。这一绝招胜过你搜肠刮肚地寻找理由向她解释。下面的例子，让我们看清楚这个绝招的威力。

你说："真对不起，我来晚了……我可真够粗心的呀！"

她感觉："你说对了，你就是太粗心，老是照顾不到人家的感受。你已经迟到过好几次了。其实，我也并不强求你非得特别完美才行，我只需要你时常也能想到我。好吧，我原谅你，偶尔迟到一次也不是什么大不了的事儿。"

你说："真抱歉昨天我惹你生气了，后来我想了又想，觉得你是对的，我的确是反应过度了……"

她感觉："嗯，看来他还是挺有责任感的呢！我真的有点感动了。其实，我当时的态度也不好，可能是我们两个都反应过度了吧。但是他先承认了。他可真贴心呀，知道我是怎么想的……好吧，他也不是我想象的那么糟糕嘛！我原谅他啦！"

你说："很抱歉没有尽快回你的电话。你说得对，我是有点反应迟钝。"

她感觉："嗯，他最终还是感觉到了。看来，他还不像我认为的那么迟钝嘛！或许，他是真的在乎我呢。其实，我也不是那么霸道，我也不需要他老是给我打电话嘛！"

你说："对不起，我忘了取交响乐的票了。耽误你欣赏最喜欢的乐曲了，我可真自私呀！"

她感觉："可不是嘛，我一个月来，我一直盼着这场演出呢。他根本没有考虑到我，他只是想着他自己……唔，可能他也不像我认为的那么自私。两个人的交往是有来有往、平等自愿的，也不能只让一方一味地付出。我想我已经原谅他了。"

你说："真不好意思，晚会上冷落了你。我考虑得太不周全，对你太不体贴了。"

她感觉："就是嘛，他的确不够体贴，他的确没有照顾到我的感受……但是，他意识到了这一点。我原谅他了。我想他的本意也不是故意想要把我一个人丢下。"

你说："对于刚才你所说的事情，我真的抱歉。我真该死，我当时的确是有抵触情绪。"

115

她感觉："他就是很抵触我嘛！我觉得我当时说的话，他一句也没听进去。不过，他其实一直试图听懂我所说的话。我可以原谅他了。至少，他对我很关心，他想要理解我。"

在上述六个例子中，每一次的男人道歉，都使用了下面六个否定性形容词中的一个或多个：考虑不周、反应迟钝、自私自利、吝啬、抵触、反应过度。当然，你可以用其他的词语代替它们，但我们的调查研究表明，这几个词却是最管用的。

女人愿意听到这些，这一点，男人也许无法理解。但是它们就如同女人说"谢谢你"、"好主意"、"有道理"或者"你可真有耐心呀"，这些话对男人具有不可思议的魔力一样，女人对这种话也是百听不厌的。

如何原谅男人

如同男人找到合适的词语向金星人道歉一样，对女人来说，如何以一种对火星人最起作用的方式表达原谅，也同样是相当重要的。仅仅是简单地一句"我原谅你"，可能会被认为是奚落、敷衍。唯有女人表现出一种乐于接受的态度，让男人觉得即使自己犯了明显的错误，也无关紧要。以下是带有几个关键词语的句子，当女人说出这些话时，男人会幸福得如同上了天堂：

他说："真对不起，我来晚了……我可真够粗心的呀！"
你说："没关系的。下次一定要记得给我打电话哟，好不好？"
他说："真抱歉昨天我惹你生气了，后来我想了又想，觉得你是对的，我的确是反应过度了……"
你说："昨天的情形还不算太糟糕。只是当时我们两个都有点生气了。你今天还能顾及到我的感受，我还真得感谢你呢！"
他说："很抱歉没有尽快回你的电话。你说得对，我是有点反应迟钝。"

你说："噢，没关系，我只是因为一直没接到你的电话，还以为你出了什么事呢。"

他说："对不起，我忘了取交响乐的票了。耽误你欣赏最喜欢的乐曲了，我可真自私呀！"

你说："没关系。你可是欠了我一个人情呢。下次再有交响乐演出，你一定得带我去看！"

他说："真不好意思，晚会上冷落了你。我考虑得太不周全，对你太不体贴了。"

你说："这原也没有什么大不了的，但是知道了你本意并不是想冷落我，确实让我挺开心的。我想你一定会弥补我的。"（这句话记得要笑着说。）

他说："对于刚才我所说的事情，我真的抱歉。我真该死，当时，我的确是有抵触情绪。"

你说："谢谢啦，你跟我真不必说这些。你一直在努力地理解我，我真的很感激。"

当女人运用上述词语表达她的谅解时，这些知心话儿会攻破他的防线，激励他变得更有责任感，也对你更加温柔体贴。通过下面的例子，我们来看看男人对女人恰到好处的原谅作何反应：

她说："没关系的。下次一定要记得给我打电话哟，好不好？"

他会这么想的："噢，她可真是宽容大度呀。好的，下次我一定记得给她打电话。"

她说："昨天的情形还不算太糟糕。只是当时我们两个都有点生气了。你今天还能顾及到我的感受，我还真得感谢你呢！"

他会这么想："哎呀，她真可爱。我真不应该抵触她。下次我一定要仔细听她说的话，抓住她讲话的要点。"

她说："噢，没关系，我只是因为一直没接到你的电话，还以为你出了什么事呢。"

他会这么想："她可真是善解人意呀！真的很感激她对我的关心。我一定要多给她打电话。"

她说："没关系。你可是欠了我一个人情呢。下次再有交响乐演出，你一定得带我去看。"

他会这么想："唔。我真是自私。下次我一定要做件她特别喜欢的事情，让她高兴高兴。"

她说："这没有什么大不了的，但是知道了你本意并不是想冷落我，确实让我挺开心的。我想你一定会弥补我的。"（这句话记得要笑着说）

他会这么想："好的，其实事情比我想得严重，在那么大的晚会上，我让她一个人形单影只的。我做得不够好，以后我一定要加倍体贴她。"

她说："谢谢啦，你跟我真的不必说这些。你一直在努力地理解我，我真的很感激。"

他会这么想："她是这么让人疼。这么懂我的心思。我真爱她！"

在每个例子中，女人的包容和原谅，都会成为男人强大的动力，使两人今后的相处更加和谐。女人通过温言软语软化男人，使他注意自己的行为，减少犯错误的次数，男人也变得愈发能照顾到女人的多愁善感。

技巧让你们不离不弃

其实，在恋爱五个阶段的全过程中，你们都可以运用道歉和原谅的技巧。但是，毫无疑问，在婚前准备这一阶段，你们必须要不断实践，尽量掌握道歉和原谅的艺术。随着越来越多的问题暴露出来，两人间的冲突也必将增多，这时候，最为重要的一点就是懂得如何找到解决的办法，各让一步，达成共识。一旦你们养成了为小事道歉的习惯，那么当面对更艰巨的困难、更复杂的情况时，你们处理起来就会容易得多。

为什么要结婚

婚姻是一种认可，它表明你们彼此都认定对方就是那个他（她），他（她）将在你今后的生活中扮演举足轻重的角色。婚姻是一种承诺，一个约定，它表明你和伴侣都相信世界上没有任何人比他（她）更重要，你们将携手共同走过一生。

身为女人，能够给心爱的男人最真挚的爱，理解他、欣赏他、包容他、信任他，那么，你就能获得这样的自信："他一定能照顾我的感受，满足我的要求。"你会终生都感受到爱人的关心、理解、尊重，当遇到困难、需要依靠的时候，永远都能感受到他就在你身边。要是你们都吝啬、犹豫，迟迟不愿意给出承诺，那么你们的爱意只能深藏于自己的心中，没有机会得到全面发展，也就难以表达出来。

真实而持久的爱

恋爱的五个阶段如同焙烤蛋糕。我们做蛋糕，要先把所有的材料混合在一起，这就如同情侣共同经历的前四个阶段。进入第五阶段，就如同把混合好的材料推进烤箱。要想使烤出来的蛋糕味道更加可口、香甜酥软，我们需要时刻守在烤箱旁，多花一些时间焙烤。所以，在第五阶段多花一些时间与心思，不仅能使我们的爱升温，而且能让爱更牢靠。

找到真正永恒持久的爱，并不意味着我们自始至终都能感受彼此的爱。世界上的万事万物都是循环往复的。黑夜继之白天，潮退而后潮涨，热情高涨终将退却。同样，当心灵向彼此敞开后，也必将暂时关闭。婚姻的契约有助于我们一次又一次地向对方敞开心扉。

灵魂最真切的表达

与某人共度一生的渴望，恰恰就是灵魂最真切的表达。唯有敞

开的心灵所做出的决定，才能创造更美好的生活。当我们敞开心灵时，生活中点点滴滴的爱意开始汇聚起来。我们通过爱我们的伴侣，时刻遵守着我们的诺言。当我们生活在爱中时，我们就建立起了人间天堂。

爱情的种子

我们播下爱情的种子，并精心培育这颗种子，给它充分的生活空间，一点一点地护育它长大。最后，我们在恋爱的第五阶段，终于可以举杯相庆，庆祝我们的爱情终成正果了。

播撒美满的种子使我们有能力坚守爱的诺言，真实地面对自己。我们在现实生活中坚守承诺；在情感上支持我们最关心、最重视的人；支持我们认为是正确的、公正的选择；做到这些，我们就能打开心扉，然后行动、感知、思考。一旦我们的心门打开，我们就拥有了爱。

当我们履行自己的诺言时，通常就能够找到展现梦想的力量，我们会按照灵魂所想的那样，去行动、感知和思考，我们将在平平淡淡的日常生活中展现美满。

坚守灵魂的诺言，我们将自己的生活与意义、伟大、有目标紧紧相连。婚姻就是勇于承担诺言，就是履行灵魂最高层面的诉求。婚姻的契约，让我们激发自己内心深处的力量，使爱地久天长！

第 8 章

Mars and
Venus on a Date

顺利通过恋爱的五个阶段

有许多情侣试图跳过恋爱初期的某个阶段，这种没有耐心的举动将使他们婚姻的旅途更加崎岖坎坷。要想顺利地通过恋爱的全部五个阶段，最重要的一点就是要尊重全过程。每个阶段都能制造某种机会，也要面临不同的挑战。在前一阶段情侣双方都经受了考验，赢得了积极的体验，这些经验都将为下一阶段的成功打下坚实的基础。在学校里，要是你没学会多项式就参加了高等数学的课程，你肯定会沮丧失望，因为你根本听不懂老师的讲解。同样的道理，在恋爱的过程中，步入每个阶段前都应该做好充分的准备，这才是情侣相处的智慧。

有些情侣在某一个阶段遇到挑战时，不愿正视挑战，急于规避风险，就有可能立刻跳到下一阶段，预先尝到下阶段的甜头，透支爱情。可别高兴得太早，要知道在爱情的道路上，没有捷径可言。当下一阶段的挑战出现时，加上以前残留的问题，让人们要么失去爱的兴趣，要么无奈地退回到上一阶段。

比如说，在恋爱的第一阶段，因为两人都不想遭到拒绝或者失败，于是，你们匆匆步入恋爱的第二阶段——不确定性阶段。结果事与愿违，这使你们在恋爱的初始阶段，尚未经过追求与相互理解，就开始对伴侣吹毛求疵、百般挑剔。由于尚不能确定对方是否就是自己的另一半，你们过早地开始考验对方。

最糟糕的是，你们在彼此尚未确定，但又不愿失去对方的情况下，直接步入更高的阶段——排他性阶段。你们的感情尚未经过时间的考验，就迫不及待地变得如胶似漆。尽管你们终日形影不离，但你们的心里却并不踏实，总是感受到莫名的压力。如果你们之间的感情经受了考验，进展稳定，彼此确定后，水到渠成地进入亲密阶段，情形就完全不同了。

女人经常无视自己真实的感受，不去确定这个男人是否适合自己，只是觉得这个男人好，就盲目地认定他就是自己的终生伴侣，接着武断地提前步入下一阶段。她不断试图证明她就是他唯一的爱人。但是，男人此时却仍处于不确定性阶段，女人过分的热情给他带来了强大的压力，他感到她似乎正在强迫自己承认她是他的女朋友，而事实上，他还没有为此做好准备呢。随着他们频繁地见面，情况变得越来越糟糕，他们都越来越想要退回到不确定性阶段；但表现大不相同。男人可能会变得冷淡，女人则倾向于过分地纠缠，以此来获得肯定。

女人对于仍处于第一阶段（吸引）的男人，表现得过分热情，如同他们已经步入了第五阶段（订婚），可就太不合适了。这就如同向初次约会的男人询问他想邀请多少人参加婚礼，或者结婚后他想要几个孩子一样，无礼而唐突，莫名其妙。在大多数情况下，当女人表现出她处于更高的阶段之时，男人就会觉得很难与之交往下去。

> 如果你们迅速产生爱情，切记要慢慢来，让你们的感情经受时间的考验。

恰当的做法是，当你们处于恋爱的第一阶段的时候，即使你极其钟情于他（她），也要努力控制自己的感情。然后，经过几次约会，彼此有所了解之后，步入第二阶段（不确定性）。即使此时，女人已经芳心大动，快乐无比，而男人则想要立刻与她蒂结连理，你们也应该放慢速度，耐心相处，让你们之间的感情经受时间的考验。

女人必须记住这句话：你是珍贵的钻石，唯有在真正爱你的男人的滋润与呵护之下，你才能熠熠生辉，光彩照人。因此，不要一味地取悦他、满足他，不要为他而改变你的生活、放弃你的乐趣，相反，你需要保持神秘感，让他千方百计地取悦你、讨好你，你要让他展现他对你的兴趣，让他为你而改变。

如果男人已经对你感兴趣了，你就无需刻意再去做什么事情以吸引他的注意。你越是大方地接受他的付出，他就越对你感兴趣。不明白这个道理的

> 女人是钻石，唯有在真正爱她的男人的滋润与呵护之下，女人才能熠熠生辉，光彩照人。

女人，就会急着取悦男人，热情过度，一味容忍，就会于不知不觉中，打消了男人想要征服她的念头。男人只对征服和奋斗感兴趣，如果男人在占有女人的征途中需要不断奋斗，女人的吸引力才会与日俱增，男人才获得必要的动力与女人进入下一阶段。

为何女人总是过快地陷入情网

女人面对中意的情郎，一头扎入他的怀抱，无法自拔，似乎完全被他征服，此时，她似乎已经步入了恋爱的第五阶段。在这场爱情的追逐中，女人已经一厢情愿地跑到了终点，而男人却停留在他觉得最为合适、最为舒服的那个阶段，原因很简单：他已经完全没有向前走的动力了。一旦女人快速地通过恋爱的全部阶段，那么男人就倾向于刹车或转向。

下面，让我们共同探讨几种男女双方状态不同步的情况：

①如果他在第四阶段（亲密性），而她则提前步入第五阶段（订婚），那么他或许认为："现在的生活多好呀！我们根本没有必要做任何改变。"在这种情况下，女人处于更高的阶段，她淡化了他灵魂深处对她迫切的索求，这使他无法下决心与她分享自己的全部生活。后果就是：他可能无法产生向她求婚的念头，更谈不上结婚了。

②如果他仍在第三阶段（排他性），而她却已经在第四阶段（亲密性）或第五阶段（订婚），那么他将会做出如下反应："我们之间的感情不过如此了。"尽管此时，他仍然认可她是他名正言顺的女友，也只与她交往着，但是她对他已经没有什么吸引力了。之所以会继续交往，完全是惯性使然。对女人的付出，他照单全收，还认为是理所应当的。更可怕的是，男人精神上产生了懈怠，他再也不会像前几个阶段那样，愿意为女人做一些浪漫小事，关注她最细微的情绪波动。被动消极的状态使他注意力分散，时不时地会将自己的目光转移到其他女人身上，这种精神上的出轨，思想上的心不在焉，使女人愈发觉得他渐变陌生，仿佛离自己越来越远，最终

再也无法感受到对他的爱了。一旦情况发展至此，两人的关系也只能是戛然而止，最终分道扬镳。

③如果他处于第二阶段（不确定性），而她处于第三、第四或第五阶段，那么他的反应将会是："她对我的期待那么高，好像她认准我了，一定要以身相许、白头偕老似的，可是我还不能肯定我爱她呀。为了不伤害她的感情，我还是最好别再给她打电话了吧。我不能给她希望，让她对我心怀期待。"他也许还会这么想："她想要得太多了，我还没准备

> 最糟糕的事实就是，男人越喜欢这个女人，他的顾虑就越多。为了避免最终可能带给她的伤害，他可能会在感情尚处于萌芽时，就提前撤出。

好呢。"与她继续交往，就如同给自己带上了枷锁，只能进不能退。这种担心给他造成一种无形的心理压力，所以他通常会趁交往尚浅之际，及时退出。最糟糕的事实就是，他越喜欢她，就越有可能选择及时撤出。

如果女人不能与男人同步，而是提前进入了下一个阶段，她可能很容易委曲求全，一味地讨好他、迎合他。设想一下，你有购房的打算，遍寻各地，找到了一处自己颇为中意的房子，正欲询价，而推销商却迎上前来，做如此推销："你喜欢它吗？那么它就是你的了。你随便出个价钱就能把它买走。"这种热情过火的促销，立刻打消了你想要买下它的念头。这种情形与格鲁求·马克思（Groucho Marx）那句格言一样："我不想成为一个希望我当会员的俱乐部的成员。"不管你对我的观点作何感想，事实就是如此，当女人把自己贱卖的时候，她就变得毫无吸引力了。

更有甚者，一旦女人处于第四或第五阶段，她那种一厢情愿的姿态可能立刻就使男人转身便逃。诚然，女人对男人表示亲昵，示意他可以肆意地与她肌肤相亲，固然会使女人变得极富诱惑力，但

是过多过早的亲密接触，很容易让女人没有了神秘感，男人也会逐渐对她失去兴趣。这就好比肚子很饱的时候，再可口的甜点也吃不下一样。在两人交往过程中，女人必须迎接挑战，要分阶段逐步地释放自己，而绝非一次爱个够。

当男人投入得过快时

若是男人摆出一副已经征服了女人的姿态，那么这对情侣就很容易迅速经过恋爱的全部五个阶段。男人自以为大功告成，可以高枕无忧了，殊不知失去她的危险依然存在。

男人要是太执著，那么他郑重的承诺容易使女人窒息。尽管他不断地试图讨好她、取悦她，女人却不能相信他。因为她知道他还未曾真正地了解她，他还不曾见到自己头发乱蓬蓬，生活一团糟的样子。

女人需要确切地感知自己能从这段情感中得到什么，她不会轻易地被男人强烈的攻势所打动。女人与生俱来的不安全感，使她必须从男人那里得到确信：随着他们逐渐真正地了解彼此，男人会越来越爱她。从此以后，无论出现何种状况，他感情都不会有所改变。因此，男人要懂得花时间、费心思，在感情发展的每个阶段，做出相应的反应，男人的细心与尊重，必将逐渐赢得女人的信任，使她得以安心地步入下一阶段。

①假如她正处于第四阶段（亲密性），而他已经进入第五阶段（订婚），那么她或许会被他的举动吓坏，立即离他而去。她可能想："他的所作所为，就好像我们已经是老夫老妻了，可是他还没向我求婚呢。即使他现在就求婚，我还不能马上答应呢。因为我不能确定他永远都会爱我，在我需要他的时候，他永远都能站在我这边。"在这种情况下，如果他的行为俨然是未婚夫的样子，必将令她无所适从，唯有离去。男人的自以为是，让女人对这段恋情感到厌倦。

②假如她在第三阶段（排他性），而他已经进入第四阶段（亲

密性）或第五阶段（订婚），她的反应可能是这样的："他想要的太多了，我还没有准备好呢。我觉得有压力，他简直就是在强迫我，唉，我是不是必须满足他的所有要求呢？可是我发现自己并不真正地了解他，我想我还真的没准备好呢。"

尽管女人乐于享受男友无时无刻的关注，乐于接受他总想与她在一起的渴望，但是若他的愿望过于强烈，女人则可能迫切地想要逃避，格外期待着寻求自己的空间。

男人不断地求爱，愈发使女人感到自己还未准备好，她继续与之交往的希望就变得愈发微弱。

③假如她仍在第二阶段（不确定性），而他已经在第三阶段或第四阶段，那么，她就会这么想："他怎么可能这么爱我呢？他甚至还不了解我呢？他无非是为我的外貌所倾倒，要是他真正开始了解我，他就会离我而去。他认为我完美无缺，而事实并非如此，我的毛病可多着呢。爱我，仅仅是他本能的反应，我不能相信他。"尽管在不确定阶段，女人对男人产生怀疑也是正常现象，但是如果男人的感情来势汹汹，男人的追求攻势猛烈，女人就不会信任他，两人也就无缘进入下一阶段了。

事实一再表明：男人越迫切地追求女人，女人就会愈不信任男人，他对她强烈的爱，只能使她逃得更快。原因就在于，他并未意识到尊重对方意愿的重要性。坚守并尊重两个人所处的每个阶段是极其必要的。当女人感到"这个尊重我意愿的男人就是最适合我的人选"，这种感觉能够帮助她找到她所需要的认同感，以便共同进入恋爱的下一阶段。

许多男人都向我抱怨："女人好像并不喜欢好小伙子。相反，她们似乎总是为并不怎么在乎她们的家伙而神魂颠倒。"这种现象可真是令人费解，女人似乎不喜欢和规矩的小伙子谈情说爱。有多少女人私下里对自己的闺中密友窃窃私语道："我真的好兴奋……他真是个混蛋。"这可真应了那句老话：男人不坏，女人不爱。

真的是"男人不坏，女人不爱"吗？

男人觉得女人不喜欢好男孩的原因之一是当女人拒绝男人的时候，她们几乎总是这样开头："你很好，可是我们还是做普通朋友吧。"从中，很容易得出这样的结论，女人拒绝了好男人。

每一个好男人遭到无情的拒绝时，他就会错误地认为，正是因为他太好了，太规矩了，他才会失去她。其实不然。男女之间的感情是非常复杂的。中规中矩的男人总是琢磨不透女人的心思，花花公子则善于此道。女人对好男人的不理解产生了不满的情绪，自然就会倾向于注意那些花花公子了。但好男人却百思不得其解："为什么她会放弃对她一片痴情的我，去选择那个混蛋呢？"其实答案很简单，女人只是说，当她第一次遇见他的时候，她认为他很好，但是，这并不代表她会一直认为他完美无缺。

女人当然喜欢好男人，但是什么都要适度。当这个好男人似乎太投入了，他们之间的恋情也就无法持久了。当女人尚处于第一阶段或第二阶段时，男人过分投入，提前进入了下一阶段，那么，女人的兴趣很容易就消失殆尽。她认为他要得太多，期待得太多，也付出得太多了，这使她良心上过意不去，仿佛自己欠他一笔感情账，必须要偿还一样。而实际上，她现在并不想付出什么，因为她还没有真正爱上他。当然，还有另外一种可能，那就是他的确太完美了——知书达理、温文尔雅，她害怕随着两人交往的日渐深入，她可能会伤害到他的感情。

> 如果男人太优秀，女人会更担心："一旦他发现了我不像他那般完美，他就会抛弃我。"

女人似乎更垂青那些"似乎并不怎么在乎她"的男人，这是因为这些男人的态度很清楚地表明他正处于恋爱哪一阶段，这种进退自如的状态使他能在恋爱中如鱼得水。

尚处朦胧阶段的爱情总是最为诱人。如果相处伊始，男人就全身心地投入，来势汹汹，女人不禁会产生这样的想法："他还真是真心实意地待我，现在看来似乎我已经别无选择了，可我依然不能确定自己到底爱不爱他，是不是我太薄情寡义了呢?"不给心爱的人留出必要的空间，不允许她犹豫、不让她选择，这么做只能适得其反，她永远没有机会确定她是否已经准备好与他进入排他性阶段。

当女人仍在第一阶段，而男人步入下一阶段时，女人就很难相信他。因为女人尚未进入恋爱状态，两人也尚未明确恋爱关系，她却已经感到他的渴望是如此强烈、需求是如此之多，以致她无法承受。几次约会下来，女人就逃之夭夭了；亦或是女人觉得男人欲望过盛、渴求太多，似乎自己要是不满足他的要求，就会深深地伤害到他的感情。这样便容易激起女人的母性，产生了想要保护他的欲望，如同女人要保护孩子那样，他们之间的吸引力也就不复存在了。这时，女人只想与男人做普通朋友。

从本章列举的所有例子中可以看出，一旦其中的一方急于求成，那么这对情侣通过恋爱五个阶段的能力就会受到限制。要是双方都操之过急，他们就会一起跳过一个、甚至几个阶段。当然，这并不意味着他们就不能通过恋爱的全过程，到达婚姻的彼岸，但这种做法不能忽视的弊端就是，他们将不会获得必要的理解与能力，为彼此感情的不断发展打一个牢固的基础。他们仍然有可能结婚，但却由于没有做好充分的准备，一旦当婚姻中出现不可避免的问题与挑战，他们就更难渡过难关。

一般而言，当女人付出的过多，表现得过于积极时，男人则倾向于变得消极被动；当男人付出的过多，渴望过强时，女人则倾向于不信任他。当然，我在本章提及了许多操之过急的反例，并不是让男人和女人都做保守的卫道士，压抑克制自己心中的爱，吝啬做出回应，我只是告诫恋爱中的情侣，你们的状态必须与所处恋爱的某个阶段相适应。

这个时代是日新月异的时代，人们也倾向于在恋爱这件事情上采取速食主义。然而，爱情是需要经过时间考验的。恋爱中的情侣

们必须注意：你的付出不要超过对方的给予。

生活于期待之中

一般，女人总是错误地以为，如果她一直爱他，那么男人就会以同样的爱回报她。在某种意义上，她生活于爱的期待之中。女人乐于提前投入，提前给予。付出的越多，她的内心就越快乐。因为她坚信她的真心付出都将得到回报。可是，事与愿违，她提前的付出并没有换回他同样的爱，却产生意想不到的后果——他对她的爱减少了。

这实际上是女人情感认识上的一个误区。女人总是认为自己越依赖他，满足他的每一个要求，为他的梦想而兴奋，把他的快乐当成自己的快乐，他就会投桃报李，爱她如同爱自己。其实，爱情如同跷跷板，女人投入的感情越多，女人的那边重了，男人的那边就会变轻。有些女人从小就被灌输了这样的思想：女人要想使男人爱上她，就必须取悦他，讨他的欢心，为他做任何事情，为他说的任何一个笑话而笑——即使并不可笑。如果角色转换一下，当男人这么去讨好女人的时候，他的求爱可能奏效，女人喜欢这种方法。但是如果女人这样讨好男人，那么她就会于不知不觉中减少了吸引力。

男人也有可能生活在爱的期望之中。男人碰到自己心仪的女人，陷入情网，可能会一厢情愿地认定自己就是最适合她的那个人，相信正是自己掌握着开启她终生幸福之门的钥匙。因为在他的心中，期盼着她能够每天都开心。他爱慕的表情就如同她是个完美的仙子，他的行为举止就如同唯有他才能带给她幸福。正如我们前面所讨论的，当男人的爱意表现过于强烈，男人的承诺过于轻率，男人的付出过于频繁之时，也会事与愿违，让他们的爱情之火熄灭，把女人吓得逃之夭夭。

花时间走过恋爱的五个阶段，男人和女人都能从炽热的爱情之火中抽身出来，理智地思考两人的关系，适当地减少两人在生活中的期望。克服每个阶段的挑战，我们终能学会让爱滋生、发展。

第 9 章

Mars and
Venus on a Date

当男人止步不前

当男人停留在恋爱的第四阶段，惬意无比，不肯继续向前时，相当多的女人都会感到结婚的压力迫在眉睫。看着身边的女友一个个结婚生子，她怎能不心急如焚呢。她也是女人，也想披上婚纱，建立自己的家庭。她也想经历怀孕、生产——女人一生中最为重要的蜕变，然后成为母亲。而现在，她却感到婚姻无期，本来应该子女绕膝的悠然时光，却在爱情马拉松中大段地耗费过去了。从情感上而言，女人开始有些疲惫、懈怠了。要是两个人相爱，却迟迟不结婚的话，似乎感情中某些重要的东西正在逐渐消逝，她时常会产生怀疑：我们仍然相爱吗？

正如前面我们讨论的那样，许多男人并未意识到这一点。结婚，是与心爱的人走完情感之路的关键环节。有些男人关心的只是彼此的生理需求，充分体验云雨交欢的乐趣，只要一直与她在一起享受人生的乐趣，就足够了。毕竟，他已经从这段感情中得到了他想要的一切，那么，还有什么必要结婚呢？再说，围城内的男人似乎活得很辛苦，干吗要冒险去尝试呢？他并不知道，婚姻是男人向女人表示忠爱一生的承诺，婚姻不仅能让他在情感层面上得到更多的体验与感受，也让女人得到她一直期待的幸福归宿。

婚姻对女人而言，如同性对男人一样很重要。如果女人告诉男人："听好了，我只想与你进入第二垒。"那也就是说她只想与他拥抱、接吻，但仅限于此，不能再深入了。那么，他肯定不会满足，他想要的是与她全方位的性接触。同样的道理，只要女人爱这个男人，必将也会想着与他白头偕老，共同走完情感之路。结婚对她来说，就等于向世人宣布了她恋爱的成功，表明她的感情最终有了归宿。这么看来，男人和女人的想法真是有着天壤之别，这无疑是一个悲剧——女人一门心思想要结婚，而男人却迟迟不肯迈出这至关重要的一步。

女人满怀欣喜地进入第五阶段，眼巴巴地期盼着婚期的到来，而男人却舒舒服服地在第四阶段，迟迟不

> 婚姻对女人而言，如同性对男人一样重要。

肯向前迈进一步。女人通常对这种状态极为不满，她可能采取如下方式：因他总不肯给她婚姻的承诺，就对于他的需求敷衍了事，或者是变成结婚狂，每天催着他与她结婚。这两种方法其实都没什么用处，因为这个最后通牒，男人通常都不会做出回应。再说，即使你软硬兼施，施压奏效，他迫于压力，同意娶你，可强求来的婚姻，还是毫无意义、味同嚼蜡。婚姻是情侣发自内心的、自由而快乐的情感表达，而绝非一项必须履行的义务，更不能是一笔必须偿还的感情债。

> 婚姻是情侣发自内心的、自由而快乐的情感表达，而绝非一项必须履行的义务，更不能是一笔必须偿还的感情债。

除了生硬地拒绝之外，女人其实还可以采取其他方式给出最后通牒或拒绝他的要求，那就是返回上一阶段。你大可不必坚持留在第五阶段，要求你的伴侣与你保持同步，你完全可以退回到第四阶段——亲密性阶段。这样，你又可以再次享受情侣间亲密接触的乐趣，不会对他的止步不前大加责备。

当男人不惧怕结婚，而把它当解决办法时，你就能得到他更积极的回应。

让我们看一个生活中的例子：

玛格丽特，三十四岁，三年来，她一直与史蒂芬恋爱。玛格丽特觉得，她现在对史蒂芬的态度，就如同他们已经幸福地结婚了一般，但事实上，他甚至从未向她求过婚。她也因此困惑、迷茫。但她很快就能调整好自己的心态，坦然地面对史蒂芬不肯求婚的现实，她开始认真思考，并选择一个安静的时间，坐下来平心静气地与史蒂芬交流她的感受：

"史蒂芬，近来，我越来越有不好的感觉。以前我一直梦想着有一天，我们能够手拉手地步入教堂，在神父的指引下，完成我们的终身大事。可是，我现在开始觉得好像我们永远不会有那么一天了。自从认识你后，我就认定你是我的唯一，但是现在，我开始怀疑了。亲爱的，我绝没有强迫你的意思，我不想让你委屈自己做你不愿意做的事。我只是想让你知道，有些时候，我真的感觉到我们之间的距离似乎越来越远了。我很爱你，但是我有时觉得我们的爱情有些无望。"

类似这样的交谈在他们之间进行了几次，终于，在一个浪漫的场合，史蒂芬向玛格丽特求婚了，这可真让玛格丽特惊喜万分呀！如果当初，玛格丽特给他下最后通牒，或者以不结婚就分手相威胁，他可能永远都不会求婚了。通过舒缓自己的迫切要求，与他进行交流与沟通，清清楚楚地告诉他真实的感受，玛格丽特给史蒂芬营造了自由而宽松的氛围，史蒂芬终于积极地想办法解决了当前的情感问题。

适当控制爱情的速度

要是你们如同干柴烈火，感情进展迅速，没用多少时间就走完了恋爱的几个阶段，那么，最好的办法就是返回到最适合你们的阶段。说起来容易，做起来难。当你们的感情迅猛发展时，你感觉到爱情来势汹汹，担心无法长久，于是，你想返回上一阶段，但你的伴侣却不会这么想，他（她）会觉得你正在试图收回自己的感情。这时，又会引发新的问题。

你想呀，本来一个男人一门心思都放在这个女人身上，忽然间，他收回了自己的情感，退回到第一阶段或第二阶段，作为女友的她，先是会疑惑，随后就会难过；同样，当一个女人已经全身心地投入到恋情之中，并以身相许，第二天，她就变得冷漠疏远，摆出一副并不熟识，不可亲近的姿态，作为男友的他，也会不知所措，搞不清楚自己到底做错了什么，要受到这样的惩罚。在上述两种情况中，如果情侣双方都相互理解，懂得尊重恋爱所在阶段的大智大慧，那样他们就很容易接受这种必须经历的转变。当然，你们最好一开始交往就慎重地有意放慢速度，不要进展得过快。

清醒地认识到恋爱的每个阶段，有助于增长我们的勇气，使我

们在爱情之路上遇到难题时，能够理智地退回到前一阶段，选择与我们交往程度相适应的情感表达方式。当然，回到过去比前进更为困难。如果情侣们从一开始就在恋爱的每一个阶段多花点时间，下足功夫，那么你们就能打下牢固的感情基础，减少在爱情之路上遇到各种问题，从而减少可能退回到过去的风险，更能在未来的婚姻中避免发生离婚的悲剧。

何时必须坚持原路返回

当女人想要结婚，而男人却犹犹豫豫时，那么就退回到第三阶段。如果仍然不起作用，那么你可以退回到第二阶段、甚至是第一阶段。通过逐层返回，你和他都能够体验到恋爱早期阶段彼此爱意的增长。

用这种方法，男人能够鼓起勇气，摆脱一直以来的惯性，明确地做出决定，要不就以积极的方式结束这段感情，要不就向她求婚。同样，女人也会获得直面这段感情的勇气，要是他仍然不求婚，那么就直接跟他说分手，或是他真的求婚了，就大声跟他说"YES"。

当女人拒绝男人的求婚时

有时候，当女人退回到第三阶段，变得对他有些疏远时，他忽然发现他有多么爱她，多么想娶她为妻。他向她表达这迟来的爱，忽然之间，她觉得一种恨意涌上心头："为什么他用了这么长时间才向我求婚？"于是，被愤怒冲昏了头脑的她，毫不犹豫地拒绝了他。这时，她已经忘记了自己退回到第三阶段的目的就是让他向她求婚。一直以来，他的犹豫不决让她愤怒无比，这下子，全都爆发了；亦或者，她忽然拿不准主意，尽管一直期待着他的求婚，当这一刻真的到来的时候，却又觉得并不能确定他就是可以依附终生的那个人，于是，她拒绝了求婚。

在火星上，早说晚说，都无所谓；而在金星上，差别却非常之大。有时候，女人过于关注是否能得到男人的爱，以至于她并没意识到自己为此付出了多少代价，受多少气，遭到多少次拒绝。她会自动地压抑心中的不满，淡化所受的伤害。但是，伤害毕竟还是存在心底，并不断累积，当他向她提出求婚时，她一直以来压抑着的愤恨与不满便排山倒海般涌了出来。

女人必须有意地控制这种情绪。明白了恋爱的五个阶段，你就能超越自我，控制可能出现的潜意识反应，真正认识到，拒绝他只是一时逞口舌之快，绝非内心的真实想法。即使你暂时不想接受他的求婚，你也可以说："我需要时间考虑，一个月后再答复你。"通过时间的检验，你得以探寻内心深处最真实的想法，你能够释放一时的不快，唤醒隐匿于灵魂的爱。

罗杰一遇到蒂娜，就立刻爱上了她。随后的日子里，两个人都迸发出爱的火花，进而熊熊燃烧起来。几个星期后，他们就走入了第四阶段。罗杰兴奋无比，他从未感觉像现在这样，心

> 在火星上，早说晚说，都无所谓；而在金星上，差别却非常之大。

中溢满了深切的爱意。但是，两个人的进展还是太快太急了，不久，罗杰发现自己并不确定是否那么爱蒂娜了，他似乎又回到第二阶段。他开始对两人的感情产生怀疑。然而，已经被炽热的爱火完全俘虏的蒂娜，却感到深受伤害。她不停地给罗杰打电话。一开始罗杰还会回电话，但后来，他都懒得接她的电话了。

这样过了几个月，罗杰意识到，他犯了个错误。他又开始想念蒂娜了，他想让蒂娜回到他身边。于是，他开始试着给她打电话，情况戏剧性的相反，现在轮到蒂娜不接电话了。其实，蒂娜的心中也很痛苦。最初，罗杰打来电话，她听到罗杰传递的和好的信息，却再次感受到以前所受的伤害。所幸，他们都做了相关的心理咨询。蒂娜开始明白她之所以这样，是因为在内心深处，她仍然爱着

罗杰。她不断地抵制再次投入，是因为她不再相信他的爱。其实，罗杰之所以收回感情，是因为他心门关闭太快，而并非因为他不爱她了。明白了彼此真正情感，两人终于又回到了当初热恋的阶段。罗杰和蒂娜很幸运，他们能够再次走到一起。然而，许许多多红尘中的男女，并不懂得爱情的不二法门，于是，他们在反反复复的寻觅与追求之中，错过了彼此。

理智地返回到前一阶段

当女人返回到第三阶段，而她的伴侣却仍然没有求婚，那么，几个月后，她开始产生怀疑："他到底适不适合我呢？"这表明，她已经退回到了第二阶段——不确定性。

她感受这种转变时，一定要向他传达这样的信息："很抱歉，我现在不像从前那样爱你了。你总是不肯给我承诺，不愿意与我结婚，我的心越来越冷。我不再觉得你就是我的唯一了。我需要慢慢地从这段感情中抽身出来。"要是她做出这种转变，花时间进入第二阶段，一两天之内，她就能体会到好处。

理智地返回第二阶段最大的好处就是使女人想到这个事实："他或许并不适合我。"这种念头如当头一棒，使女人清醒过来，有勇气、有力量痛下决心，以一种积极的方式结束一段感情，与他分手。

最好的分手方式莫过于带着感激的态度分手。你应该感谢他没有盲目做出娶你的决定，否则你就是执迷不悟，不肯接受他并不是你的唯一这个事实。这种不敢面对现实的消极态度，有可能妨碍你最终找到最适合你的人。

允许自己感觉到不确定、怀疑他，你将最终理解为什么他犹豫着不肯结婚。心怀宽容和理解，你将更容易分辨清楚谁是最适合你的那个人。

回到第二阶段的第二个好处是给对方留出考虑的空间，让他去思考、决定是否适合做你的丈夫。你与他保持距离，就等于给他机会，使他去感受他到底有多爱你。当男人快要失去一个女人时，他才能感受到自己到底有多爱她。

一直以来，由于女人的要求太过强烈，男人常常无法感受到自己想与她长相厮守的渴望。如果女人总是一味地投入、执迷于结婚，这种执著会打消他的渴望，让他失去了结婚的兴趣。

> 当男人快要失去一个女人时，他才能感受到自己到底有多爱她。

随着她开始变得飘忽不定，似有离开之意，他也得以调整，借此机会，他会考虑两人的感情。不久，他终于能够界定这段剪不断、理还乱的感情了。无论结果如何，都将给两人一个交代。

为什么男人的感情转变了

通常，被女友拒绝后，男人才会意识到这个女人对他多么重要。因为他需要距离和空间才能够感受到自己内心的渴望和需求。如果他们总形影不离、亲密无间，他就没机会去了解自己内心的感受。

情侣们匆匆步入亲密性阶段，男人就不能体验到接近她的愿望有多么强烈。在某些情况下，当她退回到初期阶段，与他保持距离时，他才知道她多么特别。于是，原本总是急于逃离的男人再次带着强烈的渴望与深切的爱弹回来——在女人不强求他的情况下。

男人变化无常，令女人难以捉摸。当他明白自己的感情，再回到女人身边的时候，受过伤的女人很难再相信他的爱是真心的。她认为如果她再次接受他的爱，他很有可能故态复萌，再一次伤她的心。由于不知道怎么做才能有助于问题的解决，她不再相信他的爱会持久。

理解了恋爱的五个阶段，她就拥有了必要的知识，克服对再次接受他、与他亲密相处的恐惧，可以再次打开心锁，相信他的爱。一旦她清楚地知道怎样解决问题，她就能够确信今后的恋情中，不

会再发生这种情况。在他忽冷忽热的情绪变化中，她不会再觉得自己像个受害者，相反，她将感到自信，充分相信自己有能力得到想要的爱情。

　　当然，不只女人总想结婚，男人也有急于结婚的时候。女人迟迟未准备好的情况也比比皆是。遇到这样的情况，男人也应该返回到第四阶段，让她体会你的感受，但不要过于强求她。如果这么做仍不起作用，那么你应该继续退回到恋爱的前几个阶段，同时也要注意不伤害对方的感情。男人要时刻谨记，此时的情况极其微妙，应该反复衡量、周到细致地处理。

第 10 章

Mars and
Venus on a Date

欲望男人，热情女人

火星人和金星人在一起，却不知道他们来自于不同星球。女人认为要让男人对她的身体产生依恋，他才会追求她、与她建立恋爱关系。她混淆了男人的关注、兴趣、吸引与爱情之间的差异。这种"爱"瞬间即逝，他将很快对她失去兴趣，女人失望沮丧，难以接受这个事实，随后心灰意冷，不再相信任何男人。伤心的女人可能因一次恋爱失败，就从此对所有男人都紧闭心门。这种做法无异于因噎废食，使她没机会找到适合自己的男人。

当男人关注一个女人的时候，他也可能产生与她保持关系的念头，但是男人却经常搞不清楚男女之间的思想上的差异。从某种程度而言，男人仅仅喜欢他目之所及、心中所想的女人，于是他想要触摸她，与她有身体上的亲密接触。男人这样的行为经常被大多数女人误认为是一种示爱信号，以为他对她很感兴趣，想与她建立恋爱关系。

> 伤心的女人可能因一次恋爱失败，就从此对所有男人都紧闭心门。这种做法无异于因噎废食，使她没机会找到适合自己的男人。

男人的欲望

有时候，男人是很感性的。甚至对女人不甚了解的时候，就可能感受到一种强烈的渴望，想要与她在一起。然后，随着对她的逐渐了解，他可能发现自己其实并不喜欢她。然而，尽管无爱，他还是会感觉到身体上强烈的冲动，为了求得片刻的欢愉，他会不惜一切代价与她在一起。但是，男人的这种兴趣和热情可能会很快就会消退。

众所周知，"事后"综合症普遍存在。前一天，她还是漂亮美丽的女人，浑身上下都散发着迷人的光彩，第二天早晨醒来，凑近了一看，才发现她的脚太大了，并不是特别迷人。随着对女人有更多的了解，男人的热情也许就会消失。他会发现，她似乎也不是那么完美，他会意识到她不再是他的唯一。

女人的热情

男人对女人的身体产生强烈的热情、兴趣和关注，很容易让女人产生误解，因为女人对待感情的方式与男人全然不同。女人首先受到男人的个人魅力的吸引，而并不仅仅受到他的外形吸引。女人先感觉到有兴趣去了解一个男人，继而，她才会爱，再后来她才会感觉到强烈的身体吸引。由于她的个人体验是这样的，于是以己度人，认为当男人迷恋于她的身体时，他一定同时也在情感层面受到她的吸引。

女人很难理解男人是多么不同，但事实确是如此。在火星上，男人首先感受到的是生理上的冲动。男人对女人的生理冲动愈强烈，本能地，他就会拜倒在她的石榴裙下，仿佛她是世界上最为特别的女人。其实，他并没有欺骗或说谎，他确实感受到了这种来自异性的强烈吸引。不理解男女之间的差异，女人就会认为男人是骗子，要么就是肤浅。

为什么最迷人的女人就最烦恼

说来真是奇怪，越性感迷人的女人，就越为男人烦恼不已。那些原本对她们并不感兴趣的男人，常常受其外貌与身体的诱惑，便不假思索地追求她们。以下是一些这样的女人的抱怨：

吉尔抱怨："我简直不能再相信我遇到的男人了。一开始，他们那么为我着迷，不久以后，他们就逃之夭夭、不知所踪了，我从此再也没有他们的消息。"

简爱说："我不相信男人。他们是那么自私。当他们得到了他们想要的，就会全然不顾你的感受，一走了之。"

凯瑞对此也颇有同感："太受伤害了，我现在甚至都不想再谈

143

恋爱了。当男人对我太好，为我付出很多时，我就感觉到似乎有义务满足他的所有需求，但当他心满意足之后，我却什么都没有得到。所以我宁可孤身一人，也不愿意倾尽所有，投入全部身心地去爱一个男人，最后却一无所获。"

卡罗琳也常常说："我都不知道到底应该如何与男人相处了。一旦一个男人逐渐了解我，他就不会再喜欢我了。我已经不期待再有什么人来爱我了。"

南希也有同样的疑问："为什么我遇到的男人都是混蛋？一开始，他们像胶水一样粘着我，然而一夜欢情之后，第二天清晨醒来，就会感觉得到——他们急于逃开。有一次，我给一个家伙打电话，他竟然问我为什么要一大早就给他打电话？天哪，我简直不想跟人提起这件事！"

伊维特也问我："为什么我所吸引的男人，都一心只想跟我做那事？一开始，他们对我总是体贴备至，然后，得到了他们想要的欢情后，他们甚至连个电话都懒得打。"

这些女人都有理由难过。她们回应男人的示爱，但不久后，她们就会感到失望或背叛。其实，她们并未意识到自己的行为同样也是引发问题的一个根源。

为了纠正这个问题，女人需要理解怎么做才能使她别具魅力，成为他眼中最特殊的女人。

使女人变得特别

每个女人都是特别的，但是，某个女人对某个男人更为特别，那是因为他能从她那里感受到特殊的反应。这种反应是不能刻意制造的。一粒苹果种子就是苹果种子，它只能长出苹果，长不出其他的东西。我们所能做的唯一事情就是确定知道它需要哪些营养，给它机会，让它生根发芽。浇太多水可能会毁掉根，然而要是水太少，又可能使它枯萎。我们处理感情的方式，既有可能抑制爱，也有可能促进爱。

如果男人被你迷人身体深深迷恋，你或许会觉得你对他是特别的。但是，身为女人，你必须牢记一点：彼此感觉到吸引，是一个好的

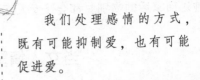

我们处理感情的方式，既有可能抑制爱，也有可能促进爱。

开始，但是除此之外，别无深义。唯有男人确定不仅仅爱你的身体，同时也爱你这个人，他的精神层面，也深深地眷恋着你，那么，你对他来说才非比寻常。

如果男人承认他的女人并非完人，但仍然爱她，即使在两人感情陷入困境的时候，男人也仍然能够看到女人最好的一面，感觉到自己对她深深的爱恋。那么，这个女人对他而言，就是最特别的女人。

使男人变得特别

男人以一种截然相反的方式使自己在女人心目中变得特别。女人首先要精神上受到男人的吸引。女人看中男人个性中的某些方面，了解他对待生活的看法，知道他平时都在做些什么，才会产生情感反应。

然而，可能有许多人与她志同道合，产生思想上的共鸣，但是只有少数人能够引发她的情感冲动。女人也会感觉到身体上的吸引，但这种吸引可能发生得极其缓慢，也有可能突如其来，猝不及防。通常，当他吻她时，她会突然产生这种感觉。这一看似小小的、不经意的、爱的举动使得她突然间理清了头绪，清醒地意识到，眼前的这个男人对她更为重要、更为特别。要是一个生性羞涩的男人迟迟不敢吻她，就有可能延迟、甚至阻止女人感觉到对他身体的冲动。有时候，正是男人的一个吻，触发了女人的全部激情，产生身体上的吸引。男女间的许多恋爱惯例真正地为女人提供了机会，以便让女人能够正确评估她对某个男人的感情。当这个男人为

她打开车门、赞美她、邀请她出去、安排一次约会，甚至是晚上把她送回家后的吻别，都会让女人逐渐地体会到不同层面的反应。

当女人情窦大开时

有时候会出现这种情况，当你遇到一个男人，突然感觉到全部四个层面的反应。尤其是，你会感觉到对他有着一种迫切的身体激情。如果你感觉到身体上的强烈吸引，请注意，别立刻认定这个男人就是最适合你的，要知道，你并没有完全了解他。

如果你曾经有过情窦大开的经历，那么当你再次走进一间有三十个男人的房间，其中的一个男人如同喷灯一般开启了你情感的闸门，这时你应该做的，便是冷静下来，转身离开。

一些单身女人常常抱怨："无论何时，只要我投入真感情，一门心思地爱上一个男人，结果必然是，他仍然是错误的人选。为什么我总是一再遇到那些并不适合我的男人呢？"

这些女人真应该好好检讨一下自己的恋爱方式，不要总是一见钟情、倾情投入，应该选择那种有内涵的男人进行交往。一开始，他可能并不会立刻点燃你的激情，但是你可以随着时间的流逝，慢慢验证两人的感情是否增长。

凯瑟琳，一个 46 岁的单身女商人，听到上述言论后，非常惊讶，她总是在不断地拒绝那些不能立刻与她碰撞出爱情火花的男人。许多男人曾经试图接近她，但若是她不能立即感觉到身体上的吸引，她就不会对他感兴趣。我在本章中的观点，能够帮助她意识到，为什么时至今日，她仍然无法找到自己的灵魂伴侣。

当女人打开心门时

女人开始感觉到全部三个层面的反应之后——思想上的、情感上的和身体上的反应，她的心灵才开始向男人敞开。他们通过恋爱的第四阶段，变得亲密无间后，他在她的心中就变得更为特别。在全部四个层面的反应共同作用之下，女人才能意识到他就是她的唯一。

假如女人并没有立刻被男人的外貌所吸引，男人也大可不必泄气。请记住，女人如同火炉一样，她们是慢慢地温暖起来的。如果一开始，她只想和你做普通朋友，那也并不意味着你就没有机会。在我的研讨班上，那些找到灵魂伴侣的女人经常这么说："一开始我们只是朋友，随着交往的加深，才逐渐产生了浪漫的爱情。"她们的丈夫也指出，从他们的角度而言，外形上潜在的吸引是永远存在的。

男人的第一个层面：身体的吸引

在第一个层面，对男人来说，许多女人都可能让他感觉到身体上的吸引，这是再正常不过的现象了。男人尤其关注女人身体的这些方面：她走路的姿态、体型、头发、笑容、眼睛、腿、臀部、胸部，然后是她的整个体态。

这种身体上的吸引是第一层面的，也是最低层次的鉴别力。通常，年轻男子都会由这个层面开始，甚至有些更为成熟的男人，当他从一段感情中弹回之际，也有可能退回到这个层面。

时下，各种媒体到处充斥着某种特定体型的女人的影像，她们总是搔首弄姿，妖娆性感。男人们如同受了催眠，只关注一种类型的女人——S形。这种体型的女人最能够吸引男人的眼球。但是，仅仅是吸引，并不代表这个女人就是你的灵魂伴侣。

随着男人逐渐成熟，经历了恋爱的前三个阶段，他自然会变得更具鉴别力。这时，他就会发现另外一些女人同样也在吸引着他，尽管她们看起来并不像电视、电影、报纸或杂志上的那些模特那么性感、诱人。当男人找到自己的灵魂伴侣之时，那个她却极少是在他尚不具备鉴别力时最迷恋的类型。

然而，身体吸引也并非毫无意义，它是男人建立鉴别力的基础，当然，它是极端不成熟的。女人必须牢记这一点，即使他除了

你的外貌、长相之外，对你一无所知，他也有可能突然感觉到身体的吸引。此刻，吸引他的不在于你是谁，也不代表他有想要进一步了解你的欲望或愿望，更谈不上与你建立恋爱关系。他想要的就是与你身体进行全方位的亲密接触。

男人的第二个层面：情感的吸引

在第一层面——身体吸引层面上，认为自己喜欢一个女人，事实上，他喜欢的只是她的身体带给他的感觉。但是到了第二层面——情感吸引层面，当他感觉到对某个女人的情感割舍不下时，他就会不由自主地对她言辞友善、心存爱慕。此时的男人，不仅仅是身体上迷恋着她，同时，也在情感上喜欢着她、眷恋着她，想要接近她。

经过对两性关系多年的研究，我发现一个很有意思的现象，通常，具有相反性格的人反而会相互吸引。虽然和我们性格相似的人可能会吸引我们，但是通常那些与我们性格不同的人吸引力更强。

举个例子吧，一个个性沉稳，甚至有些墨守成规的人容易会被一个活泼好动、事事追求变化的人所吸引；一个大胆的、性格外露、说话直接的人可能会被一个胆小害羞、性格内向、凡事隐忍的人吸引；一个爱开玩笑的人可能会喜欢上一个相对严肃的人。当然，性格并没有孰优孰劣之分，性格也无所谓哪种更吸引人。但是随着我们变得更有鉴别力，就会发现本能地受到某些人的吸引，喜欢他们，并且愿意与他们交朋友。

男人的第三个层面：精神的吸引

一个女人激起男人的兴致，不仅仅需要她的身体吸引，还要取决于她到底是什么样的人。他不想只与她做朋友，还要与她进一步交往。到了第三层面，她的性格同样吸引着他。他为她的思考方式

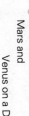

着迷，为她的感觉所兴奋，被她的生活方式所影响。

在第三层面，她性格中最闪光、最吸引他的方面，可能是她性格中的任何一点：友善、力量、能力或者智慧、慷慨，还有可能是诚实、开放与正直，又或者是耐心、勇气与坚持，以及自立、优雅、热情、爱心和灵性。不过，绝对没有一种或者几种特别的品质结合起来，就能够所向披靡，使一个女人迷倒所有的男人。

有些男人喜欢散发着成熟魅力的女人，然而有些男人却会迷恋那些精灵古怪的少女。女人性格的不同，并不影响她对男人的吸引力。所以说，当女人只做她自己的时候，她就是最具魅力的女人，这就是来自于精神层面的吸引。

在第三层面，男人一开始也会感觉到许多女人都让他着迷，仅有的一小部分女人具有他最欣赏的个性。逐渐了解并且与这几个女人交往，他能够成功有效地提高自己的鉴别力，明显地感觉到身体吸引不再是首要的需求。

男人的第四个层面：灵魂的吸引

男人只选择那些在以上全部三个层面都吸引他的女人进行交往，渐渐地，当他到达第四层面时，感觉到彼此灵魂的吸引，他的心灵也就为她敞开了。正如在第一个层面，他发现有许多女人都很吸引他一样，在第四个层面，他同样发现有许多女人值得他去爱。

他可能会不同程度地爱上这些女人中的任何一个，但是，唯有一个女人最吸引他。尽管她并不完美，却无疑是与他最般配、最适合的。做出这样的决定并非基于一长串的个人条件。仅凭理智的思考，是无法得出结论的，唯有灵魂的本质才真正知晓。

灵魂的吸引并非建立在她的一系列与众不同的品质上。相反，灵魂的吸引是一种认可，你拥有她所渴求的，而她则有你所需要的。有句诗说得好："我不知道到底为什么，我只知道我们应该在一起。在我最为清醒、最充满爱意的时刻，这就是

我唯一的真谛!"

感觉到与某人的灵魂契合，心灵就必须张开。与某人谈恋爱是一种迹象，它表明我们感觉到某人有可能成为我们的唯一。基于这一认识，完全遵从我们的心灵，一起走过恋爱的五个阶段，直到我们清楚地知道，这个人合适与否。

女人的第一个层面：精神的吸引

女人同样会经历这四个层面，但是，其顺序是不同的。女人首先会受到男人思想的吸引。有可能是最平常不过的一句"对不起"，不经意的一个微笑，或者是他腼腆地邀她出去，他温柔地对她哼唱的一首歌、写的一封信、彼此交流思想的谈话，还有可能是他提出的问题，他获得成功的方式等等。正是男人偶尔的性格流露唤醒了女人的自我意识，使她清楚地知道了"她是谁"。

对女人来说，鉴别力最低的层面，正是男人的精神吸引着她。她会发现，有许多有意思的男人。但是，她迫切需要提高她的辨别力，她需要只与那些最感兴趣的男人约会。正如鉴别力低的男人想要与杂志上的性感美人约会一样，处于这个层面的女人也只想与浪漫小说中的男子约会。

女人的第二个层面：情感的吸引

女人有了一些与男人约会的经验后，开始发现她喜欢某些人胜过其他人。有了这种感受，她对男人的鉴别力就提高了。在第一个层面，她与男人约会，只是因为她搞不清楚是否喜欢这种类型的男人，或者因为他对她感兴趣，而她也并不反感。现在，她有了更高的标准。当她感觉并不怎么喜欢一个男人的时候，她就会拒绝他的约会。最终，随着她鉴别力的增长，她就自然地会被那些她所喜欢的男人吸引。有时，她甚至在尚不了解某些男人的情况下，就能够提前预知他并非自己喜欢的类型。

到了这个层面的女人，通常会敞开心扉，去面对类型不同、性格迥异的男人。通过不断尝试，犯错误，她最终发现什么样的男人与她最为匹配。

俗话说："萝卜白菜各有所爱。"有些女人深深地迷恋那些羞涩的男人，有的女人则可能喜欢英武的男人，有的喜欢相对安静的男人，有的则欣赏交友广泛或者风趣幽默的男人，有的爱胸有成竹、处乱不惊的男人，有的则喜欢毫不造作的男人。绝不会有一种固定的程式，能令一个男人魅力无限，征服所有的女人。女人自己的恋爱经历，能够最终辨别出她到底想要哪种类型的男人，从而避免过多地与那些并不怎么感兴趣的男人纠缠。

女人的第三个层面：身体的吸引

只选择与那些在精神上和情感上都吸引她的男人在一起，女人开始感觉到伴侣对她身体上的吸引力。现在的她，不仅想要他的思想与心灵，而且还需要他的爱抚与触摸。到了这个层面，男人拉着她的手，用强有力的双臂把她拥入怀中，或者低下头吻她，都能引起她强烈的身体冲动。如同处于第一层面的男人极其渴望性欲一样，处于这个层面的女人也渴求与他的亲密接触。

在第三层面，女人不仅能感觉到精神上和情感上的吸引，还开始感觉到身体上的吸引力。在这一阶段，只有少数几个男人能够引起她产生以上所有三个层面的反应。在她的感情生活中，坚持这个标准，女人使自己的鉴别力继续增长。

女人的第四个层面：灵魂的吸引

当女人到达第四个层面——灵魂吸引层面，她的心门完全打开了。这时，她开始看到许多男人都是值得爱的，却不一定是她的唯一。她可能不同程度地爱这些男人，但是她会认出这些男人中的哪一个与她的灵魂最为契合。

女人能够辨别出某个男人是否适合她，在她的内心里，总能感觉到一种无条件的爱。她在心中默念："这就是我找寻已久的，想要与他长相厮守的那个人。"这种意识，绝非经过她的反复比较、仔细衡量才得出的理性结论，而是灵魂本质的选择，当感情发展到一定程度，她就会知道。

然而，这对情侣依然要面对正常的挑战。这些挑战是任何一对情侣都要经历的心路历程，那是一种深切的内在关联，能够帮助他们克服伴随恋爱而来的、不可避免的冲突、挫折与失望。

确立择偶标准的益处

提高我们的择偶标准，我们就能树立一种正确的择偶观念：绝对不能委屈自己，绝对不能只为尽快地结婚而随便找一个人。出于某种原因而和那些不适合自己的人恋爱，将会破坏我们通过恋爱五个阶段的能力。

与那些已经确知不适合我们的人恋爱，就好比对着靶子，故意射偏一样。这么做不但妨碍我们击中靶心，而且还容易迷惑我们的本性。唯有方向调正确了，我们才能不被错误类型的人所吸引。只因孤单寂寞，就降低择偶标准的话，我们就不会吸引到最适合自己的人。

你追求某个明显不适合自己的人，你就失去了前进的动力。这就好比把你毕生的积蓄都孤注一掷，却对是否赢利茫然无知一样。你绝对不可能这么想："唔，这肯定不是最好的投资方式，但是我还是会把全部的资金都投入进去的。"明知不好，却还是要这么做，不是太愚蠢了吗？这么做还不如让你的钱继续留在银行里。

同样的道理，有些人并不符合你的择偶标准，你对他们也并不满意，那么你最好不要与他们约会。

成功的故事

参加我的研讨班，罗格懂得了这个道理，他开始经历人生中第一次重大转变。以前，他曾为图一时之快，不断与性感女郎约会。他清楚地知道这些女人根本不可能成为那个他日夜寻觅的她，但是他的滥交仍在继续。后来，上完我的课，带着对真正爱情的全新理解，他不再饥不择食，坚决地与那些女人断绝了往来，提高了自己的择偶标准。数月之后，他发现了一个特别的女人，他觉得这个女人有可能成为他未来的妻子，于是，他们开始恋爱。六个月之后，他求婚了。现在，罗格和他的妻子已经结婚数载，有了两个活泼可爱的孩子，他们的婚后生活美满极了。

肯特也有类似的经历。他的转变更为强烈，可谓是"震荡性的"。在许多次咨询课之后，他终于明白了，仅仅为了性去追求女人，等于浪费他的时间和生命。就在他痛下决心不再随意调情与追求女人之后，他就遇到了自己梦寐以求的女子，并双双坠入爱河。他们现在已经准备结婚了。

在参加了我为单身者开设的研讨班后，艾丽克丝决定不再与那些仅仅出于身体吸引的男人交往了。之前，如果她对一个男人感兴趣，就闪电般地与他进入亲密性阶段。现在，她终于认识到以前她的交友方式太过肤浅、轻率了。她不再这么随便，而是开始变得"挑剔"了。

艾丽克丝转变观念一个月后，遇到了盖斯，他后来成了她的丈夫。尽管她立刻坠入情网，但是她还是理智地刹住了感情的闸，放慢速度与盖斯交往。她注意走过恋爱的每一个阶段。她非常感谢我使她懂得了爱情的真谛，如今，她已经成为"火星与金星"研讨班的一名工作人员，与寻找真爱的男男女女们，分享爱情的经验和爱情路上的酸甜苦辣。

每一段感情都是上天的恩赐

每一段感情都是一笔财富。它给我们提供了机会，让我们找寻和认出灵魂伴侣。每一次，你选择一个人与你约会，你辨认的能力就又进了一步。当一段感情结束时，你最好花些时间反思。当你感觉到对某些事情心存感激之时，就表明你已经准备好了，你将在寻找真爱的旅途中继续前行。

即使是离婚也不全是坏事，离婚也可以是一笔财富，使我们提高识别能力。我们原谅曾经带给我们伤害的伴侣，同时也原谅了自己，我们的下一段感情就能让我们离靶心靠得更近。发现每段感情中的财富或益处，我们最终将让梦想变为现实！

辛希娅经历了四次失败的婚姻才找到她的灵魂伴侣。她渴望找到灵魂伴侣的愿望是如此的强烈，以至于她每次恋爱，都认定他就是那个人。终于，她懂得了，在尚未确定这个男人就是灵魂伴侣前，她应该用更多的时间了解他。现在，她终于与自己的灵魂伴侣结合了，并且过得非常幸福。

每一次，你选择一个人与你经过恋爱的几个阶段，你都能有效地校准自己吸引最适合人选的能力。即使感情破裂，也不要心怀愤恨或愧疚，这样，你就为美满的婚姻铺平了道路。每一次这样的选择都将增加你的辨别力。

意识到潜在的感情

正确地理解男人和女人的思考与感受方式是多么不同，并不能保证任何一段感情都能够通过恋爱的全部五个阶段。但是这种理解的确能让我们正确地评价一段感情。有多少次，我们拒绝了彼此，不是因为我们发现这个人不适合我们，而是我们认为对方做错了事。以宽容的心态和客观公允的态度结束一段感情，我们将继续前进，吸引到更为理想的人。有了这种理解，我们将发现，我们变得更加宽容了，我们已经为迎接下一段感情打开了心门！

即使对男女之间的差异有了更为深刻的理解，由于角色转换，我们也会不知不觉中破坏了爱情的吸引力。在一段感情中，男人保持追求者的角色，而女人继续扮演被追求者的角色，是至关重要的。当男人成功地把女人追到手，女人将男人视作她的唯一时，那么这两个人潜在的热情和吸引力，就有机会得以自然而然地释放出来。在接下来的章节中，我们将更为全面而详细地探讨男女在恋爱中扮演的角色。

第11章

Mars and
Venus on a Date

男人和女人的欲望之源

常常有人传递一个错误的经验："要想赢得男人的心，让他对你感兴趣，你应该时刻注意他、关心他。"这种建议只适用于渴望女人关心的男人，对大多数男人并不起作用。如果女人总想方设法取悦男人，满足男人的每个需求，男人就会告诉女人："你还可以为我付出更多。"男人的欲望是无止境的。

然而，男人也并非无可救药。男人来自于火星。男人的想法并非多么奇特，只是与女人的看法不同而已。其实，两种思维方式并无优劣之分。当女人的需要得到满足时，她的人生价值就实现了。而男人的价值却是通过女人的满足实现的。理解男女之间这一根本性的差异，在恋爱时，男人和女人的种种困惑和问题就全都迎刃而解了。

男人就如同一个具有魔法的精灵。他偷偷地从瓶子里钻出来，抓住每一个机会实现女人的愿望。然而，一旦他得到这样的信息——他并不能带给她幸福，那么他就会缩回到瓶子里。这就是男人的本性，他最为重视的永远是成功。对女人，无论怎么做，只要能让她开心，他就会感到快乐。如果他察觉到，女人试图去取悦他，他会很乐意退回原地，消极而又被动地接受女人为他付出的一切。

男人就如同一个具有魔法的精灵。他偷偷地从瓶子里钻出来，抓住每一个机会实现女人的愿望。然而，一旦他得到这样的信息——他并不能带给她幸福，那么他就会缩回到瓶子里。

出现这种现象，女人肯定不可能高兴。其实女人完全可以对恋爱的方式和方法进行一些小小的调整，从而改变这种状况。女人也许会说："要是我必须刻意地做出调整，才能与他交往，那么他一定不会是我的真爱。"其实不然，即使他就是你的唯一，若是没有合适的机会彰显你的风采，那么他也会对你渐渐失去兴致。

积极的兴趣和接受的兴趣

兴趣大体上分两种：积极的和接受的。积极的兴趣，就是当我们心中有一个目标时，它促使我们付诸行动实现这个目标。我们会因为获得成绩而兴奋不已。接受的兴趣就是我们坦然地衡量别人为我们所做事情的价值，我们从中感受到了什么。接受的兴趣来自于我们心灵深处的喜好和价值观。

这两种兴趣相互作用、相互影响。当男人非常积极地对女人表示兴趣时，他的积极的兴趣常常引起女人产生接受的兴趣。如果女人乐于接受男人的兴趣，那么，通常又会引发男人对女人产生积极的兴趣。

> 女人对男人的接受的兴趣，引发男人对她产生积极的兴趣。

道理似乎有些抽象，下面让我们来看一个最基本的例子：

一个男人向一个女人要电话号码，当然是有所企图的，我们可以说他"产生了积极的兴趣"。那么，这个女人将会考虑到他的请求。此时，她的兴趣是接受的。她心中并没有什么其他的想法，决定自己是否要告诉他电话号码，反映出她是否愿意与此人进行更多的交流。

正是男人甘冒可能遭致拒绝的危险向她要电话号码，使女人产生安心的感觉——我是让人爱慕的！她经过一番考虑，把她的电话号码告诉了他，男人的自信心就会大增。正如男人积极的兴趣使女人感到她非同一般一样，女人接受的兴趣同样使男人的自信与日俱增。

> 当男人愿意冒着遭受拒绝的危险，试图了解女人时，这种举动让女人感到自己是特别的。

事实上，某些女人之

所以会对一个男人产生兴趣，就是因为他向她要电话号码。一次又一次，他积极的兴趣引发了她对他接受的兴趣。尽管很多女人都不愿意轻易把自己的电话号码告诉男人，但是如果他一而再、再而三地询问，她们就会很感动。这些女人们都说："当一个男人积极地想要了解我时，我就会很兴奋。"

同理，当女人对男人产生接受的兴趣时，男人也会兴奋异常。女人对男人的示爱做出回应，男人就会感觉到与她更为紧密地联系在一起。这时，他就会自动地对她更感兴趣，这种联系促使他去了解她、关心她。女人接受的兴趣是肥沃的土地，使男人兴趣的种子得以成长。

这里，我所指出的有关两种兴趣的理解是最为基本的观点。它说明怎样促使女人对男人产生更大的兴趣，同时，它也揭示男人赢得女人芳心的最基本的法则。

点燃浪漫之火

女人接受的兴趣，犹如火种，它是浪漫之火燃烧的源泉。男人积极的兴趣如同木柴，它需要被女人点燃。女人必须提供火种，才能点燃木柴。

如果女人不提供接受的兴趣，那么浪漫之火就没有机会燃烧。这就意味着，当女人过于关注给予而不是接受时，那么男人就不会对女人产生太多兴趣。

> 女人接受的兴趣，犹如火种，男人积极的兴趣如同木柴，女人必须提供火种，才能点燃木柴。

这种至关重要的认识与许多女人的爱情常识恰恰相反。女人常常误认为，如果她渴望取悦他，他就会高兴，并对她更感兴趣。然而，事实却是，男人的确被取悦了，但是他却对她提不起兴致。

当女人正在积极地追求男人时，男人的虚荣心得到了最大限度

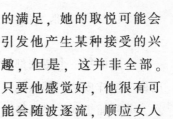

> 女人要想让男人感觉好，就必须给他提供机会，让他成功地满足她的需要。

的满足，她的取悦可能会引发他产生某种接受的兴趣，但是，这并非全部。只要他感觉好，他很有可能会随波逐流，顺应女人的意思，但是，他不可能再去追求她。

引发男人对女人产生兴趣的要诀是，只要她一出现，他就感觉到快乐。记住：男人是来自于火星的，他们喜欢有成就感。男人感到积极的兴趣，将引发他展现出自己最好的一面。

男人积极地致力于实现一个目标时，他的自我感觉就是最好的。所以，女人要想让男人感觉好，就必须给他提供机会，让他成功地满足她的需要。只要他积极、主动地追求了，并且最终成功了，那么他的自豪感就油然而生。男人的自我感觉越好，他就越有动力与别人分享他的快乐。所以，能够带给他这种感觉的女人，对他就更有吸引力。

一次按摩中的给予与接受

分析一次按摩中的给予与接受，很清楚地说明了积极的兴趣与接受的兴趣之间的差异。菲利浦给女友玛丽娅做颈部按摩，他真心实意地想带给她一次极其享受的按摩。下面是他产生积极的兴趣时的一些想法与感受：

"我想知道她最喜欢什么？"

"我应该采取什么方法才能让她感觉得最舒适、最惬意？"（我想我应该更轻柔一点。）

"我敢打赌，她肯定会喜欢这种长时间的轻柔的抚摸。"

"现在，我将缓缓地把我的手移到她的背部。"

"这么做会让她很放松。"

161

"噢，她这里很紧张。"

上述的每一个想法都是菲利浦积极的兴趣的表达。如果他得到的回应同样成功，那么他肯定会有成就感，并让他更爱她。

菲利浦想取悦玛丽娅的积极的兴趣，玛丽娅很自然地报之以接受的兴趣。下面是玛丽娅的一些想法与感受：

"嗯，这么做感觉真好。"
"噢，我喜欢他那样轻柔地抚摸我。"
"哇，这种感觉真妙。"
"噢，别停下来，感觉真是好极了。"
"这真是太好了，我现在能够放松了。"

玛丽娅的上述想法和感觉全都表明了其接受的兴趣。女人接受的兴趣是她给男人的最佳礼物。这正如男人的积极的兴趣是他给女人的最佳礼物一样。

女人接受兴趣的价值

由于不了解男人，许多女人都认为她们似乎必须"做些什么"才能赢得男人的爱慕与关注。这些女人并不明白，仅仅是对男人为她做的一切表现出兴致，并大方地接受，这种举动本身就极有价值，就是对他们的回报。

一个男人为她付出，女人就会兴奋不已。一个男人对她极感兴趣，她也就会对他极其关注。这就是女人的想法，所以她常常误认为男人也会这么想，然而，事实并非如此。

许多女人并未意识到她们接受兴趣的价值。当女人向男人敞开心扉，接受他的示爱时，男人会兴奋不已。于是，在这个鼓励下，他极力试图引起她的注意、让她加深印象、感动她，并且想要满足她，最终征服她。女人的接受，就是女人给予男人的最有价值的礼物。男人感激你给他机会接近你、了解你，与你联络，在你的光彩之下备感温暖与舒适。男人需要得到机会，需要赢得心爱女人的芳心，从而在感情之路上获得成功。爱情上的成功将成为前进的极大动力，使男人成就一生的幸福。

欲望与动力的张力

在一段感情中，欲望、兴趣和热情均来自于动力。当男人给予、女人接受时，这种动力才得以创造、觉醒。当男人对女人献殷勤并成功地取悦了她时，那么他也期待着得到女人的些许回报。这种期待重新引起了他的兴奋、兴趣和热情。很自然地，他觉得又有了新的挑战，他就更加投入这段感情了。

许多女人迅速地回报男人，她们于不经意间就使这种动力消散于无形了。面对男人为她所做的一切，她不接受来自男人的馈赠，不让他尽情享受成功的乐趣，相反，她可能改弦易辙——从乐于接受迅速地转变为积极给予。她计划着自己该回赠他什么样的礼物，这种转变最终抵消了男人的热情。

要是一个女人并不清楚自己的价值及重要性，那么她就很难单纯地接受男人的积极的兴趣，她觉得自己必须立刻回馈。她并没有意识到接受本身就是一种回馈。

女人回赠的倾向是与生俱来的，她自己都不会意识到她正在不知不觉地这么做。毕竟，在她的星球上，有来有往才是朋友间相处之道。让我们继续以上一节中的按摩为例，来探讨女人不接受时可能产生的一些想法和感觉。我们将会看到，一开始女人乐于接受，但是，很快地，她的态度就转变了，她在想着如何去表达积极的兴趣。下面是玛丽娅的一些想法和感受：

"我好喜欢按摩呀，真舒服，可是，他是否也期待着我为他这么做呢？我想知道他想让我做什么。"

"噢，这种感觉真好。我应该给他按摩一下。我应该用些什么

163

样的方法让他也好好舒服舒服呢？”

"哇，感觉真妙呀！但是我没有为他做任何事情。我应该为他做些什么呢？”

"噢，不要停下来，这种感觉好极了。但是，等一等，我不应该这么自私。我应该做些什么才能让他也放松一下呢？他整天都忙忙碌碌，不得片刻松懈，他是那种时刻都得紧绷着弦的人。”

在每个例子中，起初，她都是能够接受的，但是后来，她头脑中就充斥着如何取悦他的想法，不断地思考他可能会想要些什么，或者衡量她自己值不值得他这么用心地付出。她没有放松下来，全身心地接受按摩，享受他所营造的氛围，相反，她却从完全接受迅速转到了积极给予。尽管她这么想、这么做似乎都是出于爱，但这实际上阻止了男人产生足够的兴趣去全方位地了解一个女人。她的做法抵消了他对她产生更多渴望的动力。

态度的力量

唯有当男人感觉到积极的兴趣时，他对女人的兴致才可能增长。相反，如果他只感觉到接受的兴趣，那么他对她的兴致就有可能慢慢地减退。

同样，当男人对女人产生积极的兴趣时，女人就拥有了探寻自己内心深处真实想法的机会，看看面对男人的追求，她是否真正地喜欢他。这种真实性使女人更能吸引到适合的男人。然而，要是女人带着积极的兴趣追求男人，男人也会产生接受的兴趣。他乐于接受她的关心、热情与爱慕，但是这些都无法增加他对她的兴致。仅仅被动地接受，无法激发男人最好的一面。

当男人对女人产生积极的兴趣时，他不停地思索，应该做些什么才能给她留下深刻的印象呢？女人接受他的示爱，就给了男人自信，使他甘冒更大的风险去感动她。男人为了达到自己最终的目标——征服她，所冒的风险越多，就会对她越感兴趣。这么看来，女人接受的兴趣实则赋予男人努力追求的动力。

面对男人的付出，女人或许怀疑："他对我是不是真的感兴趣？"然后，为了加深印象，为了感动他，女人开始倒追男人。女人的这种做法极有可能破坏了男人原本对她的好印象，他不会对她更感兴趣，相反，他的兴趣减退了。女人对男人的追求与预期效果恰恰相反。如果女人仍然执迷不悟，一再地犯错误，不断地尝试感动男人，那么男人就会自然而然地放松，让女人去冒险。

当然，男人喜欢女人的主动追求。但是，过于主动的女人并不能引起他继续爱她的兴致。男人的兴趣是追求心爱的人，俘获她的芳心。男人必须不断揣度该做些什么，该给予些什么，才能得到她的芳心，得到他梦寐以求的爱慕，这样，他们的感情才会一步一步地变得更加深厚。

为了让大家对男人积极的兴趣和接受的兴趣有一个直观的感觉，让我们共同研究下面的例子。

首先，我们将探讨几个例子，它们是关于男人对女人产生积极的兴趣或者只有接受的兴趣时，常常会产生的想法和感觉。然后，我们再来探讨女人可能产生的一些念头和感觉。

男人积极的兴趣：

"真不知道她会不会对我感兴趣。我认为她真是有趣极了。"

"我真想搞清楚她是不是喜欢我。我真的好喜欢她。让我想想，我该怎么接近她呢？"

"我得想想要为她做些什么。我觉得我可以让她感受到真正的幸福。"

"不知道我是不是适合她。好吧，试一下又有什么关系呢。我打赌我可以让她感受到真正的幸福。我现在就行动。"

"我想知道怎样才能很自然地与她不期而遇。我应该何时行动？见了她我该说些什么呢？好吧，我干脆简单地做一下自我介绍，表现出我的友好。"

"我想知道她会不会接受我的邀请。好吧，她是个好女孩，为

她做什么都值得。我问问她是不是能够把电话号码告诉我。我可不想连试都不试一下，就让她走出我的生活。"

"我真想知道怎么才能得到她的欢心。我要邀请她到我最喜欢的那家饭馆。真希望她也能喜欢。"

"真想知道她平时喜欢做什么。我应该关注一下报纸，看看下周可能发生什么大事。"

"我想知道她对我感觉如何？希望能给她留下一个好印象。让我想想，我还能为她做些什么事呢？"

"我想知道怎么做才能给她留下深刻印象。让我做个计划。首先我们应该共进晚餐，然后有充足的时间去看晚上八点的电影。我们肯定会度过一个美好的周末的。"

"我想知道什么时候才能吻她呢？我不想让她觉得我很心急。记住，要慢慢来，她好像也喜欢我。好吧，不着急，这是迟早的事。"

男人接受的兴趣：

"我倒是可以考虑一下是否要花些时间与她在一起，她似乎对我挺感兴趣。"

"我是不是要继续了解她呢？嗯，搞不懂，但是她似乎喜欢我，要不我们试试看。"

"我得看看她能给我什么。她还真挺漂亮的，我当然不会拒绝她的邀请喽。"

"不知道她能不能满足我。她确实挺依赖我的，我打赌她倒是能让我真的很舒服呢。不试怎么知道？"

"不知道我是不是该让她更容易地见到我。毫无疑问，她正在和我调情。好吧，仅仅表示出友好总不会有什么坏处吧。"

"我真不知道是不是想和她一起出去。她对我那么有兴趣。我应该要她的电话号码，偶尔也给她打个电话。"

"我打赌她能让我开心。我当然不可能拒绝这样的邀请啦。"

"现在连我自己都搞不清楚喜欢做什么了。唉，每天都是这样，我都不关心是否放假了。我不如等等，再问问她有些什么好玩的事情。"

"我现在还不知道自己对她是什么感觉，也不知道要不要给她打电话。不如再等等，看看再过几天我对她感觉如何。"

"我想知道今晚她的表现如何，上周末她看起来挺迷人的。让我想想，这次我喜欢做些什么？我会度过一个美好的夜晚的。"

"我想知道她是不是想要吻我，我当然希望她能这么做。我敢打赌她的吻一定很妙。"

回顾上面的例子，我们可以看到，当男人产生积极的兴趣时，他倾向于付诸行动，更具男子气概，而且表达更为直接。这种品质使他极具男人魅力，也对女人更具吸引力。然而，面对女人的大胆追求，男人变得被动接受也没什么错，但这仅仅证明男人不抵制女人的诱惑，不表示他对她的兴趣和爱意增加了。正如我们将要在下面看到的——乐于接受的兴致使女人更具魅力。

女人积极的兴趣：

"我想知道他是否会对我感兴趣。我应该做些什么呢？与他在一起的时候，我应该怎么表现呢？"

"真想知道他会不会吻我。我该怎么去接近他呢？我打赌我的魅力肯定能诱惑他。"

"我想知道我能为他做些什么。我敢肯定我真的想帮他。他需要我。"

"真想知道我对他是不是已经足够好了。我肯定能讨他的欢心，或者再过些时候，他就会需要我的。"

"我想知道怎么才能见到他。我该如何引起他的注意呢？我该怎么开口呢？好吧，我将赞美他，然后向他讨教一个问题。"

"我想知道他是否会邀请我出去。好吧，他已经是我的囊中之物了，我是不会放他走的。我要继续努力，要他的电话号码，然后给他打电话。我们将是最般配的一对。"

"我想知道怎样才能讨他的欢心。我想知道如何才能引起他的注意。"

"我想知道他喜欢做什么。我要翻翻报纸看看哪些内容他可能会感兴趣。"

"我想知道他对我感觉如何？我希望自始至终我都表现得很好。不知道在谈话时，我有没有说错了话？"

"我想知道怎样才能给他加深印象。让我想想，我该穿些什么？不知道要是他……我该做何反应才好呢？"

"我想知道什么时候我才能吻他。我敢肯定当我给他送上香吻时候，他一定很兴奋。"

女人接受的兴趣：

"我还不知道自己是不是中意他呢。他似乎挺有意思。我想我还是愿意逐渐了解他的。"

"我想知道自己是否愿意接近他。他还真的挺有趣的，我可以花些时间与他在一起。"

"真想知道他会为我做些什么。他很可爱。我真想去探究一下。"

"真想知道他是不是对我已经很好了。我确实喜欢他。他也真心实意地想要与我在一起。或许他就是我正在寻觅的人。"

"我是不是应该让他更容易找到我呢？我喜欢他。以后在交往中，我也会偶尔地看看他，以便他能与我眼神交汇。"

"我正在考虑要不要赴他的约会。我认为他真有趣。或许我应该告诉他电话号码。他可真迷人呀！即使他不问，我也会告诉他，万一他想要打电话给我呢？"

"我想知道他会不会让我幸福。他或许就是我的唯一，这可真让人激动呀！"

"他建议我的那些事情是不是有他说的那么好？不过听起来可真有趣。太令人兴奋了。"

"我得扪心自问是不是真的喜欢他。他可是真有趣呢，我倒是真的想去了解了解他。"

"我想知道他今晚会做些什么。我希望我们度过一个美好的夜晚。让我想想，我该穿什么？穿这个能让我看上去更漂亮吗？"

"我想知道他会不会想吻我？我倒是真希望他能这么做呢。不知道那感觉如何？"

通过对比——女人积极的兴趣与接受的兴趣，我们可以很明显地看出，当一个女人正在打开心扉，接受男人的关怀与示爱时，女人由内而外都焕发着迷人的光彩，她个性中最温柔、最具女人味儿的一面闪现出来。其实，女人对男人感兴趣并没什么错，只是女人必须记住，从长远看，你要自始至终对他保持吸引力，培养自己接受的兴趣。

女人把自己想要的东西给了男人

男人不断地从女人处获取，促使他心安理得地接受更多。但是，女人从男人处得到，会促使她想要还给男人更多。不了解男女的不同反应，女人自然而然地会把自己想要的东西给喜欢的男人，并且天真地以为这样会让男人对她更加感兴趣。

男人耐心聆听她的倾诉，她肯定会对他更感兴趣。男人注意她的每个要求和愿望，并且乐意实现她的愿望，她就会为他所征服。由于这是她自己的体验与感受，她就误认为她为男人做这些事时，他就也会同样对她心仪。然而，结果却恰恰相反，她无法从他那里得到想要的回应。

唯有女人引发男人展现自己最好的一面时，男人才会真正地享受此刻的感觉，有动力更深入地了解她，对她产生积极的兴趣。

女人将注意力放在接受男人的示爱上，她就拥有了使两人的感情开花结果的钥匙。这么做不仅给男人提供了感受她的真实感情的机

> 女人把自己想要的东西悉数给了心爱的男人，还认为这么做会引发男人对自己积极的兴趣，其实，她得到的结果与预期的恰恰相反。

会，而且有助于男人做得更好；同样，男人对女人产生积极的兴趣，不仅使女人发现自己对他的感情如何，也引发女人展示她最好的一面，让女人魅力倍增、光芒四射！

第 12 章

Mars and

Venus on a Date

男人追求，女人引诱

　　为了创造必要的吸引力，使一对恋爱中的情侣富有激情，顺利地走过全部五个阶段，男人和女人都必须维持互补的角色。使自己最具魅力，男人需要满怀自信、态度明确，并且乐于为女人做点滴的小事。女人呢，则需要以一种善于接纳的态度对他做的一切事情积极响应。女人需要掌握适度，既对他敞开心扉，乐于接受，又不要过于渴求。不要让男人感觉到你正在追求他。但是你必须用心灵去感受、去探求——是否真的喜欢他。

> 　　女人需要掌握适度，既对他敞开心扉，乐于接受，又不要过于渴求。不要让男人感觉到你正在追求他。但是你必须用心灵去感受、去探求——是否真的喜欢他。

　　女人必须注意一点，即使你特别喜欢他，也千万不要倒追，套牢他的秘诀是：你要善于对他的追求做出积极的响应。女人的接纳，都是通过引诱表现出来的。女人引诱男人，仅仅是饶有兴味地通过女性特有的方式表达这样的感觉："没准儿你就是那个可以带给我幸福快乐的男人哟！""或许你就是我的意中人，我苦苦寻觅的那个人！""也许你能够满足我的需要。"当然，面对女人的引诱，男人也不要昏了头，以为她有意于你，因为女人的引诱也可能只是在说："你可真有趣。"

　　引诱就如同购物。女人逛商场时，她意兴盎然、乐此不疲地挑来选去，哪些是她喜欢的，哪些是她不喜欢的，都得经过一番精挑细选之后才能心中有数。她不会像男人那样直接向售货员咨询："你这儿上了什么新货，有什么好东西吗？"她喜欢任意地试穿或试用，甚至有时她试了很多东西后，却一件不买，神态自若地转身离去。她觉得她还要到其他店看看，高兴的话，也许会返回来再逛逛刚才的店。这就是引诱的最佳方式。引诱在说："我正在四处寻找，并且真心喜欢我所看到的一切，说不定你就是能带给我快乐的那个人呢！"

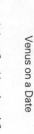

追求则好比参加工作面试。你要给主考官留下好的印象，以便这个公司录用你。男人追求女人时，男人出于本能，向女人展现他最美好的、最具魅力的一面。他好像说："我就是那个能带给你幸福的人哟！你完全可以考验考验我嘛！看看我为你所做的一切，看看我多有本事，能做这么多事情。"女人只需以接纳、快乐的方式积极回应他的追求，如此一来，男人追求、女人引诱，男女之间的吸引力就得以建立。

女人以引诱响应男人的追求，是非常令人兴奋的。因为男人总在不断地寻找机会证明他能给女人幸福。同时，男人的追求也让女人感觉到，有人正在努力地讨她的欢心。这不仅使女人快乐无比，也让男人体会到追求成功的乐趣。女人以引诱响应男人的追求，是非常令人兴奋的。男人总在不断地寻找机会证明他能给女人幸福。其实，女人只要接受男人所做的任何事情，都表明她正在引诱男人。有些举动是明确的引诱信号。得到如下十二种明确的引诱信号，男人就可以兴奋起来了，因为眼前这个女人正在接受你的示爱与追求。

女人引诱的十二种方式

1.她可能只是微微一笑，用眼神与男人交流，她的目光在男人脸上至少停留三至五秒，用这种方式，她在传达这样的信息："我可能对你感兴趣哟。"然后，她会装作不经意地将目光转向它处。

2.她可能眨动她的眼睛，以这种方式，她似乎在说："喂，我可能正在等待像你这样的人哟。"

3.她可能歪着脑袋，似乎在说："我想知道你是不是那个最适合我的男孩儿呢？"

4.她可能装作不经意地起身，走过男人身边，如同在说："如果刚才你没注意到我，那么现在我给你个机会。"

5.她可能凝视着男人，捕捉他的一举一动，三至五秒钟后，转向它处，似乎在邀请他往这边看。然后，大约过了十秒钟后，她会

回视他，并给他一个甜甜的微笑，似乎在说："如果你对我感兴趣，那就做个自我介绍吧，我并不介意。"

6.她可能突然转身撞到他身上，然后极小的声地喃喃道："噢！"这就是在说："噢，不好意思撞到你了，我不是故意的，但是我喜欢这种感觉。"

7.当男人与她交谈时，她可能会在不经意间碰到他的手，那神情似乎是她在对他的理解与倾听表示感谢。这时，她可能只是嫣然一笑，那是她在说："我喜欢与你在一起的感觉，与你接触感觉真好。"或者她只是抬抬眉毛仿佛在说："哇，那感觉真的好极了。"

8.她可能在不经意间碰到男人的大腿或者肩膀，这就如同她承认此刻靠在他身上是安全的、熟悉的，并且感觉很舒服。

9.在一场讨论中，她可能斗志高昂甚至向他的某些观点发起挑战，其实，她是在以这种方式告诉他："我们不必总是观点一致，无论如何，我都喜欢你。我欣赏你的某些观点，并且因你而受到了极大的启发。"

10.她可能会请他带什么东西或者帮助她做一些事。当男人帮助她时，她可能会深吸一口气，然后再放松地呼出去，如同在说："与你在一起，我感觉身心放松了许多，能有你照顾真是太好了。你在我身边的这种感觉真好。"

11.她可能会问他某事，得到答复后，以半开玩笑的方式揭露他的洋洋自得，如同在说："我喜欢你思考问题的方式，我认为你的分析真的对我很有帮助。"

12.在约会后，即将回家时，她可能会看着他的眼睛，微微地歪一下头，对他甜甜地微笑，然后轻轻地扬起下巴，仿佛在说："今天晚上我真开心，如果现在你想要吻我，我是很乐意接受的。"

所有上述微妙的举动都为男人提供了极好的机会。其实，女人表达爱意的这种委婉的态度，正是女人最吸引男人之处。男人需要得到明确的信息，他必须知道如果追求她，就有可能获得成功；相反，假如一个男人没有得到明确的信息，由于感觉成功无望，他就会忍痛割爱，放弃对她的追求。

男人展开攻势

当男人向女人展开攻势时，他绝不会安于唱独角戏，他会采取互动的方式，大胆地向女人说："我现在想要追求你。我对你很感兴趣。我想知道我是不是那个最适合你的人。"此时此刻，他的眼神、声音、兴趣以及他的触摸全都在明确地向她传达："我想与你交往，我就是那个能给你幸福的人，是那个你一直苦苦等候的人，我能够满足你的需要，我能为你做许多事情，绝对让你体会到什么是真正的幸福，我真的是与众不同的。"这种引诱能够让女人极其兴奋。女人一直在找寻一个偶然的机缘、一个不期的邂逅，遇到心仪的男人，发生一段美好的恋情，使她能够躲在爱情的避风港里，享受男人的关心和体贴，还有一生的幸福。

> 女人一直在找寻一个偶然的机缘、一个不期的邂逅，遇到心仪的男人，发生一段恋情，使她能够躲在爱情的避风港里，享受男人的关心和体贴，还有一生的幸福。

男女交往伊始，彼此都不甚了解，要搞清楚女人的想法，男人真得费一番心思。我们先从获得佳人的电话号码谈起吧。在得到她的电话号码之前，你必须用心观察，注意她的表情与举动。可以先表现出对她的兴趣，然后看看她的反应如何，从而得到明确的信息。如果你语不惊人、貌不压众，在一群人中不能脱颖而出，引起她的注意，那么可以采取迂回的方式。比如可以让侍者带给她一个礼物或者递给她一张便条。然后，背转身去，等她读完之后，再转过身来。如果发现她露出邀请的微笑，那么你就可以走上前去与她搭讪了。

通过她的朋友与她结识也是不错的办法。你可以先找到她的一个朋友，简单介绍自己并向其询问一些关于她的问题。向她的朋友介绍自己，做起来要相对容易得多。她的朋友在充分了解你之后，

自然就会跟她谈起你。随后，就可以走到她面前，直截了当地做自我介绍了。

最简单的，就是最有效的

当场示爱，真情告白，这些都是影视中经常出现的场景。但是在现实生活中，相信许多男士都不会有这样的勇气。其实，最简单的方法就是最有效的方法。虽然你没勇气当着众人的面大声对她说出你的爱，但是你完全可以大大方方地走到她面前，神态自若地做一番自我介绍。简单的自我介绍后，你可以轻松地问她一些问题，或者对你们周围正在发生的事情做点评论，如果实在没有话题你还可以和她聊聊天气。其实，重要的并不在于你说些什么，而是在于你是否采取行动。可能面对意中人，你非常紧张，你的语言既不流畅也不连贯，甚至可能有些不着边际，但是，因为你有追求她的勇气，你就会给她留下深刻的印象。

要想让一个金星人开口说话，最好的问题莫过于："你从哪儿来?"而向火星人提问的最佳问题则是："你是做什么的?"男人喜欢谈论他们的工作，而女人则格外喜欢谈论计划、感情以及她们当前的处境。

如果你不擅长小范围地交谈或聊天，你仍然有机会获得成功。你只需一直在场，静静地看着她，不时地向她提出一些问题。你的意中人通常会抓住你们谈话的空当，畅所欲言。

为什么男人变得结结巴巴

当男人遇到心仪的女人时，平时风趣幽默、妙语如珠的他可能会突然变得结结巴巴、语无伦次，这是很正常的现象。这就是男人和女人又一个不同之处。男人的思维方式是集中全副精力于一件事情上，而女人则能左右脑共同使用，数管齐下，可以同时处理许多事情。女人产生强烈感情，她仍然能比较容易控制自己的情绪，尽

量保持神态自若，与朋友们谈天说地，丝毫不透露她的心事；但是对男人而言，他的感情越强烈，他越喜欢眼前这个女子，他就越可能脑中一片空白，想不出要说些什么。这就是为什么男人真正面对他日思夜想的女人时，可能会霎时间手足无措，不知如何与她搭讪，更有甚者，甚至会变得异常紧张，他手心出汗、呼吸急速。

其实几乎所有的男人走近心爱的女人时都有失常态，没有了往日的风采。明白了这一点，很多男人都会松一口气。女人其实很了解男人的失态意味着什么，因此她们并不会挑剔男人笨拙的反应。相反，此时的男人看来更加可爱，更加迷人。当你忐忑不安地走到她面前，结结巴巴地与她打招呼，没话找话地与她攀谈时，她表面上显得若无其事，心里其实早就乐开了花。你愿意克服自己的紧张神经去取悦她，她特别高兴也极其感动。此时，你越是紧张得口齿不清、毫无逻辑，她就越会觉得她在你心中的地位很高，一想到这些，她就仿佛受到了赞美一般，非常开心。你的拙劣表现反而成了对她最大的赞美。

尤其是当你试着去迎合她的时候，即使你的赞美可能不得要领，你的话语也不那么动听，女人也有可能为你所感动。要是面对她清澈的双眸，你实在想不出该说些什么，那么，你完全可以什么话都不说，你可以原地不动，头轻轻地低下来，斜靠在一边冲她微笑，此时无声胜有声，千言万语尽在不言中。说不定她立刻就会爱上你的。她心里也许想："他可真迷人呀。他不像那些花心的男人那么贫嘴滑舌，事实上却什么都不会为女人做。而他呢，虽然不说什么，我却能从他的眼神中看得出来他喜欢我、关心我。要不就试着与他交往一下好了。"

追求和引诱的另一个重要技巧就是：掌握赞美异性的艺术。在接下来的章节中，我们将详细地探讨如何表达我们心中的爱意，对他（她）的关注，同时表现出我们自身的吸引力。

第 13 章

Mars and

Venus on a Date

感谢男人，崇拜女人

相互赞美是恋人增进吸引、萌生爱意的最好途径。如果一个男人对一个女人心动不已，他完全可以通过赞美，向她表明心迹，博得美人的欢心。然而，赞美女人是一种艺术，得体适宜的赞美使女人如饮甘霖，令其陶醉；拙劣不当的赞美，则如当头棒吓，令女人恨意顿生。初衷如此美好，为什么说出的话却不动听呢？这全是因为男人偶尔也会犯这样的错误——以己度人。他自己喜欢听到什么样的赞美，就想当然地以为女人也喜欢，于是尽管他搜肠刮肚，绞尽脑汁，却常常使美人恼怒异常，拂袖而去。同理，许多女人平日里伶牙俐齿，到了真的让她发挥特长，赞美男友的时候，她却也不得要领，常令男人哭笑不得。其实，无论是夸奖男人，还是赞美女人，只要记住一个基本规则就可以了，那就是，男人想要听到女人的感谢，而女人则想要受到男人的崇拜。

> 男人想要听到女人的感谢，而女人则想要受到男人的崇拜。

在火星上，男人的决定和行动得到别人的认可和感谢时，这些认可和感谢就是最动听、最高层次的赞美，让他颇感自豪。约会中的男人尤其喜欢听到女人说这样的话："噢，我度过了一个多么美妙的夜晚呀！"或者"你选择的餐厅可太棒了，这里的晚餐好吃极啦！"亦或是"这场电影简直太过瘾了，音效妙极了，真想再看一遍！"每当听到这种赞美，他就志得意满，觉得自己没有白费心思，精心准备的这一切都是值得的，约会成功对他来说，就是最大的回报。

赞美的方式

在金星上，对个人的直接赞美，是最为有效、最容易令她们感动的。女人天性喜欢听到赞美，她们对赞美极端挑剔，而最讨女人

欢心的赞美方式就是直接赞美她本人。很少有男人知道这些，因此，他们常常错失良机，本来能使两人的关系更进一步，却由于他采取了过于婉转的方式，使感情止步不前。

所以，在这里，我提醒所有的男士，千万不要只关注这个女人为你做了些什么，或者她带给你的感觉如何，把感激当作赞美。其实，最理想的方式就是，你完全可以直接赞美她。你要留意找到最美好、最肯定的词语去形容她。谈论她所做的事情固然很好，但是你不能仅仅就事论事，你要由事及人，你们的谈话应该围绕着她来进行。这才是表达你对她的爱慕的最佳方式。

得到男人的赞美，女人才能真正放下心来。女人可能会害羞地低下头，但此时的她却最为充分地感受到，眼前这个男人已经拜倒在她的石榴裙下了。同时，如果女人就事论事地赞美男人，对他所做的事情、他的想法与做出的决定或提供的浪漫表示认可与感谢，他就会感觉到自己已经深深地吸引了她。简单说，男人喜欢听到间接赞美，女人则乐于听到直接赞美。

下面，让我们一起来看看间接赞美和直接赞美的差别。

间接的赞美——

女人说：
"今天我玩儿得很高兴。"
"我觉得好快乐呀。"
"这个电影太感人了。"
"这个餐厅棒极了，做出来的东西真好吃。"
"乐队好极了。"
"真是个美妙的夜晚呀。"
"我真的喜欢跟你聊天。"
"我好喜欢与你在一起。"
"谢谢你让我度过了这么快乐的一个夜晚。"
"我都记不起来以前什么时候有过像今天这样高兴了。"
"这可太有意义了。"

"简直不可思议——你只花了二十分钟就做完了。"

"我怎么从来没想过这么做。"

直接的赞美——

男人说：

"你真是太棒了。"

"欣赏电影，你可真有品味呀。"

"你的厨艺真棒。"

"你舞跳得真好。"

"你的笑容太迷人了。"

"你真有趣。"

"你真随和，我愿意与你在一起。"

"你真能逗人开心。"

"你可真聪明。"

"简直令人不可思议——你效率太高了。"

"哇，你可真让人佩服。"

　　当女人以如上所示的间接方式赞美一个男人时，她的赞美将鼓励他继续追求她，她的赞美使他感到自己更加有把握、有能力将她征服，她的赞美增强他的成功感，因而也使他对她更加感兴趣。如果女人不能恰如其分地表达她的赞美，那么她与他就无法靠近，两人仍然会保持距离，这种距离使他感觉如同碰壁，便不愿再继续追求她了。

　　当男人以直接方式赞美一个女人时，女人便能更加确信自己是被他珍爱着的、尊重着的。他的赞美直接沁入她的心田，使他与她的内心紧紧相连，让她充分感觉到自己对这个男人的感情。他的赞美还将直接打动她的心，使她的内心充满柔情蜜意，让她能向他敞开心扉，更加善于接纳他，并对他的付出做出更加积极的响应。

女人最爱直接的赞美

如果一个女人对男人说："我真喜欢你的车。"那么这个男人会认为这也是对他的一种赞美。无论赞美他的立体声音响，还是他最钟爱的球队，都能让男人开心不已。女人则不然，她们唯有自己得到了关注、被人崇拜，才会感觉到赞美。

男人的赞美必须针对"人"，而且一定要直接。当一次交谈中，他有三次以上对她进行赞美，那么这是一个明显的信号，表明他正在向她表达关注，并且在追求她。

> 一次交谈中，他有三次以上对她进行赞美，那么这是一个明显的信号，表明他正在向她表达关注，并且在追求她。

女人通常会感激所有发自肺腑的、诚挚由衷的赞美。但是如果男人肯在表达赞美时花些心思，那么他说出来的话就更能讨女人的欢心。经过深思熟虑后的赞美，必将更加动听。

下面我们来看一些简单的赞美与经过深思熟虑的赞美相对比的例子：

简单的赞美：

"这幅画可真好。"

"你今晚看起来漂亮极了。"

"你唱得可真好听。"

"你有一副好嗓子。"

"你长得可真漂亮。"

"你的气色真好。"

"你看起来气色很好。"

"你真聪明。"

"你有一双漂亮的大眼睛。"

"你长得很好。"

"这条裙子不错。"

经过深思熟虑的赞美：

"你是个了不起的艺术家。"

"你今晚似乎散发着迷人的魔力。"

"你是个极有天赋的歌唱家。"

"你的声音宛如天籁。"

"你的笑容简直太迷人了。"

"你浑身上下散发着耀眼的光芒。"

"你的眼睛亮晶晶的，闪现着迷人的光芒。"

"穿上这条裙子，你是这么高雅迷人。"

无疑，有时候用简单朴实的话表达对女人的赞美也是非常有效的，但是经过深思熟虑的赞美，女人更爱听，更乐于接受。

俘获女人芳心的赞美

即使一句平淡无奇的赞美，只要搭配上一两个强调的词汇，就能够点石成金、化腐朽为神奇，轻易俘获女人的芳心。具体来说，仅需记住五个词汇就可以了，它们分别是：如此、真的、非常、总是、这么。男人只要使用它们，就能轻而易举地把任何一句简单的赞美转化为带有炽热感情的赞美，恰如其分地表达吸引、兴趣、热情、熟悉和自豪。让我们一起来看看简单的词汇是如何将一句平凡的赞美点石成金的吧！

1.你看上去是如此漂亮。（吸引）

2.你看起来真的很漂亮。（兴趣）

3.你看起来非常漂亮。（热情）

4.你总是那么漂亮。 （熟悉）

5.你长得这么漂亮。 （自豪）

为了在赞美中融入更为炽热的感情，你可以重复任何上述词汇或者将其任意组合，比如：

1.你是如此、如此地漂亮。

2.你真的非常好看。

3.你看上去非常非常漂亮。

4.你总是显得这么漂亮。

5.你真的拥有一张这么漂亮的面孔。

令男人雀跃不已的赞美

女人同样可以将上述五个词汇用在对男人的赞美中，以表达更为强烈的感情。任何一个男人都乐于听到的、最基本的一句赞美是："很高兴我们做了这个。"让我们来应用一下：

1.我是这么高兴我们做了这个。

2.我真的为我们做了这个而感到高兴。

3.我们一起做过这个我非常高兴。

4.我总是乐意做这个。

5.我是这么高兴，我度过了这么美好的一段时光。

6.我是如此的高兴，我们做了这个。

7.我真的为我们曾经做过这个而高兴。

8.我真的非常、非常高兴我们做过这个。

9.当我们一起做这个时，我总是觉得这么高兴。

女人间接赞美男人的另一种方法是感谢他所提供的东西。比如感谢他带你看的电影、欣赏的话剧、听到的音乐、一起吃的食物、

185

为你买的装饰品、共同享受的服务、甚至天气等等。你赞美这些，就等于夸奖了他。如果他为你送去鲜花，那么你只需赞上一句："天，多美的花儿呀!"就能够让他飞到天上去。

如果情侣还没有心灵相通，做不到只需一个眼神、一句问候就能一切尽在不言中，那么让男人感受你的接受力与响应力最简单的方式就是，承认他所提供的一切让你快乐，同时记得感谢他的付出。这种方式会使他产生强烈的渴求，他会不可抑制地想要接近你。

女人感谢男人送来的鲜花，如果你快乐地对他说："我爱这些花。"他不仅仅收到你的赞美，更重要的是他能感觉到他被你爱着、崇拜着。正是你的赞美，使他拥有了爱你的自由，他可以与你走得更近。

让我们来看看，聪明的女人是如何用经过深思熟虑的语句表达这句"我爱这些花"的。

1.这些花可真漂亮，我喜欢它们。

2.这些花真是漂亮，我爱它们。

3.这些花妙极了，我爱它们。

4.花儿总是那么漂亮，我爱它们。

5.它们是如此漂亮，我爱它们。

6.这些花非常漂亮，我爱它们。

7.这些花真的这么漂亮，我爱它们。

8.花是这么漂亮，我真的爱它们。

9.这些花是多么可爱的礼物呀，我爱死它们了。

10.这些花真的很漂亮。

令女人心花怒放的赞美

女人特别喜欢听到这样的赞美——集中在她花费许多精力与物力而为之不懈努力的事情上。以太阳镜为例，女人会花很多精力与时间，挑选一款最适合自己的太阳镜。如果男人注意到她的太阳

186

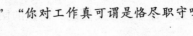

镜，认为她的眼光独到，那么他对太阳镜恰当地赞美时，就已经骤然提高了他在女人心目中的地位。

男人要学会赞美女人，懂得赞美女人，唯有赞美她的与众不同之处，才能让她心花怒放，充分显示她格外出众、极具女性魅力。然而，你的赞美必须恰如其分，不能华而不实，才能起到最佳效果。听到这样的赞美，女人就会由衷地感激你对她的真心。

个性化的赞美在金星上颇受欢迎。但是，你必须注意一点，当你赞美女人的时候，语气必须既友好亲切又不失温和随意，切莫使她产生沉重压抑之感，更不要让她感到你是有所企图的。在你的赞美背后，不要隐藏着附加条件或其他目的，比如你要得到回报，要她与你亲热等等。因此，你的赞美最好以一种轻松的口吻，以不经意的方式流露出来。

下面是几个赞美金星人的实例：

①赞美她所独有的东西："我真喜欢看到你的笑容、你的脸庞、你那蓝色的眼睛（或者其他的什么颜色）、你说话的语调、你头发的颜色、你浓密的秀发、你闪亮的秀发、你细滑的双手、你的微笑、你亮白的牙齿、你柔软的皮肤。"

②赞美她花时间精心去做的事情："我真高兴你加入了这个团队。我认为由你来承担这个项目真是再合适不过了。你真是太慷慨了，花费自己这么多私人时间去做这件事情。"

③赞美她费了许多心思精心筹划的事情："我真喜欢你这次做的发型；我喜欢你公寓的风格；你的颜色感可真好。"

④赞美她投入了很多精力买回来的东西："你戴那顶帽子漂亮极了。""你真是个乒乓球高手。""你身材这么好。""你的肤色看起来真健康。""你穿那件夹克看上去真漂亮。"

⑤赞美她动了许多脑筋，投入创造力去做的事情："你简直是个伟大的舞蹈家。""你的节奏感可真强。""你的字写得可真漂亮。""你穿衣服的风格既鲜明又独特。"

⑥赞美她引以为豪或颇为自信的事情："你真是个天才的设计师。""你是个绝佳的组织者。""你对工作真可谓是恪尽职守呀。"

"从你对孩子的态度来看，你是一位多么有责任感而又富有爱心的母亲呀。""你把周围的事情都处理得这么好。"

顺带提一个小问题

一番赞美过后，适宜地提一个小问题，会为你赢得额外的加分！千万不要小看这个小小的问题，你提问，她作答，这一问一答，正是你了解她的大好机会。你们的交流与分享越多、越充分，对彼此的吸引力就会更深刻。这个附带的小问题还能帮助女人开始接受并享受这些赞美，通过回答你的问题与你分享她的快乐。下面是一些例子：

"我真喜欢你的红发。一定有许多人夸你的头发漂亮吧？"

"这条项链真漂亮。你戴了很长时间吗？"或者"你从哪儿买到它的？"

"我真喜欢听你说话的声音。你在哪儿长大的？"或者"你住在这儿多长时间了？"

"你今晚看上去棒极了。你以前来过这儿吗？"

"你的眼睛真好看。你像你爸爸多些还是像你妈妈多些呢？"

"我注意到你是从那边的房间走出来的，能遇到你真高兴。你是从哪儿来的呢？"

"你可真聪明。你怎么知道的呢？"或者"你是从哪个学校毕业的呢？"

"我太喜欢你的太阳镜了。你买它花了多少钱呢？"

"你的耳钉可真漂亮。你从哪儿把它们淘到的？"

"我真喜欢你穿这双鞋，它与你的腰带配合得天衣无缝。穿上去一定也很舒服吧？"

"你看上去可真健康。你在哪儿锻炼？"

上述每句赞美，男人都会附带一个问题，通过这个问题向她传递信息：他会继续关注她。而她的回答，会很自然地对他的赞美做

出回应，必将为他提供追求她的动力。赞美与提问相结合，女人就能得到她所必需的确认，知道眼前这个男人是可以信任的。她也会收起女人特有的防人之心，在你的面前大胆地流露其真性情，从而使你信心倍增，大胆地追求她。

我们掌握了如何恰当地表达对异性的赞美，就能够毫无阻隔地交流与沟通，在交往过程中，也能够不断激发他（她）表现出人性中最美好的一面，得到最为热烈积极的回应。掌握了良好的赞美艺术，无疑使我们的恋爱旅程变得更加愉快、更加享受。也能使我们减少恋爱中的挫折、失望、焦虑与窘迫，从而更加准确客观地体验与评价这段感情。

第 14 章

Mars and

Venus on a Date

男人展示，女人欣赏

在最初几次时，约会中女人经常抱怨："他对自己的事情总是津津乐道。"男人可能会在自己喜欢的话题上喋喋不休。女人稍稍抓住机会，刚刚插嘴说了两句之后，他迅速评论："我认为你应该（或不应该）如何如何……"他深信自己拥有专业技能和能力，完全能够解决她所面临的问题，从而给她留下深刻的印象。事实上，女人恰恰是因为忍受不了男人滔滔不绝的独角戏，才转身离去的。女人可能从这样的状况中得到错误的结论："这又是一个只顾自己的男人。"随着我们详细地探讨男人的心理，我们就知道这个结论未免有些偏颇，女人其实完全可以创造双方互动的交谈。

在我的研讨班上，我把女人的这些抱怨告诉男人，他们通常会非常惊讶。他们说："要是她不愿意听我谈论自己，为什么她会提那么多问题呢？其实我觉得根本没必要一直聊个不停。但是有时候女人总是这么抱怨：'男人老是不爱说话，他们根本不想与我们交流。'所以她不停的提问题，我以为她想让我说话。"

男人和女人各执一词，如同我们将要继续一起探讨的许多问题一样，其实最终都是可以得到解决的——只要我们理解男人和女人的不同。为了更好地了解彼此，让我们再加深一下印象吧："男人来自火星，而女人来自金星。"让我们共同观察一下，在没有到达地球之前，火星人和金星人各自的生活吧！

火星上的生活

火星人都是工作狂，他们认为自己的成功基于三件事情：他的个人能力，别人的认可程度以及他帮助别人的能力。

为适者生存的竞争法则，男人变得更为优秀，个人能力不断提高。希望别人知道他是多么能干，多么乐于帮助他人。

在火星人的庆功宴上，一个军事家会穿着整齐的军装戴上所有的荣誉勋章，让其他人知道他已经取得多么辉煌的成就。

一个商人同样如此。在某些特殊的场合，驾驶性能极佳、价格昂贵的跑车以及穿名牌西装、闪亮的大头皮鞋来向人表明他的经济实力以及个人能力。火星上，从事各行各业的男人们都想方设法地展示他们的专长、宣传自己。

男人将沟通作为媒介宣传他的能力。

不同的男人采取不同的方式展现他们的特长、价值与成功，但是，归根结底，不论他穿着黑色的晚礼服，还是一身牛仔服，在某种程度上，他都是在推销自己："瞧，我是个能干的男人。"

一旦男人感觉到他能够提供点什么，那么他就会利用各种机会大力宣传自己的能力。这种倾向在他恋爱的时候，体现得淋漓尽致。他的主要目的就是想让她知道，他就是那个能够带给她幸福的男人。他滔滔不绝地诉说，只是想让她知道这一切。他把沟通作为媒介宣传他的能力。

其实，男人并不知道，在约会中一味地谈论自己，在女人看来，这么做表明男人只关心自己。女人其实想让男人向她提问，并且通过耐心倾听去逐渐了解她。

女人并不想让男人滔滔不绝地谈自己的事情，她想让男人向她提问题，有兴趣逐渐了解她。

在金星上，男人能做的、最贴心的事情就是让女人谈她自己，她的感受、她的喜好以及她的生活。

约会就像面试

对男人来说，在约会中提许多问题，就如同参加一个工作面试，如果他不停地反客为主，询问主考官公司未来的发展规划，或者公司是如何起步的。那么，主考官会认为他太过无礼，一般不会录用。

在头几次约会中，男人不断地向女人提供他的简历："我在这儿工作。这就是我已经做的和正在从事的工作。你可以问我任何问题。"这就是火星人敞开心扉、分享自己的方式。然而，对女人而言，男人不停地谈论自己，就仿佛他对她并不感兴趣，不想了解她。从男人的角度来看，则刚好相反。他不停地介绍自己的原因就是想要进一步了解对方。男女之间的差异可真大呀！

头几次约会中，男人就仿佛在提供他的简历："我在这儿工作。这就是我已经做的和正在从事的工作。你可以问我任何问题。"

男人并不会随意就向任何公司投简历。冒着可能遭到拒绝或可能失败的风险去证明自己，这种经历并不有趣。只有他想要得到这份工作时，才会努力去争取它。男人邀请女人出去，并不断地谈论自己，这是源于他内心

> 头几次约会中，男人就仿佛在提供他的简历："我在这儿工作。这就是我已经做的和正在从事的工作。你可以问我任何问题。"

深处对她的关心和在意，他才会努力打动她，甚至甘冒可能遭到拒绝的尴尬。理解男人的这种心理，女人就可以从不必要的心烦意乱之中解脱出来，正确地解释男人表面上以自我为中心的现象。

男人通常不会意识到，在他的星球上战功卓著的事情，对女人可能产生截然相反的理解。他并不知道金星人的生活方式是多么不同！

金星上的生活

如果火星人是工作狂，那么金星人就是感情狂。她们的满足感来源于三件事情：给予爱的能力、展示她拥有爱的能力和获得爱的机会。女人生命中的每个决定都是遵循给予爱与接受爱的指引。对金星人来说，展示她被爱的能力远比宣传自己的工作能力更为重要。

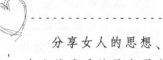

> 分享女人的思想、关心女人的感受就是赢得女人芳心的不二法门。

一个自信的、有能力的男人是非常吸引女人的，但令女人更感兴趣的是，男人有能力付出爱和接受爱。女人与男人交谈，她的目的就是分享。男人如果善于提问，乐于聆听，那么他对女人将极具吸引力。分享女人的思想、关心女人的感受就是赢得女人芳心的不二法门。

在金星上，显示体谅与关心的方法就是问许多问题，并且在交谈中不要占据主导权。两个人谈话，一个以提问开始，并且饶有兴致地听另一个说。一段时间后，自动交换角色。这是金星上普遍通行的，根本无需言传的规则。

如果谈话的一方换成火星人，那么这种规则自然就不起作用了。结果变成，女人提问，男人不断回答，角色没有机会互换。男人没有意识到，在适当的时候应该停下来，问女人一些问题，给她说话的机会，表示对她的关心。

女人出于礼貌而认真倾听，男人却常自我感觉良好，觉得自己的话题引起的她的兴趣，于是继续喋喋不休显示他的口才，而此时的女人，觉得自己受到了冷落，早已经不耐烦，恨不得立刻转身离开。她想要的不是他一个人的高谈阔论，而是两个人的相互交流，在交流中相互了解。也许某些男人会说："哪有这么多规矩，简直是庸人自扰嘛！"实则不然，因为倾听也是赢得女人芳心的一种有效手段。其实，任何一个男人只需做出一些小小的战略调整，就可以让整个世界变得多姿多彩，快乐无比！

女人能做什么

经常有女人问我："当一个男人只谈他自己时，我们该做些什么？"其实答案很简单，那就是，像火星人那样行事，想说话的时

当一个男人说的过多时，女人完全可以像火星人那样，直接打断他。

候就直接打断他。

女人要想阻止男人不断地讲话，只需停止提问，加入交谈就可以了。女人不应该一味地等待男人邀请你说话。相反，女人应该倾听几分钟，然后直奔主题，加入谈话。

然而，说说容易，做起难。对于某些矜持的女人来说，这种做法极为困难。女人之所以选择不停地提问，而非直接加入谈话，有四个基本原因：她认为这么做是礼貌的；她相信这么做会让他对她更感兴趣；他主动提问，感觉就更好了；她试图打断，却不起作用。下面，让我们一起来逐一探讨这四种原因：

①倾听是一种礼貌

在金星上，打断别人的讲话是粗鲁的。在火星上则全然不同。火星人期待并且想让你加入、参与到他的谈话中来。他们并不介意有人以友好的方式打断他的谈话。如果你善于打断、善于参与，这实际让整个交谈过程变得更加轻松与融洽。

②他将变得对你更有兴趣

如果一个女人礼貌地倾听并且适时地提出问题，认为这样做男人将会变得对她更感兴趣。然而大多数女人没有意识到，如果她们继续提问题，只会令男人做一件事情，那就是不停地说话。女人听得越认真，男人就越关注自己。他甚至完全不会感到你备受冷落与忽视。

要想让他对你的兴趣持久，他需要有机会了解你。对男人来说，想让他对你并非仅仅是最初的身体吸引，女人需要分享自己。

③他主动询问，感觉就好多了

若是男人不断地向女人提问，迫切地想要了解她，女人就会觉

得自己分外与众不同。如果女人不得不拼命地打断男人的谈话，才能发表意见，她就会觉得在他心里自己根本不重要。女人有种根深蒂固的想法："如果他真的对我感兴趣，那么他就会问我问题。"如果男人不主动提问，女人会觉得与这个男人的交流很困难，无法进行心灵的沟通。

很少有男人能时刻谨记在交谈中适当地向女人提问题的。是的，现实是有些糟糕甚至残酷。因此，女人的问题还是要靠女人自己的力量来解决。最明智的方法是，女人掌握礼貌地打断男人谈话的艺术，只有这样，女人才会在与男人的交谈中享受到沟通的乐趣。要做到这一点，女人记住如下的几条，将会颇有帮助：

并非他不关心你，才不向你提问题；他之所以热衷于一个人唱独角戏，是因为他并不知道通过提问题显示对你的关心有多么重要。他认为，他回答你的问题就是正在向你显示他有多么关心你。

④打断他的谈话似乎不起什么作用

另一个让女人不愿打断男人谈话的原因，就是当她们打断他的时候，他变得很生气。有时候，两人在谈话，男人主导着话题。时间一分一秒地过去，女人迟迟等不到开口说话的机会。这时，她虽然在倾听，实则心理上已经开始愤愤不平了："哼，这个自大的男人，不停地自说自话。我根本插不上嘴嘛。他竟然这么无视我的存在，好没面子！"这时候，她打断了他的谈话，她的语调和声音都清楚地对男人表明生气的信号。

但是男人并不明白女人突然生气的原因，认为她完全是无理取闹："简直是莫名其妙，她干什么生那么大气呀？她有什么可怨我的呀，我根本什么都没做嘛！"结果，男人也变得具有攻击性了，无论女人将要说些什么，他都抱着一种抵制的心态。这种情形在交往中发生，女人有可能在接下来的交谈中不断受挫。因此，理解男人的不同，女人最终就能把握时机，掌握打断的技巧。

打断的技巧的第一步

打断的技巧，第一步就是，记住男人和女人的想法截然不同。男人显示其兴趣的方法就是高谈阔论。他似乎只关心他自己的谈论的话题，但是他仍然十分乐于接受你加入到谈话中来。

如果女人知道如何正确运用打断的信号，就能在两人约会的过程中轻松自如地畅所欲言。通常，女人的积极参与和互动，转移了男人的绝大部分压力，使他放松下来，逐渐地聆听女人所说的内容，开始了解她。

一旦我们开始了解彼此，我们就是真正般配的一对儿。男人乐于聆听，女人喜欢诉说。然而，要是不懂打断的艺术，女人就会在该说话的时候迫不得已地倾听，而男人则在该停下来的时候依然滔滔不绝。恋人的约会根本无需是一场孰优孰劣的战斗，也不必剑拔弩张，约会完全可以既轻松又有趣。成败与否，全在于我们是否拥有谈话的技巧。

优雅打断的技巧

即便有了这样的理解，女人尝试打断男人谈话的时候也仍然会尴尬。在金星上，静静地聆听，然后优雅而从容地等着别人提问，这是多么惬意呀！主动打断男人的谈话，让女人觉得极不自在，因为对她们来说，打断太不自然了。但是，经过了一些练习之后，这些原本不自然的举动也能变得自然而优雅。如果得到了正确的指导，这个过程可以变得更加容易。下面是一些优雅打断的技巧。

①不要说："我能插句话吗？"

这么说让你显得格格不入，根本没有领会他说了半天的意思，以这种方式打断他正在说的话题，使谈话变得不再流畅了。

打断的秘诀就是直接说出那些你认为他最想听到的、必须要说的话。即使他对你所说的不感兴趣，也能给他显示兴趣的机会。

女人无需小心翼翼地征求男人的同意才说话，最理想的方式就是，你直接以这样的短语开头："这倒提醒我了，有一次当我……"或者简单地说："我认为……""我喜欢……"然后你就夺到发言权了。这种极其简单的句子倒是颇为管用的。原则就是，只要加入就好。

②不要说："你难道就不能停下来喘口气吗?"

这是一个信息，暗示他正在做错事。这句话可真是伤人呀，你千万不要这么说，相反，你可以言不由衷一下："这可太有趣了，我想……"

男人听到这句话会觉得快乐无比，真正地放松下来，继续聆听女人的心声。女人优雅适时地打断，给男人留足了颜面。

③不要说："你关心过我是怎么想的吗?"

这使女人显得对他过分依赖，而且还无缘无故地发脾气，完全不必要。再说，这句话也并未传达你深藏于心中的爱意与女性特有的柔情。如果你觉得自己的想法受到了排斥，那么大可不必委屈地隐忍，完全可以愉快地自述。你可以这样开头："哇，打住，我认为……"

当你以一种友好而又快乐的语调——而不是一种误会或者伤害的口吻打断他时，男人会非常欣赏你的。

④不要说："你无法理解……我觉得……"

当女人做出这样的评价是，最让男人恼怒不已。听了这句话，他可能会产生抵触情绪。如果你认为他不能理解你的意思，那么对他来说就意味着他很无能。在这方面，火星人就像个孩子，好胜心很强，他骄傲地确信自己在所有方面都无所不能。所以此言一出，他自然会变得情绪不佳。这时，他根本不会听你说什么，而是一门心思想要跟你辩解。于是，他又有了新的话题，那就是向你解释他

确实已经理解了。结果，他再次开始滔滔不绝，而你只好再一次被迫无奈地倾听。

你不要说"你不了解"，而要说"让我们聊些别的吧"，这看似小小的转变真的可以改变一切。现在，他会更加认真地听你说了。尽管他仍然清楚地得到这种信息："我的谈话让她提不起兴趣。"但是，他绝不会对你接下来要说的话产生抵触情绪。

我建议女人立刻就练习大声地说出这两句话。虽然两句话传达的信息是一样的，然而效果却有着天壤之别。第一句话一出口，立刻就会感觉到攻击性，第二句话就委婉且让人舒服得多，它似乎仅仅是一个请求，就好像在说："能帮我把黄油拿过来吗？"

⑤不要说："对不起，我能说点什么吗？"

这种说话方式会让女人显得软弱无力。这句话同样可以解释为否定与指责。就好像你正在暗示他："你根本不让我说话，在你面前，我一点发言权都没有！"

这种表述显露出你刚才一直是个局外人，一直在偷听这次谈话，而现在你想要加入进来。所以，你最好不要这么说。你完全可以优雅从容地自我陈述："这很好，我认为……"或者"我从来不会这么想，我认为……"

⑥不要说："我想什么你知道吗？"

此话听起来极像一句批评，你可能会惹恼他。记住，只要他一直在跟你说话，就证明他对你的确有兴趣，并且他一直在等着你随时打断他。

你可以说："那可太有趣了，我想……"然后尽情地表达你的观点。女人总是错误地认为："如果我饶有兴致地问他很多问题，那么他总会停下来，想知道我的想法。"

出乎意料，男人并没有向她提问，女人就会误认为男人并不喜欢她，根本不想了解她的想法。然而事实却是，只要他一直在对你说话，那就是一个信号，表明他对你感兴趣。

⑦不要说："现在，让我们说说……"

这固然是转换话题的方式，但却并非是让他停下来听你说话的最佳方法。他的反应通常是："好吧。"然后，他会继续谈论这个新的话题。

如果你想转换话题，需要花一点时间去认可男人的话是有价值的，或者感谢他一下。你可以说："哦，我以前从未考虑到这一点。"然后再不露痕迹地转换话题。

⑧不要说："但是，我不同意你的观点，我认为……"

有时候，女人唯一可能让男人停下来倾听的方式，就是生硬地表示不同意。但是用这种打断的方式表达你的不赞同是非常不明智的。你可以说："关于这个，我还有一个看法……"或者"对待这个问题，我还有另外一种方法……"

这样的陈述是大方得体的，这使男人不仅仅注意你将要说什么，而且还激发他产生兴趣。他不会产生抵触情绪，不必捍卫他的观点，相反，他现在热切地期盼听到其他的观点。

男人总是被那些能够大方地表达自己观点的女人所吸引。要是女人总是做应声虫，被动地聆听，一味地附和，绝对是扼杀吸引力的最有效的方法。

⑨不要说："你喜欢听我说的话吗？"

这种表述让女人显得缺乏自信心。在火星上，这些话会令你显得缺少安全感而且略显卑微。自己都瞧不起自己的女人，很难得到男人的尊重。

其实，你只需简简单单地说："我认为……"或者"我觉得……"打断最好的技巧总是最直接也是最简单的，那就是直接步入正题，就如同已经轮到你说一样。

⑩不要说："我可以问你一个问题吗？"

你根本无需等着男人的许可才表达自己的观点。这么做不仅使你被置于软弱无力的地位，同时也让他很难听进去接下来你要说些什么。

你不妨直接打断他："有道理。我记得我曾经有过一次这样的经历……"这是一个更为优雅的请求，让他听起来容易接受得多。记住，无论何时，只要你问男人问题，他就会进入到说话的思维方式中去，并且努力地要帮你解决问题，给你一个你根本不指望他作答的答案。

实际上，打断他，不仅给你说话的机会，同时也给了他与你交流的机会。这是一种信号，表明你感觉非常自信，你相信他愿意倾听，你认可他说话的风格。

我建议女人不妨重温一下上述内容，以便让你摆脱封闭、抵触、怨恨、苛刻、极度不安、低微、不值得、无反应和不信任。当你不能肯定你要说的话是否能准确地表达自己真正的意思时，请花几分钟反复衡量一下——此言一出，对火星人会产生什么样的影响。

男人不喜欢女人不断提问

男人不喜欢被提问，许多女人听到这话，都感到非常吃惊。适当地提些问题当然很好，但是男人更喜欢由女人引导话题。

提问题对女人而言，是展示女性魅力，博得男人好感的最佳方式。这同样是女人考验男人经营感情能力的一种手段。然而，如果男人不懂得女人的行为方式，不明白问题背后的真正用意，只会不断地回答，希望能讨得她的欢心，却不曾想过女人会因他的自说自话而直接把他否定掉。

正如男人可能会不知不觉地把女人惹恼一样，女人也可能会在不经意间，由于提太多问题而使男人愤然离去。许多男人跟我抱怨："她简直太烦人了，总是提这样或那样的问题。"即使男人真的喜欢这个女人，若她总是喋喋不休地提问，也可能最终让他弃她而去。

向男人提问不仅令他心烦，而且还会产生其他的问题。当一个女人逐渐向男人敞开心扉时，自然地，她开始分享自己日常生活中发生的点点滴滴，谈及生活中出现的问题，不明白其中缘由的男人误以为她正在向他求救。于是，英雄主义在他心中升腾："我一定要帮助她解决这个难题！"所以，即使此刻女人只想倾诉，无意征求他的意见，男人也可能努力地给她提供建议。

女人必须明白，不断的提问可能使他离你而去，你对他好心给予的建议和帮助的反应也决定了他是否会继续留在你身边。如果男人得到的信息是，他给你提供了解决方案，你带着感谢地接受，那么你对他的吸引力就会更大。但是如果他绞尽脑汁提出的建议，你却并不领情，那么他终将会愤怒地走开。

不理解男女之间的差异，这些点滴的不满最终将会逐渐升级，演化成巨大的分歧，恋人或者夫妻间争吵不断，最终导致了无可挽回的悲伤结局。

情侣们如果掌握了基本的交流与沟通技巧，就能从恋爱中体验到成功、亲密接触和情感需求的满足，这不仅将鼓励你们走完恋爱的五个阶段，而且确保你们能够忠爱一生，让彼此的爱意与日俱增。

第 15 章

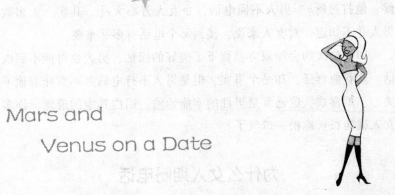

Mars and
Venus on a Date

为什么他不回电话

男人经常向女人要了电话号码或者带她出去约会之后，就销声匿迹、杳无音信了。女人望穿秋水，却迟迟等不到他的电话。于是她开始困惑，不明白到底是怎么回事。"出了什么事？""是我说错了什么，还是我做错了什么吗？""他是不是又喜欢上别人啦？""我还能再接到他的电话吗？""我是不是应该接受别人约会的邀请呀？""唉，我不会是错过他的电话了吧，是不是我正在洗澡的时候，他打过呀？"男人不回电话，令女人芳心大乱。其实，大多数男人并不知道，对女人来说，接到那个电话有多么重要。

即使初次约会给双方都留下了美好的回忆，男人也可能不回电话。这看似奇怪，却是个事实，但是男人不打电话并不意味着他不关心、不喜欢，这通常是男性的本能始然。明白其中的道理，许多女人就能长长地松一口气了。

为什么女人期盼电话

女人本能地期待着男人的电话，因为在金星上，对她关心的方式就是直接说出来，让她知道。你不需要刻意做什么，只需一个电话，就能让她知道你的追求；只需一句问候，就能传递你的友好与热情。这些看似毫无意义的小伎俩事实上非常奏效。

对女人来说，保持联系是表达关心的一种方法。要是两个女人连续数月不联

> 你其实不需要刻意做什么，只需一个电话，就能让她知道你的追求；只需一句问候，就能传递你的友好与热情。

络，再次相遇，她们做的第一件事就是为没有联系而互相致歉，然后，她们需要重新熟悉一下，才能感觉到两颗心真正地靠近。然而，两个小伙子在一起则不会这么做。他们偶然相遇，只会感到很高兴，绝不会因为一直疏于联络而相互道歉。他们会像老朋友一样一块儿聊天喝酒，就如同昨晚刚刚分手，今日再度重逢。

男人并不能理解金星人的思维方式。在许多情形下，他对揣测女人的心思无能为力。他仅仅是遵循与生俱来的自然本能去做。实际上，男人想着的是，唯有刻意地不打电话，他才能稳操胜券，确保成功。他的本能使他静候一段时间，那是为了避免对女人过于渴求。男人认为，如果他显得过于兴奋，就有可能跌了身价。

男人打电话的时机

正如我们前面所探讨过的，初次约会对火星人而言，就如同参加一次工作面试。参加过应聘的人都知道，面试以后，最糟糕的事情就是立刻给公司打电话询问是否被录取了。如果过于迫切地想知道结果，那么就会使用人单位感觉到你不够沉稳，从而减少了你竞争的砝码，使个人形象大打折扣，不利于最终应聘成功。相反，你不如耐心地等待着公司的人告诉你答案。

火星人引以为傲的就是他们的自信、独立与坚强。这些品质在商场上战无不胜，但是在情场上却屡战屡败。一次约会后，男人迟迟不打电话，而女人则一直在电话旁等候着，心里七上八下，时间一长，对他的不满和恨意便油然而生。终有一日，接到了他姗姗来迟的电话，女人的不快与抱怨终于爆发了。男人本来满怀希望地拨通电话，却没有得到想象中的美满结局，她的回答令他恼怒不已，说话的语调明显地表现出她对他并没有意思。从此两人的关系急转直下，终于分道扬镳。

当男人不打电话时

下面是女人司空见惯的牢骚：

"我给他打电话，简直不能相信，他居然一点儿歉意也没有。"
"难以置信，他最终给我打来电话，居然连'对不起'都没说。"

"他所说的话就仿佛根本没过去两周，好像我们昨天刚初次约会一样。"

"他反应太迟钝了。他的表现就如同什么事都没发生一样。"

"真没想到他只是约我出去听布鲁斯音乐，自打初次见面后，都整整一个月了，他还以为什么事儿都挺好呢。"

"初次约会后的第二天早晨，我打电话给他，他竟然问我为什么要打电话。太可气了，从此我就再没与他联系过。"

"过了一周后，才接到他的电话，我感觉真是受到了伤害。我把我的感受一股脑儿地告诉他，但是他似乎根本听不明白。"

"他倒是说了'很抱歉一直没打电话'，但是他并没有真正领会我的意思。当时，我的语气很冷淡，可是他甚至没问问我的感觉如何。"

"我不能相信他根本没给我打电话。无奈，我只好打电话告诉他，他应该逐渐了解我。"

男人最终打来电话，女人不是厉声厉色地指责，就是间接地拒绝。他的那个光芒四射的天使，不再是温暖、自信并且积极响应的人了。现在的她显得不信任而且颇有抵触情绪。她所表现出来所有的特性，足以使绝大多数的男人唯恐避之不及。

初次约会之后再度联络，本应是一次美好而温馨的交谈，然而，他们却发现彼此的吸引力都消失了。女人心怀怨恨，男人则满腹委屈。男人觉得莫名其妙地受到了女人的质询，这对他太不公平；而女人则觉得自己备受冷落，他对她太不关心了。

不理解女人的心理，男人依旧不及时打电话，他在不知不觉中破坏两人的感情，而女人也将在男人打来电话时流露出她的不满，这种态度也将破坏两人的感情。

当男人太迫切时

初次约会后，一旦男人显得很迫切、很饥渴，女人就会离他而去。如果你们两个人都感觉到初次约会非常愉快，你第二天就应该

208

给她打电话告诉她。但是如果你很迫切地表达对她的强烈感情，还想从她那得到某种确信，那么大多数女人都会躲得远远的。因此你在第二天打电话时，应该恰当地告诉她你的感觉，感谢她昨天带给了你一个开心的夜晚，并表示对她的爱慕，希望能继续交往下去。

如果你有这种自信而优雅的态度，不仅让你的魅力倍增，还能让女人如同吃了定心丸，使她从焦虑不安中解脱出来，得以尽情地享受恋爱的快乐，她一定会非常感激你的体贴。

男人打电话的三个万能理由

①即使你真的无话可说，也可以打电话过去，跟她聊聊上次约会的情形

许多男人在初次约会之后，都觉得没什么可说的，所以他们就不会主动地打电话。不过，即使你真的无话可说，也要给她打电话。哪怕只是聊几句，或者你可以问她一些问题。

你必须让她有机会跟你聊聊上次约会的情形。她的回忆与感触，就会提醒你上次发生了些什么，真正的感觉如何。这时，你就会发现似乎找到话题了。通过倾听她对上次约会的感受，你将赢得更高的加分。

你可以在她的留言机上留言，让她知道你那天也很愉快，然后你再打电话告诉她："你可以随时给我打电话，咱们就可以一起出去玩。"

②打电话可以探测一下彼此的吸引力有多少

如果你对她的印象很好，打算再次邀请她，那么初次约会后至少要及时给她打一个电话，看看她感受如何。有时候，她对你电话的反应或许会鼓励你，重新点燃你可能早已忘却的美好感觉。当然，当你拿不准到底是否与她继续交往时，打电话也是一个好办法，通过交谈能够加深了解，确定彼此的吸引力有多少。

初次见面后，彼此的吸引力仍在，那么你就不妨主动追求她。当你不能确定眼前这个人是否就是你想要的那个人时，最重要的就是继续与之保持关系，继续交往下去，直至双方的吸引力消失或增长。你有始有终地维持一段感情，那么将来你辨别和吸引到真爱的能力就会增加。

③打电话礼貌而有教养

即使你不能确定她是否合适，给她打个电话仍然是很重要的。她会为此感激你的。

经常出现这种情况，初次约会后，男人发现她不是自己心仪的对象，他无意与她开展一段恋情，之后，他就不会再给她打电话。他认为给女人打电话拒绝她可能会被解释为冒昧无理，这种拒绝可能会是对女人的一种侮辱。

还有些男人对初次见面的女人颇有好感，但是与她约会了几次后，却发现彼此并不合适，但是，他们不知道如何才能有风度地结束一段感情，所以试图就此不了了之甚至连打电话向女方解释的想法都没有。

男人可能想："直接给她打电话表示拒绝，一定会给她带来伤害，所以我还是别打电话了，让她慢慢地忘记我好了。"我的一个朋友就有着这样的经历。有一次，他告诉我："几年之后，我偶然碰到曾经约会了几次的女人，她仍然对我怀有怨恨，她仍然埋怨我没有直接表示我不想再继续交往的想法。我简直太惊讶了，这么多年过去了，这点事情她竟然还记得!"

> 有些男人不知道如何才能有风度地结束一段感情，所以他们试图就此不了了之。

男人也会以已度人，他不愿意接受的，也不想让女人接受。因为如果几次约会后，女人不想继续与男人交往，男人通常不愿女人打电话直接拒绝他。他认为这样做会伤了他男人的自尊心。然而女人与男人不同，她需要接到分手电话，听到他清晰地表明要结束这段感情。否则，她们就会觉得自己受到了伤害，得不到应有的尊重。

男人常常不愿意打电话的另一个原因就是，他还想给自己留条后路。他天真地认为："我虽然不再联系她，可是我也没有直接拒绝她，如果将来，我想改变主意再追求她，那么她就会接受我的邀请。"所以当一个男人犹豫不决时，他的方式可能就是不做任何事，也不说什么有可能给他带来不利影响的话。男人的经验是，女人记

得每一件事情。然而，男人并不曾意识到，他没有回电话这件事，女人也清清楚楚地记在心里。

> 某些男人对拒绝电话一推再推，那是因为他们尚不能确定自己的感情，他们想给自己留条后路。

有时候，男人清楚地知道他不想再与这个女人交往了，但是男人却不想生硬地拒绝她，不想给她带来任何伤害。对大多数男人来说，打电话拒绝一个女人似乎真的很难启齿。其实，拒绝没有你们想象中这么困难，你可以真诚地说："愿你一切顺利。"或者"我想我们不太合适。"这样简单的方式不但可以让女人了解你的想法，也能让她知道感情已经结束了，应该去追求另外一份属于自己的幸福。

有些男人会说："我一想到分手时她会问'为什么你不想了解我呢？'我就会很难受。不知道如何回答此类的问题。"其实，最简单有效的办法就是实话实说，你可以礼貌地对她说："我认为我并不适合你。"这样简单就可以了，不要列出一大堆理由去说明为什么不喜欢她，这是最愚蠢也是最伤人的做法。

在第一阶段（吸引阶段），你对初次见面的女人不感兴趣，无意追求她，最简单而又最好的办法，直接打电话让她知道你不愿意与她交往。如果你实在脸皮薄，那就在她工作的时候，往她家里打电话，给她留言，告诉她你的决定。这是一个极好的分手方法，许

多女人也喜欢这样，不用被男人听到自己难过的声音，还得到了明确答复。这样，她们就不会感到受冷落、被忽视了，更不会心存希望等待他的来电。

在第二阶段（不确定阶段），如果你对是否继续与她交往犹豫不决，最好也要告诉她，你需要时间来整理自己的感情，一段时间之后等你想清楚了，再与她联络。

在第三阶段，如果你们已经进入了排他性的关系，打电话说分手这种简单的分手方式她是绝对不可能接受的。这时，你必须当断则断，面对面与她交流，明确而直接地告诉她你的想法。无论这样做是多么痛苦或者多么困难，你都必须给她机会，让她对此做出反应，让她的情绪得到宣泄。这是她应得的权利，你倾听她的心声，她终将会感激你的。

几种礼貌的回电方法

即使男人有意回电话，大多数也可能不知道该怎么说。接下来，我介绍几种不失礼貌地说出真相、积极分手的方法。

①时间会说明一切

"很高兴有机会认识你。在晚会上，我们共度了美好的夜晚。希望有机会再见面。"

这就让她明白，这次你无意追求她，但是同时也给你留了条后路，万一以后你可能与她擦出火花来呢，所以你们还是普通朋友，就以朋友分别时常用的那句"再见"结束吧。

②祝好运

"非常感谢你答应我的邀请，有幸结识你，很高兴。我度过了一段美好的时光。祝你好运，我希望你能够学有所成（或者你的项目能够顺利进行，诸如此类的祝福）。"

这是极有风度而又体贴周到的一种表达方式，能够让她知道你

不想追求她，更无意与她确立恋爱关系。这种方式既能委婉地表达出你的意图，又不妨碍以后约她出去，再与她联系。

你最好在祝福中加入一点个性化的语言，祝愿她正在从事的某项工作顺利，例如她计划中的旅行，她的家庭境况，或者她工作中面临的挑战等等。下面是一些例子：

"祝好运，我希望你的新事业蒸蒸日上！"

"祝好运，我希望你能够拥有一个平安之旅，顺利到达你弟弟家。"

"祝好运，我希望你能够成功地解决与房东的纠纷。"

"祝好运，感冒期间，要记得多喝水。"

"祝好运，愿你假期玩得开心！"

"祝好运，我希望幸运之神能帮助你找到车库的钥匙。"

③拖延

"昨天我度过了一个美妙的夜晚。现在我手头有许多工作要处理，所以倍感压力，我需要集中精力工作。我可能近几个星期都不会给你打电话了。我期待着能有机会再见到你。"

当你正忙于工作，抽不出时间或精力约会的时候，给她友好地打个电话，告诉她你目前的情形，必将得到她的理解与感激。

④爱上别人

"能够认识你，我真的很高兴。我遇到了可心的女子，我想我是爱上她了，所以我不会再给你打电话了。谢谢你曾经给我带来这么多快乐，我们在一起的时候真的很开心。"

这种方法只有在你真的另有所爱后才能使用。如果你在你们约会后的第二天就用这个借口来摆脱她。只会使她愤怒，她会想："天哪，他昨天刚刚跟我见面了，今天就告诉我爱上了别的女人。"这似乎来得太快了，她不会轻易相信，认为你用谎言来敷衍她。

即使在约会之后，你决定放弃这段感情，另觅他人，你仍然应该在约会后给她打电话，告知你过得很开心。然后，几天或一周之后，你应该再打电话联系她，让她知道你决定与其他的女人交往了。

你决定与其他女人交往，永远不要说出为什么。要知道，描述为什么另一个人比她更合你的心意，这绝对是一种伤害。你只要说出你的决定就足够了。如果她一定想知道为什么，你只需简单地告诉她："没有什么特别的原因，只是我心里的一种感觉，我觉得我并不适合你。"

不要用下面的语句形容另外的女人是多么好："噢，她是那么美丽。"或者"她棒极了。"而且也不要不礼貌地与她做比较："她会花更多的时间陪我。"或者"她不会像你那样总是情感波动。"这种坦率的大实话是极其伤人的，而且带给人的伤害是很难磨灭的。

⑤没准备好

"谢谢你，与你约会真的很愉快。我感觉我仍然没能从上段感情中走出来，我还没准备好开始新的恋情。我希望你不介意我几个月后再给你打电话。现在真的不是我谈情说爱的时机。"这种方式尤其适用于思量是否与某人进入排他性阶段。

⑥没有空

"我与你度过了真正美好的时光。但是我需要花些时间处理一下自己的事情。所以这一段时间我不会打电话给你了。"

意识到你没有进入恋爱的状态并没什么不妥。如果发生了这种情况，一定要让她知道。

⑦准备继续找寻

"我真的喜欢与你共度的时光，但是我还是打算继续找寻。我之所以这么做并不是你不优秀。我只是意识到我需要一种改变。谢谢你，希望你能够找到适合你的人。"

有时候，我们并没有准备好进入排他性的阶段，不确定对方就是最适合自己的人，那么我们都需要继续找寻。如果情况果真如此，那么让她知道则是极其重要的。

⑧错误的时机

"我真的很乐意与你在一起。但是，你现在刚刚结束一段感情，你的情绪会有很大的波动，这将不利于我们之间开始新的恋情。我给你时间让你平复感情的创伤，几个月后，我会再给你打电话的。希望那时候，你已经从失恋的阴影中走出来了。"

或者说："谢谢你陪我度过了一段美好的时光。我意识到我仍然处在告别上段感情的过程中，我心里还有一些阴影，这对你是不公平的。也许几个月后，我整理好自己的感情，我会再给你打电话。"

⑨不确定

"虽然前一天我们见面，我感觉很快乐。但是我想让你知道我现在不能确定是否立刻与你建立恋爱关系。所以我可能会有一段时间不给你打电话了。"

当你进入恋爱的第二阶段，你还不能够确定你对她的感情，这将是体贴的表达方式，只是让她知道发生了什么事情。由于处于不确定性阶段，出现这种感觉是很正常的。但是如果你不联系她，有意忽视她，就如同她根本不存在一样，那可就不太好啦！

在你说出你的想法之后，如果她开始问你一连串的问题，诸如："你觉得我怎么样？""你又遇到其他人了吗？""我什么事做错了吗？""出什么问题了吗？"这时，你需要耐心倾听她的感受，简单而如实地回答她的问题，无需解释太多。

⑩彼此不合适

"我想说，很显然，我们俩并不合适，但是，我还是想对你说声谢谢，谢谢你带给我的快乐，并且祝你幸福！"

恋爱的最初，男人和女人都必须感觉轻松自在，可以任意选择。但是，如果你们进入排他性的阶段，仍然彼此有所保留，还时不时地介入另外一段感情，那么就太不合适了。无论男人还是女人，试图脚踩两只船，期待拥有两个情人，那么这种不忠实的态度将是导致恋情失败的主要原因。

恋爱的第一阶段和第二阶段是试验阶段，彼此间没有任何义务与承诺。如果没有遇到合适的人，继续找寻是没有错的。有时候，男人完全可以简单地说一句："我认为我们并不适合。"然后，干净利落地结束一段感情，继续寻找属于自己的爱情。

这种方法也适用于恋爱的第三阶段，如果两人通过了解与沟通，发现彼此并不合适，难以继续，那么就用这种方法来解脱，也是很有效的。

上述十种方法能够使你从容地摆脱一段感情，直到你发现最特别、最适合的那个人。这些方法同样适合于女人，可以让女人不失礼貌地拒绝一个男人。其实，女人只需送上一句："我无意与你恋爱。我觉得我们还是做普通朋友吧。"对男人来说，这种解释已经足够。

> 从一段感情中抽身，女人只需说一句："我无意与你恋爱，让我们还是做普通朋友吧。"

这种方法对女人来说大可放心使用，因为在大多数情况下，她（不同于大多数男人）确实想与他做普通朋友。退一步说，即使她不想再与他交往了，连普通朋友都不想做，她也深知，只要此话一出，他就不会再打电话了。

快刀斩乱麻的好处

打个电话告诉他（她），不仅仅出于礼貌，而且还会带来许多意想不到的好处。我们结束一段感情的方式，决定了下次将会吸引什么样的人。

在结束一段感情时，如果我们变得冷漠无情，或者感觉自己心有愧疚，那么我们就有可能重复上次的交往方式。唯有当我们怀着友好、积极的态度结束时，我们才能朝着梦寐以求的、心灵相契的感情又走近了一步。

如果你觉得在恋爱的第一阶段或第二阶段，开口结束一段感情很不容易，那么你们步入下一阶段后，再想分手将更为困难。如果你勇于对某人说"不"，承认他（她）并非你所爱。那么，你就强化了找到真爱的决心。

拒绝同样可以帮助你进行调整，使你能更为准确地吸引到合适的伴侣，并增强与之长期相处的能力。"及时拒绝，继续找寻"这一原则对男人和女人同样适用。

第 16 章

Mars and
    Venus on a Date

主动给他打电话？

现代女性正在追求一种新型的情感关系，她们想拥有亲密无间的沟通和持久永恒的浪漫。但是要达到这个目标，并不是一件容易的事。

现在许多成功的女人非常果敢、自信，她们对待工作的执著与认真，有时候令男人都自叹弗如。然而在情感方面，她们却无法获得像工作上一样的成功，许多人依然形单影只。这是因为大多数女性还没有掌握坚定自信与温柔娇媚之间的尺度，不知道如何在恋爱中收放自如。我们以女人是否会主动给男人打电话为例，就能发现其中的问题。

我们的上一辈，女人给男人主动打电话是一个禁忌。这会让人觉得你不够稳重、不够矜持，似乎显得过于心急。女人从少女时代起，就会听到妈妈这样的叮咛："不要显得太容易、似乎唾手可得，不要总是纵容他，否则他就会把你看轻了。"的确，妈妈的话是对的。这是事实，而且当中的许多道理直到今天仍然适用。

然而今天的女性和过去完全不一样了，她们有思想，有主见，认为如果遇到真爱就应该主动追求，就算给男人主动打电话也不是什么大不了的事。甚至有的女性不惜倒追男人，希望用自己的热情感动他。但是，她们没有意识到，如果女人对男人的温度与热情远远超过男人追求女人的程度，自然而然地，在两个人的感情天平上，男人就会变得不上心，被动接受。那么，他就不会再去追求她了。男人的天性如此，他需要通过去努力追求，才能发现他们是否真的在乎一个女人。当然，我并不是说倒追男人的女人，不会获得真爱，但是大多数情况下，最后的结果总是令女人伤心失望。

作为一个女人，请记住一点，就算你非常喜欢一个男人，也不要表现得过于急切，如果你过于咄咄逼人，男人对你的兴趣就无法增长。特别在恋爱的初期阶段，男人对女人的兴趣就如

> 不要显得太容易、似乎唾手可得，不要总是纵容他，否则他就会把你看轻了。

燃烧的蜡烛，如果你对他跟得太紧，追求得太疯狂，那么你的热情就很容易吹灭他刚刚燃起的火苗。

说了这么多，接下来，我有一些方法要介绍给女人们，这些方法将使你们在给男人打电话时，既能明确地表达自己的意图，又不会破坏一段潜在的恋情。

打电话这看似微不足道的小事，足以决定一段感情的成败。成功地运用一些电话技巧，能给女人提供许多新的选择，使女人变得既坚定果敢又似水柔情，成为男人梦寐以求的可心人儿。

女人的选择

初次见面后，如果你对这个男人的印象颇佳，但若是他迟迟不打电话，而你又不了解他不打电话的原因，那么通常你会觉得很难过，心里急切地想给他打电话问清楚他的想法，可刚走到电话旁，你自然而然地就犹豫了。

这时，每个人都告诉你："亲爱的，这时候，你绝对不能打电话。"出于本能，你心底也有一个声音告诉自己："你是女人，千万不要先打电话。"但是另一个自我却迫切地想要联系那个男人。

但是，即使男人没打电话，也绝非毫无希望。你有两种选择，耐心等待或者主动出击，每一种都是极好的建议。

选择之一：填满你的时间

第一个选择就是，用各种各样的活动充实你的生活，使你不只是傻傻地守在电话旁。为了一个男人而让自己的生活停滞不前，是极其错误的。

一旦你发现自己正在焦虑不安地等待着一个男人的电话，这就表明，你需要将注意力集中于其他的感情上。这时，你应该把浪漫的爱情想象为一道特殊的甜点，将其他的感情作为主菜，尽量把你的生活变得充实起来，让看似凝固的等待时间飞逝而过，你会发现，自己的心情不再焦虑，

选择之二：不妨给他打一个电话

如果你实在无法度过漫长而不安的等待，那干脆直接给他打一个电话问清楚。许多女人都说这种方法根本不起作用，打了电话他依然没有明确表态，一些女人只能失望地放弃："我打电话了，但看来没什么用呀，算啦，我们各走各的路吧，看来我还要继续寻找我的真爱才行呀！"其实，女人可以通过电话沟通，支持即将展开的恋情。只要你遵循如下准则，那么在初次约会后给男人打个电话，将对你极有帮助。

初次约会后给男人打电话的七个原则

①如果你为他而难过、憔悴，那么一定不要打电话

如果你为他迟迟不联系而难过不已，而你还想主动给他打电话，那可就大错特错了。许多女人最后都忍不住，放弃了女性特有的矜持，主动打去了电话，并且告诉他："你知道吗，一直接不到你的电话，令我多么难过。我觉得……"要是男人面对你的哭诉完全没有什么反应，那么这次电话通常就意味着你们的关系到此为止。正是你的这个电话阻止了你们之间自然地展开恋情，培养感情。

> 如果你为男人迟迟不打电话而难过不已，那么你千万不要主动给他打电话。

如果你需要有人知道你的难过，那么你尽可以跟你的闺中密友说说心里话。情感宣泄之后，你的情绪可能就好多了。

②不要提问题

接不到男人的电话，女人常常会抱怨。男人也经常牢骚满腹地说："女人总是不停地与你讨论感情。"男人通常不喜欢讨论感情

或者明确关系。男人只是想与你先交往一下，看看彼此感觉如何，再决定何去何从。这就好比播种一粒种子，如果你每天都挖开它看看发芽没有，那么反而会让它死去。

> 爱情就好比播种一粒种子，如果你每天都挖开它看看发芽没有，那么反而会让它死去。

有一种方法能够使女人获得她迫切想要得到的确认。你根本无需问他感觉如何，你完全可以试着打电话告诉他最想知道的。如果一个男人在约会后给女人打来电话，告诉女人："我对你很感兴趣，跟你约会感觉真好。"就会让女人一颗悬着的心放下来，女人会非常感谢他的这个电话。男人也是如此。如果你打电话传递给他这样的信息，那么他也会极其感激并且深受鼓舞。

不要打电话逼问他、质疑他。相反，你要打电话给他，让他分享你的美好感受。如果他没有感受到爱的压力，不必须还给你肯定的承诺，那么他自然就会感激你传递给他的快乐，下面是一些你尽量不要去问的例子。

初次约会后，五个不要问男人的问题：

"自从我们见面后，你又去见其他人了吗？"

这是在暗示他不应该再见别的人。在恋爱的第一阶段，你们尚处于相互吸引期，见其他的人也是很正常的。你们不是真正热恋的情侣，如果就让他备感压力，似乎只能见你一个人，这是不合适也是不正确的。

"你想要与我继续交往吗？"

这么问未免操之过急了。会让他感觉到你似乎很急迫，很渴望与他交往。他还没有为此做好必要的准备，你的热情会让他感觉受困于感情的束缚之中，反而急切地想逃开。在第一阶段，任何一厢情愿的打算与之共谋未来的暗示，都是不成熟的，都有可能把他吓跑。稍安勿躁，等他准备好了，他会让你知道的。

"你玩得开心吗？你喜欢我吗？"（两个问题都在暗示："你想和我再见面吗？"）

这么问会无形中降低女人的地位。这就暗示了对你们的感情，你有强烈的不安感，你希望取悦他。这样问无形中还会强加给他责任感，而男人需要很清楚地感觉到他不被强迫，才能放心大胆地追求。

"你打算用多少时间交朋友？"（"这周你忙吗？""下周末你打算做什么？"）

你期待他怎样回答呢？"是的，我有充足的时间，因为我的生活很空虚，我没有一个朋友。"或者是"我没多少时间，我很忙。"这种种回答，都可能使他显得很惹人讨厌，而你问他这种问题，实际上也显得你非常不成熟。

"什么时候我们再见面呢？"

这种方法也未免太过性急了。如果一定要与他见面，你还不如问问他的日程安排，然后计划一次约会，直接邀请他出去！

③做出积极的评价

打电话时，不要提问，只需要对他做出积极的评价即可。让他知道你的感觉如何，而不要问他的感觉怎样，尽力避免提问题令他心生厌烦。

男人乐意听到的：

"我真喜欢这部电影，简直棒极了！那场景……"

"前天晚上，与你共进晚餐，那段时光真美好，我都没意识到三个小时那么快就过去了。格林斯饭馆的食物真是太好了……"

"那场演出真是好极了。剧目的情节多么有戏剧性呀！我现在又在反复听那张 CD。我最喜欢的那首歌……"

"那个游乐场简直是乐趣无穷。我真不敢相信那儿竟然那么好玩儿。我以前从来没有去过那里。那天回来后，我告诉我妹妹那个巨大的摩天轮……"

"我们吃过的那道汤真是鲜美无比。我苦思冥想都猜不出来他们到底在里面放了些什么。我认为应该是焙烤过的茄子和大蒜……"

"我喜欢中国菜。好高兴你选择了珍妮·劳斯餐厅。我感觉好极了……"

"谢谢你在我的汽车间里打了这些小格子，它们可真有用。现在我把我的相册拿出来放在那……"

"我真高兴你当时决定停下来，我们吃点甜点。它们可真是美味……"

"今天，我想起你昨晚说的话，才觉得有道理。我认为我要……"

直抵男人内心的方式，就是赞美和感激他为你提供的一切。男人得到积极的回应，他就愈发感受到强烈的吸引。正是这种吸引，使男人对女人的爱意日渐增长。

④聊聊发生了什么，而不要一味地谈他

"我真的喜欢我们看的这场电影。真是棒极了……"（接着谈谈你喜欢这场电影的哪些情节。）这时，他会想："她喜欢这场电影。她做事情和思考事情的方式也充满了乐趣。我喜欢她。"你瞧，与他聊聊发生了什么，就直接迎合了他的内心。

不要说："我真的喜欢花时间与你在一起。"这个话题背后的暗示信息就是："你喜欢花时间与我在一起吗？"如果你这样直接地告诉他你的感觉，那么他唯一能够做出的反应就是傲慢自大，男人的那种盲目的自信陡然倍增，他可能会频频赞同，然后回答你："许多女人都喜欢我。"也可能顺着你的意思说："我也喜欢你。"你们的关系刚刚起步，这时就随意地把"喜欢"说出口，似乎太早太急，也太不可靠。

⑤让他知道你做出的积极回应，忽略消极方面

两人交往的第一阶段，你必须只让他看到你个性中最积极、最

向上、最光彩的一面。你们一起讨论约会的时候，首先要让他得到你的积极响应，要尽量忽略消极的一面。否则，男人可能从一开始就误解你，他会想："看上去似乎很难讨她的欢心。"而最能让男人日渐被你吸引的事，就是让他觉得他能够成功地带给你幸福。

女人常常认为男人是粗心的，其实不然，火星人其实也很敏感。如果约会时看

> 最能让男人日渐被你吸引的事，就是让他觉得他能够成功地带给你幸福。

的电影你并不喜欢，那么你可能会想："噢，尽管片子乏善可陈，但也并非无话可说，至少我们可以聊聊这片子拍得有多糟糕。"不管电影是好是坏，女人都期待着能够把它作为谈资。在经历了一次令人生厌的约会之后，女人实际上更期待对细枝末节详加细谈。但是，这种谈话会让男人有何感想？

⑥不要对任何事情提出建议，相反，你要征求他的意见

即使在某件特别的事情上，女人有十足的把握认为男人将从你的建议中受益良多，你也必须慎重，切不可自作聪明，主动提供建议。即使他主动征求你的意见，你仍然要格外留心。当一个女人显得无所不能时，就会使男人敬而远之。

男人同样不喜欢听到女人援引别人的意见，用他人或者专家的观点支持你自己的观点，这种做法会立刻将他惹恼。如果他根本没有问你，而你却引经据典，对他说某某专家早就这么说过，如何如何，那么，你的这种做法比直接给他提建议还令他难以接受。

男人在如果在一个女人面前越自信、越有能力，这个女人就越能吸引他，让他着迷。为了增加男人感受自己魅力的机会，如果男人的建议有某方面的合理性，那么你一定要表现出乐于接受的样子，只要男人认为他对女人有所帮助，他就会颇感自豪，同时也加倍迷恋她。

你向他征求建议时，你的反应非常重要。如果你不赞成或不喜

欢他的建议，你必须注意，一定要给他留足面子。男人至少要得到这样的信息：你对他的努力帮助心存感激。

你可以用下面的几句评论给他留足面子：

"这是个好主意。我从未想到要这么做。谢谢你，你的建议非常有帮助。"

"这个主意听起来很有趣。谢谢你。它让我想到接下来该怎么做了。"

"噢，我以前从没这样看待过这件事情。你对我真的很有帮助，谢谢你。"

"这是极其重要的一点，对我真的很有帮助，我最终一定能想出该怎么做。"

"你的建议确实很有道理，我把困难告诉你真是太明智了。听听不同的观点肯定有助于认清问题。谢谢你。"

⑦不要试图给男人提供帮助，你要擅长向他求助

男人越是成功地帮助了女人，他就越能感受到她的吸引，同时，女人也会对男人深深地依恋。然而，有些女人却以为如果自己能够帮助他，他一定也会更加喜欢她。遗憾的是，事实并非如此。

当然，如果男人向你寻求帮助，你应该积极地帮助他。但是，你要知道，如果女人主动地提供帮助，男人很容易误认为自己很无能，这无疑是对他的一种莫大侮辱。

在火星上，男人们彼此都不会主动提供帮助。要是有人看到一个男人费劲地搬箱子，想要过去帮他，那就暗示："你没有力气自己搬走。"如果有人主动帮助男人解决问题，那就暗示："你没能力自己处理这件棘手的事情。"男人对别人的帮助通常是极其挑剔的，因为他们特别喜欢证明自己能够独当一面，只要有可能，他们就会独自解决问题。如果某些事他们实在无能为力，那么他们才会主动去寻求帮助。女人要切记，如果男人没向你提出请求，就不要

主动去帮助他解决他面临的困难。男人并不是傻子，他知道自己是否能自己解决问题，什么时候需要听从别人的意见寻求别人帮助。

我记得曾经有一次，我汗流浃背地修理家中的马桶，我的妻子看到我那么辛苦，就走过来，想要帮助我。但是她却插不上手，过了一会儿，她对我说："我觉得如果你叫管道工人来，他肯定知道该怎么做。"她的本意只是想让我知道不必亲自修理它。但我听来这话却无疑是一种侮辱。我当然知道可以打电话叫管道工人来，这根本不需要她提醒我！其实，当时她所能做的最好的事情，就是无视我的灰心丧气，继续做她的事情，让我一个人努力。

当女人给男人回电话时，必须非常清楚这一点，如果你打电话是为他提供帮助，那么你必定会失去他；如果你打电话是想要得到他的帮助，那么他就会认为这是对他的赞美，你们的感情很可能更进一步。

如何邀请男人出去

下面我介绍几种女人邀请男人的方法，这些方法会使你显得礼貌而优雅。

不要直接邀请他出去与你约会。你完全可以采取更委婉的方式，向他寻求帮助，让他帮你做些什么或者让他陪你去什么地方。但是，你的请求切不可过于不切实际，一定要贴近实际生活，显得真实自然。下面是一些例子：

"这个周末，你愿意帮我挑选一个烧烤架子吗？"
"你愿意帮我把几个箱子搬到我的车库里吗？"
"你愿意帮我换一下后院的灯吗？"
"你愿意陪我一起去买辆车吗？"
"你有兴趣读读我写的这篇文章，然后告诉我有何感想吗？"
"我的车已经开到修理厂维修去了，你能开车过来接我吗？"
"你能帮我修一下阁楼上的灯光装置吗？"

"你愿意陪我一起去取一个航空包裹吗?"

"你能陪我带我的小狗一起去兽医站吗？它生病了，而且好像病得很厉害。我真不知该怎么办好了。我现在的状态肯定不能一个人带它去。"

"我想请你陪我一起买一台电脑，你有空吗?"

在上述每个例子中，男人都有机会成为女人的朋友，而且更为重要的是，女人能够创造一个适宜的机会让男人品尝到帮助她的滋味，从而使女人的吸引力倍增。

229

第 17 章

Mars and

Venus on a Date

微笑的女人最有魅力

一个女人的魅力释放出来，可以让男人觉得自己具有男子汉气概，会为她着迷；男人含情脉脉的注视，让女人觉得自己更有女人味儿，会更倾心于他。

换句话说，当女人令男人更男性化时，她就会牢牢吸引住这个男人。同样，当男人令女人更女性化时，他也会牢牢吸引住这个女人。男人或女人散发强烈吸引力的秘诀就在于，拥有唤醒对方更本性化、更本真的一面的能力。

正是这种情感使男女之间的恋爱得以顺利进行。如果我们懂得如何激发男人和女人彼此吸引的动力，恋爱的成功率也就自然升高了。

女人的武器就是她的女性魅力——自信、乐于接受和积极响应。正是这三种品质，使男人为女人着迷。男人的武器就是他的男性特征——自信、目标和责任感。正是这三种品质，使女人心甘情愿投入他的怀抱。

认识到这些，我们就能理解为什么有些恋爱结局很美好，而有些恋爱结局却糟糕透顶。

当女人来自火星时

看到这个标题，你也许会非常奇怪，女人不是来自金星吗？是的，大多数的女人都是来自金星。但是依然有一部分的女人，她们身上还有金星人本身的特征，但是她们的思想和行为方式却常常模仿火星人。她们身上的女性特质已不足以代表她的个性了，这就是我为什么说她们来自火星而且吸引不到合适男人的原因。

这种角色错位是非常普遍的现象，特别是事业有成的女人。她们在事业上的强悍态度和顽强精神与男人一样，并因此取得了事业上的成功。作为女人，这些女强人也是非常向往婚姻的，但是她们却不断地陷入与男人的感情纠葛之中。颇具讽刺意味的是，这些女人在感情上可不像在事业上一样顺利。

因为她们过于强硬，过于自信，她总是忽略女人应有的温柔特

232

质，她永远都不能激发男人表现出自己人性最美好的一面。因此，她们只要稍稍注意不断地唤醒自己身上女性的情感与特征，女性的本能就会复苏。她们自然而然地就会变得更具吸引力，从而找到最适合她的男人。

坚强而果敢的女人

坚强、独立、果敢、成功的女人经常难以找到适合的男人，并且在感情进展中颇有困难，这些事业上使她们成功的个性，却令她们在情感上寸步难行。事业中，她可以积极地追求一个目标，但是，感情上，当她积极主动地追求一个男人时，某些女性的特质就被掩盖住了。这些特质恰恰就是驱使男人爱女人的动力。

这样的女强人很难像普通女人一样约会，恋爱，找到自己的爱情。但是，幸运的是，所有事业上成功的女人大多都具有过人的自我校正能力，只要她们清醒地意识并且正视这个问题，她们就能立刻着手攻破它。一个坚强而又果敢的女人也有着自己独特的魅力，但是她必须学会以女性特有的方式表现出她的魅力。

在我的课堂上，有些女强人听到我讲的恋爱方法，会觉得似乎以前的每件事情都做错了。其实，大可不必将注意力集中在已经过去的错误上，只要抓住现有的机会，改变可能已经反复经历过的恋爱方式，就能够拥有浪漫的爱情。尽管接下来我要说的一些思想观念，对你平时的男人观是一个颠覆性的挑战，但是你必须给自己一个机会，体验女性特质的作用。

第一种特质：自信

女人更有吸引力的首要特质就是自信。有些女人只需勾勾手指头，男人们就蜂拥而至。她们如何能发出这么大的魅力呢？

仔细观察我们便能发现，这种类型的女人总是不经意间就能流露出一种优雅而自信的神态。一个自信的女人相信其他人会关心她，而且愿意帮助她。她能感受到来自朋友、家庭乃至男人的支持，她不会感觉到孤独。

她们尊重自己，而且相信其他人也会尊重她们。当她得不到尊重时，她并不会把它看得那么严重，她会轻松地笑笑，然后迅速地转向，到其他地方去寻求她的目标。她并不期望每段恋情都能完美，她总能从失败中吸取教训，并乐于探索新的方法寻找真爱。

她们自信是与生俱来的，这就如同某些歌星天生就有一副好嗓子一样。然而对于大多数女人而言，这种特质是需要培养的。

自信是一种生活态度，它确保你总能实现你的目标；自信认为其他人是值

> 自信是一种生活态度，它确保你总能实现你的目标。

得信赖的，他们愿意给你提供帮助，你不必事必躬亲。一个自信的女人，会吸引男人如期而至。她的行为举止会影响到男人，能够激发一个男人展现其最好的一面。

①为什么男人依然兴致不减

当一个男人对一个女人产生积极的兴趣的时候，他会努力去追求她，使她开心快乐，在这个过程中他也能感受到幸福。因此，要使男人对一段感情始终兴致盎然，就必须传递给他信息：他有可能给这个可爱的女人带来幸福与快乐。所以，一个自信的女人，无疑对男人是一种极好的激励。

女人自信的态度使她更具吸引力，使男人不断地增加对她的兴趣。一个自信的女人能够点燃男人的爱情火焰，并且让他踌躇满志。有些女人常常错误地认为，她必须赢得男人的爱。在这种观念的支配下，她对自己值得拥有他所给予的一切没有自信。自信的女人永远不会怀疑自己的魅力，她坚信自己值得拥有男人的爱，并理直气壮地接受男人的给予。正是在这种过程中，她的自信引诱他需要付出更多努力才能获得她的爱，于是这段爱情才得以持续。

②别逼男人转身离开

分手后，女人经常抱怨自己的感情被男人欺骗了。其实，造成分手的结果女人也负有部分责任。如果一个女人毫无保留的给予远远超出男人付出的时，标志着她的自信渐渐消失，变得卑微，小心翼翼试图满足男人的需要，希望能得到他的继续关注。结果事与愿违，男人的热情绝对大不如前，变得对她越来越不感兴趣。

> 当一个女人从感觉到自信地接受转移到试图去满足男人的需要，男人或许会继续关注她，但是热情绝对大不如前。男人会变得对女人越来越不感兴趣。

当然，女人不能表现得过于主动，并不表示在情感中女人应该吝惜付出，只考虑自己的感受，全然不顾男人的需求。其实，女人只要明确，她处于情感关系的核心地位。如果她正在得到她想要的爱，那么她完全可以根据两人的感情，做出相应的付出。如果男人想要得到更多，女人就需谨记，不要立刻倾尽所有地付出，要尊重自己的意愿。唯有首先尊重自己的意愿，才能使男人尊重你。当女人自信的时候，她是很容易做出正确选择的。

③是什么使得男人能够耐心倾听

女人的态度拥有神奇的魔力，它既可以使一个男人斗志昂扬，也可以使他转身离去。自信的态度就是女人让男人静心倾听的灵验法则。

身为女人，必须记得，你就是珠宝，而男人则为你

> 自信的态度就是女人让男人静心倾听的灵验法则。

提供适宜的环境让你熠熠生辉。正是因为你的高贵和自信使你散发出耀眼的光芒，他从你的光芒中得到满足，他就会乐于成为两人感

情做出更多的付出。

④别把男人当成珠宝

一旦女人将男人视为珠宝，那么她的地位就会急剧下降。自然而然，浪漫和吸引就随之减弱。比起被动接受女人的爱情，男人更喜欢体验征服女人的乐趣。

女人渴望取悦男人很明显是一种爱的表示，但是如果女人不得不因此而改变自己、克制自己、无法表现真实的自我，最终将使男人感受不到你的吸引力。

⑤男人的喜好

男人喜欢看到女人自由地做她自己。从他的角度来看，这样的女人她魅力四射。

如果女人觉得"我有这么多缺点，我一定要克制自己，我要努力改变成可爱的样子，绝对不要在他面前流露出真实的自我"，整天带着假面具来对待别人，不能自由地绽放女人的光芒，她的吸引力自然消失。男人甚至会想："她总是对自己不满意，总是克制流露真性情，难道为了迎合她，我也要逼自己改变吗？"总是这么带着面具来相处，日子一长，两人自然觉得疲惫不堪，又何来爱情可言。

第二种特质：善于接纳

使女人极具魅力的第二种特质就是善于接纳。善于接纳的女人能够顺应恋爱过程中出现的新情况，随机应变，而不知道如何接纳的女人则总是显得过于强硬，难以沟通。

一个善于接纳他人的女人，能够坦然地接受她所得到的，并且永远不会满腔怨恨。如果女人期待更多，一旦期待落空，那么她的不满与怨恨必然增多，她就不能再为男人所接受。

女人善于接纳他人，是一种谋求情感利益最大化并能在任何环

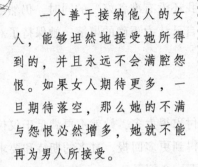

> 一个善于接纳他人的女人，能够坦然地接受她所得到的，并且永远不会满腔怨恨。如果女人期待更多，一旦期待落空，那么她的不满与怨恨必然增多，她就不能再为男人所接受。

境中都能够发现美好事物的能力。即使事情不如她所愿，她仍然认为有好转的可能。

善于接纳意味着女人能够同时说"yes and no"，意味着女人能够敞开心扉，快乐地接受她想要的、喜欢的或者欣赏的，但是与此同时，她也能够坚决地拒绝接受不想要的。

①勇敢说出"不"

有些女人在恋爱中过早退出，是因为她们感受到了对方强烈地渴求性爱，而自己却尚未准备好，于是，只好以分手告终。其实，女人完全有理由说"不"来拒绝男人提出的要求。让我们来看一个例子——

戴维深深地为苏珊娜着迷。在戴维的热烈追求下，两个人恋爱了。几个月后，他们进入了第三阶段——排他性阶段。戴维已经三十五岁了，以前有过婚史。苏珊娜三十二岁，以前也结过婚。

苏珊娜看上去那么特别，一下子就吸引了戴维的注意。他在她耳边倾诉衷肠，告诉她，自己是多么爱她，多么想与她结合。而苏珊娜非常清楚地告诉他，正是因为希望两人能继续交往下去，她不想过早发生性关系。

戴维尊重了苏珊娜的想法，不再勉强她。接下来的交往中，尽管没有身体上的亲密接触，两人依然非常快乐，一起度过了许多美妙的时光，他们深深地爱上了彼此。

三个月过去了，戴维向苏珊娜求婚了。不久，两个人就结婚了。直到新婚的那一晚，他们才真正结合。戴维说："这个过程可真难熬呀，但是这么做确实使我更加尊重苏珊娜了。"他们的新婚之夜是非常特别的，是一个值得记住的美妙夜晚。现在他们已经结

婚多年，他们之间的爱意仍然绵长浓厚。

苏珊娜在对戴维说"不，我还没有准备好"的同时，仍然继续接受戴维的示爱。优雅地坚持自己认为正确的事情，她保持了对他最大的吸引力。

②不要倾其所有地付出

在两性情感关系中，女人付出得太多，她就不再满足于仅仅接受男人所提供的。她开始期待得到更多回报。过多的期待和要求使她的吸引力巨减。让我们来看下一个例子——

迪亚娜与卡尔罗斯开始交往时，他们都还年轻。几次甜蜜的约会后，卡尔罗斯提出了进一步亲密接触的建议，迪亚娜问他："如果我答应你的要求，那么是不是就意味着你只爱我一个人呢？"在对肉体的渴望与激情炽烤之下，卡尔罗斯未经思索就点头答应了。

一夜欢情过后，迪亚娜产生了一连串的期待。

她期待他每天都打电话给她。

她期待他的心中只有她一人，而再无其他人。

她期待他只与她一个人约会。

她期待着他花更多时间与她在一起。

她期待着他对她所说的一切事情都特别感兴趣。

她期待他为她做许多浪漫的事情。

她期待他不要总与朋友在一起，而要多花些时间陪她。

而卡尔罗斯在那一夜之后也发生了改变。他开始怀疑自己是不是真的要投入到这段感情当中去。他觉得自己还很年轻，还没有准备安定下来。

在两人的交往中，他们迅速地驶入了第四阶段（亲密性），同时略过了第二和第三阶段（不确定性和排他性阶段）。一夜恩爱后，卡尔罗斯立刻返回到了不确定阶段，并且决定不再继续下去。这是再正常不过的反应了。

卡尔罗斯和迪亚娜原本还有机会发展，但是因为他们在没有准备好的情况下，迅速升温，使卡尔罗斯猝不及防，迅速从这段感情中撤了出来，而迪亚娜则深深地受到了伤害。一旦她的付出远远超出她得到的时候，顺利通过恋爱的五个阶段的机会就荡然无存了。

③爱情不是因为亏欠而做的补偿

男人喜欢从给予中得到满足感，他对一个女人付出是因为他关心她、爱慕她，而不是因为亏欠而做出的补偿。

但是当男人觉得女人给予自己的太多了，自己不得不被强迫付出以回报她的感情，这样的恋爱方式，就丝毫没有乐趣了。

④包容彼此的差异

当一个女人接纳一个男人时，并不意味着她必须赞同他的观点。

男人通常乐于接受女人在对待某些问题上的观点与他存在差异。唯有觉得受到了不公平的攻击或者指责时，他才会拒绝接受女人的不同看法。

事实上，女人以开玩笑的方式否定男人的观点，他简直就爱死你了。如果他时常谈论共和党，而她则是民主党，她对他的高谈阔论完全不赞同，后果怎样，完全取决于女人怎样表达不同的意见。

如果她说："我相信你能够接受我与你有不同的观点，我也接受你的思考方式。你不必跟我完全一样，但是我仍然爱你。我很感激与你进行了这场讨论，听听不同的观点对我很有帮助。"这些话对他来说，如闻仙乐。

> 唯有男人不必时刻注意与女人保持一致，才能在与她的交往过程中，感到身心自由、轻松愉快。

如果女人善于接纳不同意见，有自己的思想，她会变得更有吸引力，男人会对她更感兴趣，并且给她应有的尊重，承认她是独一无二、与众不同的。对两人之间的差异采取一种积极而又开放的态度，就能够使恋爱中的男人和女人更具吸引力。

第三种特质：积极响应

使女人最具吸引力的第三种特质就是积极响应。男人在追求女人的过程中，如果女人能积极地对他的追求做出相应，让他知道自己对她能有所影响，能使她快乐，那么他追求的热情就会增加，似乎被赋予能量，使他坚信自己将获得成功。

女人发自内心的积极响应，让她最具吸引力。这种积极响应的秘诀在于真诚。如果男人并没有使她真正快乐起来或者受到感动，那么她对此的回应就会是不自然的、做作的，她可能会故作崇拜或者装出一副心满意足的样子。但是男人并不因此感动，而是认为受到了欺骗，自尊心受到了伤害，他会认为："她在伪装，我受到了愚弄。她假装高兴只是为了讨我欢心。"

在交往过程中，女人必须时刻谨记，男人是通过他所得到的积极响应来判断他的恋爱成功与否的。但是，女人的积极响应应该是发自内心的、真诚的，刻意的讨好和伪装的快乐永远换不回真正的爱情。

女人要学会在交往中使用响应的技巧，比如说一种不带丝毫肯定的回应，能给男人一个清晰的信号，表明男人并没成功。举个例子，他带你去看很乏味的电影，你根本无需说出自己并不喜欢这场电影，事后你只需并不热衷讨论这场电影，而是另外找一个积极有趣的话题就可以了。男人其实很敏感，如果你不留痕迹地这么做，他立刻就能明白你的想法。

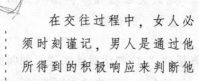

> 在交往过程中，女人必须时刻谨记，男人是通过他所得到的积极响应来判断他的恋爱成功与否的。

①给男人留足面子

我曾经遇到一对年轻的情侣，聊天中，我问起他们在希腊米克

若斯岛上的旅程。那个女孩开始滔滔不绝地向我讲述他们在那趟旅程的经历。

她说："我男朋友比尔，认为我们应该租机动脚踏两用车，结果一出城，我的车就坏掉了。我们耽搁了大半天。当时，他真是难过极了，简直都快失去信心了。最终我们还是返回去，余下的时光都是在海滩度过的。"

我注意到，在她讲述这个故事的时候，她的男朋友比尔非常窘迫，缩到了一边。女孩没有注意到比尔困窘万分、如坐针毡。不一会儿，更多的人走过来，而她则继续讲着同样的故事。我发现，比尔很快离开了。我想，比尔这时一定觉得很没面子，对女友的做法心存不满。

其实，她根本无意伤害他，只不过她不了解火星人是多么敏感。如果那个女孩的叙述方式稍微做些改动，或许比尔就不会感到这么尴尬。

其实，女孩完全可以换个说法来讲述那个故事，她可以这么说："我们的冒险经历简直让人难以置信！比尔决定租用机动脚踏两用车，我觉得这是个好主意。我们全部的出行事宜都由他全权负责。不幸的是，当我们到达郊区时，我的车坏掉了。我当时可真着急，不知道该怎么办。比尔简直太棒了，他一边安慰我，一边不停地向过往的每辆车挥手。最终，他拦下了一辆车，我们终于平安地回来了。我们在海滨度过了美好的一天。"

同样是真实而准确地表达事情的经过，所不同的是，注意力集中放在哪里，积极还是消极，所产生的效果也是截然不同的。让我们再看看，女人是怎样不知不觉地把男人拒之门外的。

②积极的态度与消极的态度

有一次，我在电影院与女朋友约会。无意中，我听到一对六十多岁的老年夫妻谈话。很显然，他们正在谈论他们早年的一次约会。尽管我只是听到了他们只言片语的交谈，但我还是明白他们曾经发生了什么。

那时候，这对夫妻还是恋爱中的情侣，他们一起出来看电影。他觉得这部电影她一定会喜欢，但出乎意料，她竟然非常讨厌它。即使到了现在，提到这部电影时，她依然表现出非常厌恶的样子。

我从他们身边经过，我听到他说："嗯，当时你想做什么呢？""我想要站在这里，大声地告诉每个经过的人，那是一部多么糟糕的电影。简直不敢相信有人会拍这样一部电影。真是太可怕了，人们都不应该看它。"

现在，他仍然觉得带她看电影，一定会重温当时的沮丧。

许多女人还没意识到，在恋爱过程中，男人如果做了任何事情让女人开心，他就如同赢得了赞赏。女人的快乐能够点亮男人的生命，同样，男人细致入微地满足女人的需要与感受，也能够使女人的生命豁然开朗。

不幸的是，女人的态度却常常强烈地挫伤男人的追求动力。女人抱怨餐馆的服务多么差时，他或许会觉得她正在埋怨他。在毫无知觉的情况下，女人就使男人原本浪漫的心情荡然无存。在恋爱中，通过注意分享积极的情感，女人就能够保证两人的感情自然地发展，展现彼此的吸引力。

如果女人说："在不久前的一个晚上，我玩得开心极了。那帮家伙棒极了……"其实，她可能有意地忽略了如下事实：那天晚上，她不得不等上三十分钟才能使用卫生间，或者她厌恶那些家伙朝她脸上吐烟圈。只谈好玩的事，避开消极的一面，她的谈话可能会相应地简短一些，但是他对她的讲述却饶有兴味。然后，她可以将不开心的事与闺中密友诉说，得到她们的理解与同情，这些不愉快的事情便很快烟消云散了。

有选择地做出响应

男人觉得自己被需要、被感激时，他就会因此被鼓舞。如果女人能够对他所做出的哪怕是一点点努力而积极响应，那么他的爱、他的吸引力、他的兴趣就有机会增长。

女人学会上述三种女性特质（自信、善于接纳、积极响应），她在男友的眼中，就是那个最迷人、最有魅力的女人。并且，如果她有意识地选择以这样的方式表达自己，那么她也同样会变得更加幸福。

第18章

Mars and
Venus on a Date

女人爱胸有成竹的男人

只有极少数男人懂得在女性面前充分展示他的男性魅力，大多数的男人却对此常常感到手足无措。假如，男人都清楚了解在女人眼中的什么样的男人最有魅力，那么，他必将对男性魅力的内涵有全新的认识。在追求女人的过程中，他将清楚地看到男性特质是如何一点一点地推开女人的心门，让她毫无保留地爱上他，心甘情愿地为她付出。这样的男人，便是任何女人都无法抗拒的情场王子。但是，男人毕竟是男人，要清楚了解女人的所思所想并不是件容易的事情。因此，对男性魅力的研究就极有必要了。

我长期对两性情感关系的研究表明，有这样特质的男人对女人最具吸引力——随和的个性、英俊的相貌、温和友善、风趣幽默、机智灵活、肌肉发达、擅长各种娱乐活动、富有多金、功成名就、睿智沉稳或极有情趣。除此之外，最为重要的一点就是，他与女人在一起时，能让一个女人更有女人味。

女人觉得："在这个男人面前，我就是一个小女人，可以撒娇耍赖、可以柔情似水。"她身上的女性特质被他唤醒了，男人成功地开启了她女性情感的闸门。此时的女人最有女人味儿，也最具吸引力。

男人必须在女人面前展现出男子汉气概，这种男子汉气概包括充满自信、目标明确和有强烈的责任感，正是这三种男性特质，吸引着女人，使女人自信、善于接纳他并且对他做出积极的响应。

男人应该努力培养这三种特质，在恋爱中有意识地实践男人的魅力。他就能用他的力量征服女人，将最终赢得她的芳心，与她顺利地走完恋爱的五个阶段。

第一种特质：自信

男人魅力无穷的第一种特质就是自信。男人信心百倍时，身边的女人立刻就能感受到。她会自然地开始放松身心，并且确信："这么自信的男人一定能够满足我的需求，做我坚强的后盾。"当男人缺乏自信时，女人只能焦急担心，付出更多的感情来关心他和保

护他。但是，长此以往，男人找不到爱情的动力，女人陷入了无尽付出却得不到回报的泥沼，这样的爱情往往不能长久。正是男人的自信，使依偎在他怀中的女人可以深深地呼吸，放松下来，让爱情的阳光照进她的心田，开始惬意地接受他所提供的支持与帮助，享受爱情的甜蜜与温馨。

当然，自信不意味着男人完美无缺，也并不代表他能够所向披靡。自信是在困难面前的一种"我能做"的姿态。自信的男人知道，不管发生什么事，总是有办法解决的。即使现在他暂时无能为力，他也相信自己能够并且最终将会找到答案。

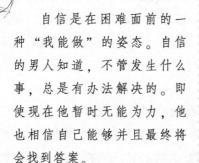

> 自信是在困难面前的一种"我能做"的姿态。自信的男人知道，不管发生什么事，总是有办法解决的。即使现在他暂时无能为力，他也相信自己能够并且最终将会找到答案。

男人拥有自信，就会变得积极而主动，直面困难，不会退缩。无论忧伤受挫之时，还是春风得意之际，他总能保持冷静、清醒与镇定。如果一个男人总乱发脾气，言语卑鄙下流，那么他的内心一定是极度缺乏自信的。

内心充满自信的男人是深藏不露的，他从不轻易泄露他的感情，唯有他很有把握的时候，他才会表现出来。他坚信，无论发生了什么事，他总能找到解决的办法，使情况得以改善。无论事情变得多么糟糕，他也能经过不懈地努力，最终找到解决办法。自信的男人清楚了解自己的力量，在力量不足时，他们不会单枪匹马一味蛮干，而是从行家那里寻求帮助，然后再着手解决问题。正是自信的态度，使女人得到安慰，她会踏实许多，她会知道："有他在，一切都会好的。"

①男人有计划

自信的男人能为女人提供计划安排，女人爱有计划的男人，而

不喜欢依赖她、事事都需她指点的男人。尽管女人有时会给男人提供许多建议，但在潜意识里，她们却希望男人自己自信的解决问题。

以一次约会为例，如果男人事先把约会的计划安排妥当，女人就能够充分享受约会的乐趣。他知道什么时间做什么，要到哪儿去，要花多长时间，更重要的是，他钱包里有充足的现金，足够应付两人约会的所有开销。如果遇到突发事件，约会进展并不尽如人意，没关系，他还有备用计划。自信的男人将变化纳入计划中，他将适时地判断目前的情况，然后进行合理安排，这样自信、做事有计划的男人，将永远受到女人的爱慕。

②当男人失去自信时

自信是男人与生俱来的，但是当某些突发事件降临到他们头上，使他们猝不及防时，他们也很容易失去自信。我们再以一次约会为例，如果一个男人不了解女人的心思，安排了一次失败的约会，他很有可能会自此失去自信，没勇气再见任何女人，不知道吸取失败的教训去安排下一次约会。

其实，恋爱永远不可能是一帆风顺的，男人不用太过于介意失败，更不能轻言放弃，失去自信的态度。如果在恋爱中你能稍费心思，你就能胸有成竹地解决遇到的各种问题。

③运用火星人与金星人约会的技巧

当女人对男人感到失望时，或者有什么意想不到的因素使他的计划失败时，他很容易变得非常敏感，防御之心大增。如果他精心安排的约会她不喜欢，他就会觉得："她一定不喜欢我。"但是，如果他是个自信的男人，就不会以为一点挫折而退缩，即使她对他的安排并不领情或者很失望，他也不会心存不满，垂头丧气。相反，他会运用他的"火星人与金星人的约会技巧"，适时地改变他的计划。

如果对女人有所理解，他就知道有时候耐心地倾听她的建议，

比一味地试图解决问题更有效。当女人不满、难过、失望时，大多数男人会试图去劝说她、安慰她，其实，这么做却总是适得其反，无法解决为题。倒不如什么也不做，耐心的倾听更为有效。倾听的时候，他不会随意插嘴，也不会试着引导她以不同的眼光看待问题，这样，她就有机会感觉到："他关心我的感受，正在努力了解我的想法。"男人真心实意地关心她、理解她，无论现实多么让人失望沮丧，她都会觉得好受多了。有些男人总以为要做出什么呼风唤雨的大事才能够感动女人，其实不然，如果你能注重生活中点点滴滴的小事，找到适当的方法为你的爱人去解决问题，女人会因此而感动不已，你的吸引力也会倍增。

第二种特质：目标明确

男人有计划、心怀梦想、有明确的方向、开拓的视野和广泛的爱好，他就会极具吸引力。其实，他的魅力并不在于他的计划多么伟大，而在于他有热情实现他的目标。其热情越高，就越发迷人。

在恋爱中，如果男人的计划是关注心爱女人的幸福，一心想让她开心，她就会为他所迷倒，为他所俘虏。但是，爱情并不应该是男人全部的目标，如果男人为了爱情放弃了事业或者使事业停滞不前，不一定能将女人感动，相反，可能会给她的感情施加很大的压力。因此，感情生活之外，男人需要有别的目标。他需要明确生活的方向，有一定的事业基础，才能为恋爱和结婚做好充分的准备。当他实现了奋斗目标、当他的辛勤获得了丰厚的回报时，与最心爱的女人分享成功的喜悦，能够使他的生活变得意义非凡。

只要男人有目标、有理想，并且不放弃，那么他就有前途、有未来。这样的男人才值得女人放心去爱。男人对他的工作、他的爱好、他的奋斗目标和他的未来极有热情，他就极具魅力，女人也会觉得与他在一起非常放松而惬意。

在男女交往中，男人也应该有明确的目标。为了追求到心爱的女人，就应该对她不懈地付出真心，提供支持与帮助。只要在交往

中保持"有目标"的态度，两人的感情就有机会增长。有些男人对工作的热忱远远胜过了对感情的关注，这时候，男人必须稍微停下脚步，有意识地多花些时间与心思放在感情上。男人需要有成功的事业，也需要有一段稳定而美满的感情，两者是男人幸福生活的全部支撑，缺一不可。

第三种特质：责任感

男人兑现他的诺言时，他就会自然而然地流露出责任感，同时还表现出自信。这样的男人常常能使受到女人的欣赏和爱慕。

这就是为什么成功男士总能吸引到女人爱慕目光的原因。其实，真正吸引女人的是他成功的责任感。长期严于律己，辛勤工作，使他获得了成功，所以，他由内而外散发着一种责任感。也许他无暇顾及日常生活中的琐事，没办法将方方面面都照顾全，但是，对那些非常重要的事情，他会极富热情，倾尽全力，勇于承担责任，他的这种能力在对目标坚持不懈的追求中得以彰显。

有责任感的男人，在感情上能够关心女人，而这正是女人最最渴求的。女人与一个男人恋爱，如果她感觉到："他想要寻觅一份有意义的感情。"他越关心她，她就越肯定这份感觉。在恋爱中，男人能够表达关心的一种方法，就是多考虑到一些小事，特别是细节。每次他这么做，就会使她放下心来："噢，跟他在一起，我根本不用时刻绷紧弦，我完全可以放松身心，享受这美好的时光。"他的责任感允许她得以轻松。

①为什么男人需要绷紧弦

当然，男人也不必每时每刻都神经紧张。但是，如果两人处于恋爱的前三个阶段时，他确实需要时刻绷紧，片刻也不能放松。此时对男人来说，爱情就如同他的事业，容不得半点疏忽。所谓职业男人，就是不论他喜不喜欢一份工作，他都可以去做；不论他的情绪好坏，都不能影响工作。这样，他才是值得信赖的、负责任的。在恋爱中也是同样道理，无论男人感觉如何，他都要站在女人的那边。

没有责任感的男人，会将自己面临的所有问题向女人诉说，企图让她分担，这样很糟糕。当然，进入恋爱的第四阶段（亲密性）后，男人就可以暂时放下他的责任感，与她分享他更为脆弱的一面，但是，前提必须是两人已经交往了很久，并且很清楚地知道他可以承担生活的责任。在认识男人脆弱的一面前，男人应该清楚地表明，他能够对她和两人以后的生活负责。乍一听起来，似乎不太公平。就好像男人理应顶天立地，负起所有的责任，而女人却心安理得享受生活。然而，事实就是，当女人放松身心、任他去承担责任的时候，男人心底的责任感和男子气概被激发出来，他才会更爱这个女人。唯有此时，女人乐于接受、积极响应的最具女性特质的一面才得以唤醒。

②约翰逊的拒绝

起初，约翰逊拒绝接受这种观点。他说："等一下，我喜欢女人也承担责任。我不想每件事情都亲历亲为。"后来得知，约翰逊从未在恋爱中体验成功的快乐。他家里姐妹很多，但却没有父亲和兄弟。在他的生活中，从小就被许多女人呵护着、照料着。可以说，他从没品尝过一个男人成功地为自己负责所获得的那种满足与快乐。同样，他也从没拥有过"我能成功地给一个女人带来幸福"的这种自信。特殊的家庭环境，塑造了约翰逊特殊的性格。

他的母亲和姐妹们从来不会接受他的建议与计划。她们总是指导他、改变他，甚至对他横加指责，严厉批评。在内心深处，他只是个小男孩，他的心灵没有机会长大成熟。在家里，不允许他产生自我意识、体会男人的义务与责任。结果就是，在他长大成人后，他企图不冒任何风险追求女人，只是找那些喜欢他的、母性感强的女人，她们愿意承担责任。让女人负责任，躲在女人的避风港里，让他觉得既舒服又安全。当然，我必须插一句，约翰逊是个能玩爱闹、活泼风趣、擅长娱乐的男子，但是他在 47 岁的时候，仍然找不到合适的女子一起步入婚姻的殿堂。

参加了我的研讨班后，约翰逊发现了症结所在，他有意识地承担责任，在平时的交往中不断培养他的责任感，最终他学会了负责任地去爱，拥有了令女人幸福快乐的能力。六个月后，他终于找到了意中人，不久，与之喜结良缘。

③偶尔交换角色

在恋爱的第四阶段，热恋中的情侣交往日渐亲密，有时候，男人可以稍微放松一下，得到片刻的喘息，女人偶尔也从男人手中接过指挥棒，有创意地做些计划，承担部分责任，这种暂时的角色转换能增加彼此的新鲜感。但是这只能是暂时的改变，切不可成为规矩。当女人觉得累了，想要休息的时候，男人要立刻打起精神，开足马力，守护在她的身边。即使此时你不在状态，也不能让她继续承担责任。当务之急是，尽快调整过来，返回到恋爱的工作状态中去，作她的坚强后盾。

④当男人负责任时

男人勇于承担责任，就是女人爱他的原因。现代女性有独立的思想和生活方式，已经习惯了为自己负责，于是在两性交往中，也常常热衷承担相应的责任。但是，这并不意味着男人可以放松下来，相反，此时男人的责任感却愈发变得重要了。男人负责任，使女人从原来紧张忙碌、错综复杂的工作和生活中得到暂时解脱，在情感领域获得身心的自由与解放。

女人缓解压力、求得放松的特有方式，便是与爱人分担生活和工作的压力。她信任一个男人，让他分担她的苦痛，此时，男人的幸福感和满足感便

> 女人就是这样，除非她能够把自己心中郁积的烦闷告诉他人，否则她会觉得到处都充满了隐患与问题，事事都得她亲自去解决。

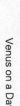

会油然而生，两人的感情才能与日俱增。

女人就是这样，除非她能够把自己心中郁积的烦闷告诉他人，否则她会觉得到处都充满了隐患与问题，事事都得她亲自去解决。如果你是她最爱的人，并且能静静地聆听她的心声，不打断她，不试图给她提供解决方案或者嘲笑她的小小不快根本不值一提，她就能迅速消化掉这些负面的情绪，不再为此烦恼不已，心情也会豁然开朗。但是，你也绝对不能作壁上观，你必须做出姿态，让她知道如果她需要，你随时可以帮助她，替她承担责任。这无疑会产生更佳的效果。她会觉得心情舒畅、爱意盈盈。

其实，此时，重要的不在于你为她做了些什么，重要的在于——她向你倾诉、和你讨论。对她来说，这就是男人所能提供的最最重要的支持。

约会可以其乐无穷

男人满怀关心、理解和尊重的态度，为女人做一些小事，你在女人眼中的位置就会得到提高。如果你能将书中的约会技巧运用到实际当中去，你的约会质量将大为改观。即便是现在你仍然在茫茫人海中寻觅，尚未遇到意中人，但是拥有了这些技巧与理解，寻觅灵魂伴侣的旅途就会变得更加轻松愉快、乐趣无穷、激情无限。

第 19 章

Mars and
Venus on a Date

为什么你还单身？

现在，许多女人仍然单身，她们也想结婚，但是环顾四周，情景却颇为凄凉，人影憧憧，竟无中意之人。她们心中感慨很多："为什么时至今日，我仍是形影相吊？为什么举目四望，竟没一个男人能够让我托付终身？"女人情场失意，与长相无关，甚至与性格、事业或者周围可选择的男人数量也无关，而绝对与她们处理感情的方式有极大的关系。

这些女人在与男人的交往过程中，总是自以为是，用她们的方式，与男人交往。她们自强自立，非常小心地控制自己的感情，对于爱情，甚至有些不屑一顾。当她们被问及："你需要男人吗？"她们非常自豪地回答："我不需要，我完全能够自食其力，没有男人的日子，我也照样过得有滋有味。"然而，果真如此吗？事实上，有谁不希望有一段美好恋情，与心爱的人共度一生呢。这些心高气傲的"女强人"们只是羞于说出"需要"这句话。下面是一些"女强人"们的回答：

你需要一个男人吗？

"不，其实我根本不需要男人。当然，我也愿意有一个男人走进我的生活。"

"不，我不需要男人。但是想想要是有个男人走进我的生活也不错。"

"不，我无需男人。我完全可以自己照顾自己。我与一个男人在一起，只是因为我选择了他，而绝非我需要他。"

"不，我的生活里根本不需要男人，我可不想再有一个父亲来管我。"

"不，我还没有绝望。我对爱情仍然充满了憧憬，我想拥有一段美好的爱情。"

"不，我曾经有过美好的爱情，有过完美的情人。所以我已经不再期待拥有爱情了。我现在只是想找个人与我做伴儿，分享我的甘苦。"

　　"不，我要一个男人做什么呢？我完全能够自己养活自己。瞧，我现在不是过得挺舒服吗？要是有个人能陪陪我就更好了。"

　　"不，我不需要男人。我只是想寻找浪漫和亲密的交往、恋爱插曲、偶然的邂逅。"

　　"不，我现在很快乐。我只想找个人陪我一同参加朋友的婚礼、出席晚会、一起看电影。"

　　"不需要，真的不需要。不过也不能总是一个人过日子。"

　　从上述回答中我们不难看出有些自我安慰的味道，这些"女强人"时常为她们自力更生的态度而骄傲，但那却并不能增添她们的吸引力。她们也像普通女人一样期待爱情的来临，只是期待常常落空。

　　多年来，她们经历了人生的风风雨雨，才在这个男性占主导地位的世界谋得了一席之地，能够自给自足。她们一直相信，不懈努力能够为自己平添魅力，有着充足收入的女人，对男人必然更具吸引力。然而，突然有人告诉她们，女人不能老是那么精明强干，女人又要回归依附男人的状态，才能得到男人的青睐，她们变得困惑了。

　　身为女人，需要搞清楚为什么自己也会需要一个男人，才能解释明白这些困惑，才能学会如何以一种健康的方式表达女性特有的柔弱。

为什么女人需要男人

　　现代女性，面临前所未有的、来自社会、工作、生活方方面面的压力，她们自强自立，能够自己承担一切，所以，她们不再有明显的理由需要男人的帮助了。而在过去，女人必须依靠男人才得以生存。她们需要得到男人的保护，需要有一个坚强的臂膀可以依偎。女人向她自己、她的朋友，乃至全世界大声宣布"我需要一个男人"时，她会觉得非常舒服、非常坦然。而今天，女人仍然说她

257

需要一个男人照顾时，会感到很尴尬。

在婚姻的道路上，女人必须首先明确自己需要男人做什么。一个女人越自立，她就会越渴求从男人那里得到浪漫的爱情、坚贞的友谊和相依相伴的永恒。现代女性更为深切地渴望彼此亲密无间的感情，而这些唯有通过两性间良好的沟通与浪漫的交往才能得到。

女人表面上越不屑于男人的帮助，内心就越期待男人浪漫的温存与关爱。即使是女人已经成为人母，她还是要依靠男人体力上的支

> 一个女人越自立，她就会越渴求从男人那里得到浪漫的爱情、坚贞的友谊和相依相伴的永恒。

持，帮助她照看幼小的孩子，她仍然需要这个男人的浪漫体贴与关爱。女人的思考方式在近三十年内发生了翻天覆地的变化，但是唯有浪漫历久弥新，在哪个年代都极其重要。

女人需要什么

当一个男人极有绅士风度地躬身为女人打开车门时，并不是因为女人不能自己打开车门才这么做的，而是为了表示他对女人的关心。他在告诉她："我懂得你为我付出了多少感情，那么今晚，就让我为你效劳吧。""你是最特别的。让我告诉你，在我心中，你的地位有多么重要吧！"

在恋爱中，女人一次又一次感受到这种信息，她就变得更为放松，并且逐渐被男人的爱意灼热。一种前所未有的幸福感油然而生，她非常满足而惬意，那是因为一种深切的渴望和需求融合在一起。这就是爱，这正是女人所需要的，而且这也同样是男人乐意给予的。

无论在工作中还是在家里，女人的经历都是漫长的，她们照顾了别人的需要，可是自己的呢？女人同样也有许多需要。下面我列

出部分现代女性的"需要清单"。

一个女人的需要

她需要有人真正关心她、在意她。

她需要有人愿意照顾她的需求。

当她不去考虑其他人想要什么的时候，她需要有人顾及她的想法和愿望。

她需要有人懂得她喜欢什么，当她考虑不周时给她建议。

她需要有人猜想她的所需、所想、所愿，无需她开口就主动为她提供帮助。

她需要有人关注她、爱慕她、崇拜她。

她需要有人想念她、渴求她。

她需要自由自在地谈恋爱，并且相信她的爱终将有回报。

她需要有人关心她的身心健康，并且能够准确地体会她的感情。

她需要有个知心人，对他袒露心扉、倾诉衷肠，而他则绝对值得信赖，根本无需担心他打击她的自信，使她失了颜面。

她需要有人把她当成手心里的宝。

在生活中，她需要有人帮助她，唯有如此，她才不会事事亲历亲为。

她需要与某人相亲相爱，感受激情与亲密。

女人，不仅仅需要这些，她还需要某人指引她实现她的梦想。这个特别的人要能够自然而然地就令她产生全部的反应——身体的、情感的、思想的和精神的。当然，这些需要并不能满足她的生存需求，它们只是能帮助她感受到一种更高层次的情感满足。

一旦低层次的生存需要得到满足后，那么高层次的、对爱情与亲密关系的需求就变得更为重要了。

恋爱的五个阶段正是使女人的需要逐渐满足的过程。为了让自己得到真正的满足，在与异性交往的过程中，女人只需要抱着这样的希望："有一天，我会得到满足的。"同理，男人也不要总是想着满足他的性欲望，他必须这样希望："我们的交往正在朝着那个

259

方向努力。"

当一个男人走入一个女人的世界，主动对她表白："我喜欢你，愿意帮助你。"女人就会非常感激他的好意与爱慕。在情感层面，女人就会突然感觉到她在这世上不再是孤单一人了。

恋爱的模式

在男人和女人的恋爱中，男人扮演着给予者的角色，而女人扮演的则是接受者的角色。他们之间交往越深，越强化了这一重要的模式——男人满足女人的需要，而女人则大方地接受。其结果就是，男人变得更加自信、果断和有责任感，而女人则变得更为自信、乐于接受和做出积极回应。这个道理帮助我们在恋爱中激发对方最美好的一面，而这必将使我们也展现出自己最好的一面。

对于这种恋爱的模式，有些人并不认同。他们认为这么做无疑是降低了女性的地位，意味着如今的女人仍然处于软弱无助的状态。他们担心要是不断鼓励这种约会的观念，就会形成一种不正确的概念，即：女人是无用的。然而，这绝非事实。

为什么男人要给予

当男人礼貌地为女人打开车门时，这个举动意味着对他来说她是特别的，他愿意为她做点点滴滴的事，让她过得尽可能地舒适与温馨。

用餐完毕，男人潇洒地为女人买单，意味着请她用餐是他莫大的荣幸。白天一整天地辛苦劳累，所以他想给她一个美好的夜晚，让她能够放松身心，调整心情。

要理解男人不断给予的动力，首先要理解男人和女人得到情感满足的方式是不同的。男人通过付出来得到满足感，而女人则是通过接受来获得幸福感与满足感。

男人需要什么

令女人感到沮丧的最主要原因就是孤独。女人最不幸的时候，就是她们自己承担所有的事，身边没有支持、相伴的人。

男人则恰恰相反。男人如果能自己承担责任，他的心里便会感到自豪。如果他能为其他人提供帮助，别人越需要他，他的自我感觉就越好。

> 令女人感到沮丧的最主要原因就是孤独。

男人愿意觉得自己精明强干。男人喜欢"被人使唤"。只要他觉得付出得到了相应的回报，那么在他帮助他人的同时，一种巨大的满足感就油然而生。当一个男人有责任感、肯付出、为人称道、也得到了相应的回报时，他就是最幸福的男人。相反，当女人觉得被人呼来喝去，"使唤"太多时，她们就会变得极其沮丧。

引起男人沮丧的最主要的原因就是他感到自己毫无用处，没人需要。这就是为什么失业中的男人或无事可做的男人脾气不好的原因。如果男人付出了很多，却得知他根本派不上用场，别人并不需要他，这时，他就如同当头挨了一闷棍，沮丧不已，再也无法振作起来。男人感觉被需要、被渴求时，他的自信心空前强大，生活似乎也更有意义了。自然而然，责任感充满胸怀。

被别人需要将激发男人的本性，向对方展示自己最好的一面。在恋爱中，女人向男人表达她的渴求让男人很有成就感，对男人付出表示感谢将是激励他继续付出的动力，但是许多女人并不知道这些对一个男人来说是多么重要，常常忽略了。当一再付出没有得到积极的响应，没有感谢时，男人就不会再自觉地为女人做事。

下面，我们将深入探讨男人沮丧的根源，这将帮助我们理解为什么男人需要感激。下面是一个男人的"需要清单"。

261

一个男人的需要

他需要有人注意到他的努力，并且对他表示感谢。

他需要成功时有人分享。

他需要女人给他机会，让他满足她的需要。

他需要有人接受他本来的样子。

他需要有人激发他展示最好的自我。

他需要有人信任他，依靠他。

他需要有人鼓励他、激发他做到最好。

他需要有人特别喜欢他、爱他。

他需要积极地回应。

他需要有人接受他的安排和建议。

他需要有人崇拜他。

他需要有人原谅他的错误。

他需要有人欣赏和认可他最优秀的品质，比如说有耐心、有力量、慷慨大方、温和友善、勇于奉献、忠实、自信、富有同情心、有勇气、赋予智慧、风趣幽默和能玩爱闹。

男人和女人有着不同的需要，但是却是彼此互补的，这就是完美。

乐于付出的女人

当一个女人完完全全地付出了自己，即使她也得到了相应的回报和感谢，但是这些仍然不是她最需要的东西。这世上，有许许多多成功的女人有着鲜为人知的一面，她们正在背着别人偷偷地服用药品或者向心理医生咨询——治疗抑郁沮丧。她们沮丧的根源是她们倾心付出，却无法得到完美。

付出很多、乐于牺牲的女人并没有什么错。付出是一种充满爱意的表达，终归是件好事。但是，当女人得不到她们所需要的支持时，问题就出现了。女人的付出越大于她的回报，就越发无法满足。

太有责任感的女人

女人的责任感太强，就会对男人缺乏吸引力。过去，女人基本上无法自给自足，她依靠男人来生存。女人的这种无助感实际上对男人非常具有吸引力，给男人自信，使他感到生活有了目标，自己有责任要养活她、支持她。

但是，如今时代变了，女人不能再像以往那样软弱无力了。现代的女人与男人一样接受高等教育，与男人一样工作，女人有能力养活自己、对自己负责了。这无疑是一件好事，代表了社会的进步、时代的发展。但是，这种变化也引发了新的问题。有时候，女人越成功、越有责任感，她就越可能变得不能吸引男人的注意，因为太过于强势的女人总会让男人望而生畏，不敢靠近。

> 有时候，女人越成功、越有责任感，她就越可能变得不能吸引男人的注意。

当然，事情也并也不全是如此糟糕。如果那些事业上成功的女人注意调整好自己的心态，认识到自己的生活中无法缺少男人，适当地显示出自己的女性魅力，她就能成功地吸引最适合她的那个人。

做到需要但不过分渴求

冰雪聪颖的女人早就意识到过于渴求和依赖男人，最终肯定会失去他。但是，如果不分青红皂白地全盘否定女人对男人的需要，这就有些矫枉过正了，最终的结局一样不会圆满。现代许多女性自尊心非常强，有些人完全否定或者极其理智地控制对男人的需要，不在人前流露出这种需要。在她们的思想观念里，她们可以想念一个男人，她们可以保持一段感情，她们能够与一个男人生活在一起，但是承认她需要一个男人则是万万不可以的，似乎承认了这种

需要就侮辱了她们自立自尊的形象。

但是，如果不要过于钻牛角尖，而换位思考，以男人的眼光来审视女人，她们就会明白，其实还有两全其美的选择。女人完全可以既表现出对男人的需要，又不必显得过分渴求。

如果一个女人变得充满渴求，她就会觉得她需要的远比这个男人提供的多。她开始为他难过，为他掉泪，暗自感叹他不懂她的心思。这种情绪积累到一定程度，就会爆发出来。男人也因此被激怒，并不是她过多的需要惹恼了他，而是她吝啬表示感激，使她显得有些贪得无厌、不可理喻。

因此，为了避免这种矛盾的发生，女人只要将注意力集中到感激男人已经为你付出的一切上，就能够避免显得过分渴求。逐渐培养自信、接受和积极回应的态度，你自然就会得到的更多。

即使不需要，女人也完全可以大方地接受男人的给予。男人的付出得到接受时，就是对他的一种极大的逢迎。

女人清楚地意识到自己的需要，并且相信能得到满足时，她是最具吸引力的。这就如同男人自信的时候最有魅力一样。这种自信的态度，让女人根本无需刻意否认她需要男人，女人完全可以承认，至今单身只是因为最适合自己的那个他还未出现。女人的自信使她确定，尽量展现最美好、最积极的一面，增添自己的吸引力。当一个女人逐渐培养这三种女性特质——自信、善于接受、积极响应，那么她就拥有了这样的能力，可以尽情地表达她对男人的需要，却又不会让别人感到她过度渴求。

给男人传递正确的信息

要想获得自信但并不过分渴求男人，女人应该给男人传递正确的信息，即：她相信她最终能够使自己的需求得到满足。这种开放性使男人对她充满兴趣。当女人高兴地接受男人所提供的帮助，那么男人就得到这样的信息："如果我追求她，我的示爱可能会被接受，不会遭到拒绝。"回应他试图取悦你的行动，男人就会想：

"如果我进一步追求她，可能会比现在更为成功。"三种女性特质确保了女人不会给男人传递错误的需求信息。

与此同时，她也能引发男人尽情地展现男性特质。男人越多地感受到他应该呵护眼前的女人，尽可能地为她提供些什么。自然而然，他就会更为自信、更有目标和责任感。

男人的自信，源自女人的信息："这份工作向你敞开了大门。"男人的目标，也是因为女人接受的笑容，他能够得到"使她开心"的工作。你瞧，女人积极的响应鼓励男人产生这样的想法："看来，我一定能够成功地满足她的各种需要。"这种鼓励使男人有一种使命感，并为此继续付出努力。

其实，需要一个男人就如需要健康一样，是人生必不可少的一部分，并不是一件耻辱的事情。当女人刻意否定她需要男人的感情时，她就无意中破坏了恋爱的进程。女人是真心想要寻找一份永恒持久而又充满爱意的感情，却又每每以伤心失望告终。所以，这些女人必须进行自我调整。通过适当的转变，以一种健康的方式承认自己对男人的需要，女人就能够打开尘封已久的心，让最适合自己的那个男人走进来。

第 20 章

Mars and
Venus on a Date

到哪儿去发现你的灵魂之侣

婚姻幸福的人经常说："我遇到另一半总在我根本无意找寻的时候。"两人的路径突然交叉，好像纯属偶然。他们"碰巧"在一个晚会、一次旅途、一次散步、一次教堂唱诗班、一次集会或者工作中相遇。他们认为是机会和命运使自己成功地找到合适的伴侣。

这样的人很幸运，因为他们根本没有刻意去寻找，他们根本没期望什么但是最终却意外地找到了合适的伴侣；他们的相遇纯属偶然，他们得到命运的眷顾。

但是，世间一切事情都有其缘由，人们发现他们的另一半绝对是另有原因的，尽管他们不曾意识到这些原因，从而简单地将其归结为命运、运气或者机缘巧合。但是，仔细研究，我们就会发现，在他们遇到并且认出最适合自己的伴侣之前，有一些特定的条件已经成熟了。接下来，我们通过分析、了解这些特定的条件，并且有意识地去创造条件，找到加速发现合意伴侣的方法。

天助自助者

人们经常把找到灵魂伴侣完全归功于机遇和命运，那是因为他们并不曾意识到究竟是什么在起作用。诚然，万事万物都因造物主的馈赠而圆满，但是人必须先自助而后天助。如果你每天都浑浑噩噩，根本不知道自己在做些什么，忽然有一天，你就碰巧做了正确的事找到了意中人，这几率无异于天上掉馅饼。因此，在正确的时间，把自己置身于正确的地点，奇迹才有可能会发生。

即使爱情之果已经成熟，我们仍然需要去找寻它并且采摘它。同样，要发现你的灵魂之侣，你需要事先做好准备，需要置身于正确

即使爱情之果已经成熟，我们仍然需要去找寻它，并且采摘它。同样，要发现你的灵魂之侣，你需要事先做好准备，需要置身于正确的地点。

的地点。

通过前面的研究，我们已经理解了产生爱情有哪些不同的因素，由此，我们就能够发现遇到灵魂伴侣的最佳地点。在这些特定的环境和场所中，肯定会遇到一些吸引你或者被你吸引的人，让你产生健康的情感反应。但是，现在许多人并不知道到底如何促使健康的情感反应产生。

情感反应的首要因素：不同的兴趣爱好

我在多年的研究中逐渐发现，两性间产生健康的相互吸引，一定是无意中符合了某种可以预测的条件。其中，至关重要的一个条件就是，两个人有着不同的兴趣爱好。

> 两性间产生健康的相互吸引，一定是无意中符合了某种可以预测的条件。其中，至关重要的一个条件就是，两个人有着不同的兴趣爱好。

幸福的已婚夫妻总有不同的兴趣爱好。但是一般而言，必须在两个人共同生活了若干年后，才能惊异地发现，他们竟然有着很多不同的兴趣爱好。然而在交往刚开始的时候，他们注意的往往只是两人之间的共同兴趣。

一对恋人坠入情网，他们并不会到处宣扬："我遇到了最不可思议的人。她与我是那么不同。"相反，他们会说："噢，我遇到一个不可思议的人，我们有着许许多多的共同爱好，有着许多共同的话题。"他们之所以这么说，是因为他们尚未发现两个人的兴趣其实有很多不同。如果不理解这一点，那么单身人士可能会轻易地坐失良机，与灵魂伴侣失之交臂。

"兴趣和爱好不同的人们会产生感情"，这个理论能够解释为什么有时候我们想要找到合意的伴侣是多么困难。我们的伴侣与我们有着截然不同的兴趣爱好，他们也许在我们很少光顾的地方，遇到

与我们兴趣爱好不同的人的唯一途径就是偶然邂逅。所以，我们必须清醒地意识到这个事实，积极主动地到那些我们不常去的地方去寻找，那么，体验到触电的感觉、遇到意中人的机会就会增加许多。下面，让我们一起来看几个生活中的实例。

①吉米的偶遇

吉米是个单身母亲，她在一家餐馆工作。她曾对我讲述她的恋爱经历："为了参加一个健美班，我不得不重新调整我每周的日常安排。一次在健身中心，我在休息室里等候老师上课，我遇到了我现在的丈夫——彼特。我能够遇到他纯属偶然。彼特是一个合同工，他来这儿是想找一份工作。说起来真是不可思议，后来我们竟然会爱得那么深。我们是如此不同。他喜欢不断地寻求改变，而我则喜欢收集古董，喜欢安稳的生活。他是个共和党，而我是民主党。晚上他喜欢在家里，而我则喜欢出去吃饭……"

你瞧，他们的兴趣爱好是如此不同，如果不是他们在休息室的偶遇，吉米永远不可能找到彼特。

②在朋友的帮助下找到伴侣

马克是一名警察。他说："我遇到我的妻子薇基，是通过我的朋友察克。"起初，察克和薇基在一恋爱了三年之久，察克总向马克谈起她。后来，察克与薇基因为性格不合分手了，马克给她打了一个电话，于是他们开始约会。现在，马克与薇基已经结婚了，他非常感谢察克介绍他们认识，而且他们和察克至今仍然是很好的朋友。

"如果她以前不是察克的女朋友，我想我们根本不可能认识。我热爱运动，而她对运动不感兴趣。我遇到她的唯一机会，就是察克邀请我参加他的生日晚会。那晚，我和薇基一起打牌。"

"其实从那时起，我和薇基之间就擦出了一点爱情的火花。但是当时她还是察克的女朋友，所以我们没有继续交往。我现在仍然记得我当时的感受，我觉得察克真是个幸运的家伙。现在，我觉得我就是那个幸运儿。薇基和我的婚姻很幸福，我们现在已经有了几个孩子。而察克也与其他的女人结婚了。"

从这个例子可以看出，如果有一个男人也像马克那样，不喜欢参加聚会，那么他偶尔参加晚会、舞会或婚礼的时候，遇到意中人的机会就会增加。同样，一个女人也像薇基那样，不喜欢体育运动，如果她参加运动会、出席各种庆典和庆祝活动，那么她找到灵魂伴侣的机会也会增加。

③达芬的幸运计划

我们来看看达芬的经历。达芬，一名室内设计师，她告诉我："我遇到我的丈夫卡尔，是很偶然的。有一次，我的客户要换一个浴缸，而我不知该到哪里去买。于是，有人就给我他的电话号码，让我找他问问。然后，我打电话给他。噢，天哪，卡尔那儿的东西正是我迫切需要的。他为我提供商品的同时，我也发现他就是那个我可以托付终生的男人，是那个最适合我的人。我们立刻爱上了对方。真是命运的眷顾使我俩相遇，我以前从没为自己购买过浴缸，他总在我生活之外的地方。"

如果不是她的客户想要一个浴缸，达芬就永远也不可能找到她的丈夫。因为她自己对浴缸一点也不感兴趣。卡尔则是真正的户外运动者，是那种不修边幅的粗犷男子。他平时极少去购物，当然也不会咨询室内设计师。他们的路径永远也不可能交叉。

如果没有达芬的幸运项目，那么卡尔唯一能够找到达芬的途径，就是花更多的时间逛购物中心。花少许时间去室内设计店逛逛。而达芬呢，只能通过走出让她舒适的小圈子，才有可能遇到卡尔。去宿营，加入自然俱乐部或者参加漂流探险队。只有如此，她才可能如愿以偿。

触电的感觉

单身的人总是错误地认为，心灵相通的伴侣应该有共同的兴趣爱好。结果，他们努力找志趣相同的人做情人。他们大多都在最常去的地方找到兴趣相同的伴侣，但是，他们却从未想过，在那些与自己兴趣全然不同的人聚集的地方，找到灵魂伴侣的可能性会更大，

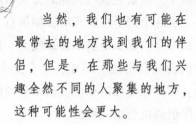

当然，我们也有可能在最常去的地方找到我们的伴侣，但是，在那些与我们兴趣全然不同的人聚集的地方，这种可能性会更大。

正是因为不同才产生吸引，相互取长补短，才能成为完美的恋人。

如果你在常去的地方没有找到意中人，那么不妨试着到你不常去的地方看看。即使你不会立即找到你的另一半，至少也会开始体验更多的感觉。你会变得更加令人欣赏，你自身魅力的增加，吸引力也会随之增长。

尝试做新的事情

如果我们有机会拓展自己的新领域，我们会被那些与我们兴趣截然不同的人深深吸引。我们会因他们的出现而兴奋，这将使我们涌现从没有过的感觉。而与你类似的人在一起，你可能会对她（他）产生好感，但是却很少会产生这样的触电感觉。尝试新的事物实际上赋予我们更多的能量，使我们看上去更具吸引力。

你要尝试一些新鲜的活动。如果你不喜欢跳舞，那么就尝试去上舞蹈课，或者去舞厅。如果你不喜欢出去吃饭，那么从现在开始多出去吃饭吧！如果你不爱运动，那么从现在起，就开始去当地的运动场馆，参加体育活动吧！如果你不喜欢学校，那么就参加一些晚间补习班。如果你经常开车出去，那么就尽可能地选择步行。如果我们只想与自己相处，我们就根本不需要找一个伴儿。所以，你必须要尝试一些新鲜的事情，这样，你就会遇到更多的人。他们中也许有一个，就是你的灵魂伴侣。放下你对爱情的固有看法，不是总想找和你一模一样的人，这样的生活并没有你想象中有意思。

如果你用上述方式拓展自己涉及的领域，那么你遇到灵魂伴侣的机会就会大大地上升。有了这种全新的理解，找到一个与你情投意合的情人就变得易如反掌。

情感反应的第二要素：互补的需求

产生情感反应的第二个因素就是互补的需求。恋人基本上都会具有对方所需要的特质。当一个男人具有一个女人所需要的特质时，那么她遇到他，就会有所感觉。对男人来说，也是如此。一个女人的需要，正好是一个男人所能提供的时，他同样也会有感觉。正是这种两个人的相互依赖，使健康的情感反应得以产生。

情感反应使我们在意中人面前自如地展现自我，而非时刻受限于迎合伴侣的意图。两人在坦诚相待中找到爱情。

①女人在什么地方能找到合适的伴侣

聪明的女人永远能够知道在什么地方能够有机会寻找到自己的伴侣，在那儿，她有可能最善于接受并且积极回应男人的付出。举个例子来说，如果你的电脑坏了，你对电脑一窍不通，需要得到业内人士的帮助，你可以到电脑市场转转，在那里很容易找到精通电脑的男人可以给你提供专业的帮助，说不定，你还有可能遇到最适合你的人。

你可以报名学习某些课程，为自己创造让别人帮助你的机会。或者参加一些你知之甚少的体育活动，让你更加乐于接受懂行的人所提供的建议。在这些过程中，你很有可能就能与某人擦出爱的火花。请记住，男人爱当专家，他希望能给女人提供帮助，解决问题，被女人需要，增加了他的满足感。

②男人请出现在被需要的地方

当女人提出需要帮助时，聪明的男人就能抓住机会，吸引住女人的目光，把握梦寐以求的女人。如果现实需要出现一个领导者、

组织者，男人就应该挺身而出，抓住这个吸引女人目光的好机会。即使你帮助的对象不是你灵魂的伴侣，在帮助的过程中也可能会有人关注你，将你介绍到另外一些人身边。

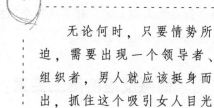

> 无论何时，只要情势所迫，需要出现一个领导者、组织者，男人就应该挺身而出，抓住这个吸引女人目光的好机会。

我举个例子来说明这一点，比如说你帮助照顾朋友的孩子，带着孩子在公园里玩，这个过程中，很有可能会有女人被你吸引。女人会想："这个照顾孩子的男人可真温柔体贴呀。他多有责任心呀。"她很有可能走过来，与你聊聊孩子或者别的话题，你瞧，这不就是一段美好恋情的开始吗？

在那些女人会依赖和寻求某种帮助的地方，能够最有效率地找到合适的伴侣。出现紧急情况，比如发生火灾、洪水、地震、风暴、台风或者飓风，都是你挺身而出的最佳时机，你的英勇行为便有助于你找到一个中意的爱人。

我一再强调，男人展现他的自信、目标以及责任感时，女人就很容易会对他产生感觉。她确信："我能够从他那里得到关心与体贴、理解与尊重，与他交往，我的情感需求能够得到满足。"下面，让我们举一个例子，看看情感反应是如何被激发的。

哈瑞，一个演技教师，曾对我说："我初次见到我的妻子，朱迪，是在我的一堂教学课上，那时，她是一个好学生。我对她可是一见钟情，可是我只能在授课时见到她，这短短的相见无法抵制我对她的思念。于是，我开始考虑邀请她单独出去。天哪，一想到这个念头，我简直就无法呼吸，心怦怦地跳个不停，我都不知道该怎么向她开口。最终，我鼓起所有的勇气，课后走到她面前，告诉她我想帮助她读剧本。这可真是个值得纪念的时刻。立刻，我们之间就擦出了爱情的火花。"

"接下来的一周，我给全班同学布置了一个浪漫的剧本，要求

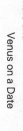

他们排演。课后，她羞答答地问我是否再次帮她读剧本。我当然说可以。我们在一起，要是让我与朱迪谈情说爱，我可真是个张口结舌的白痴，一句动听的话也说不出来，但是我是个教师，我可以读剧本。尽管这个剧本出自他人之手，但当我用心读它的时候，朱迪就完全被我征服了。直到今天，我仍然非常感谢莎士比亚。我还记得那天，我们彼此微笑着，从那时起直到今天，我们就一直微笑着面对生活。时至今日，我仍然帮助她创作她的剧本。我真庆幸自己拥有这个为她所深深欣赏的技能。"

情感反应的第三要素：成熟

产生情感反应的第三个因素是成熟。灵魂伴侣的成熟程度是相同的。随着岁月的磨砺，我们不断长大，对生活的理解渐渐加深。当我们遇到某个能够反映出我们的成熟深度的人，就会自然而然地感觉到情感的反应。当然，一个人的成熟并不一定随着年龄的增长而增加，但年龄无疑是一个重要的因素。

因此，在挑选伴侣的时候尽量挑选与你年龄相仿的人。如果你想要体验与异性产生感觉的方法之一，就是光顾一些与你年龄相仿的人常去的地方。比如说学校的校友会就是这样一个好地方。即使你不会在那里立刻遇到意中人，通过与以前的同学、校友取得联系，你也许会从他们那里得到帮助，从而找到中意的人选。

必须明确一点，只有我们做好充分的准备后，才能认出灵魂伴侣。在找到中意的人选前，我们需要首先了解自己。每一次恋爱，我们都能获得更高层次的经验，让我们的成熟度与辨别力增加。

一段长期的感情结束后，或者一段婚姻失败后，找到灵魂伴侣最好的方法就是重新拜访以前令我们痴迷不已的人。许多人都是在感情挫折中逐渐成熟起来的，因此，他们在感情的道路上继续前行时，就会发现以前可能难以为继的感情，现在又可以重新开始。让我们一起来看下面的例子。

①重新熟识

翠贝卡是一个图书管理员，她对我说："我终于结束了一段持续了两年之久的恋情，于是，我开始希望接下来的一周，能够安安静静地度过，把自己独处的时间都用在祈祷、冥想、集中精力读书。我觉得一直以来，我拥有的男人已经够多了，我对自己说：'这一周，是我与上帝谈恋爱的一周。'"

就在这时，意想不到的事突然发生。汤米，翠贝卡昔日的男友，给她打来电话。要知道，他们已经有四年没联络了。当时，他们的恋情持续了一年，但最终还是各走各的路。翠贝卡曾经深深地爱汤米，得知他另觅新欢后曾伤心欲绝。

汤米把这些年的经历在电话里向翠贝卡倾诉。原来，汤米离开翠贝卡不久后，就结婚了。他的婚姻只维持了两年，现在他又是个单身汉了。他这次打电话别无他意，只是想与翠贝卡打个招呼。在他们电话聊天的过程中，汤米意识到当初离开她是多么大的一个错误。他告诉她："经过了这么多年，能够再次与你谈谈心，感觉真是太好了。"

仅仅是一次电话，就为汤米与翠贝卡再次交往做好了准备。他已经决定与她进入恋爱的第三阶段，他已经成熟了，他知道自己想要什么，而且感觉到自己对她产生的全方位的情感反应：身体上、情感上、思想上和精神上。他真心地想给两人的感情一个发展的机会。他从过去的感情经历中成熟起来，他立刻就知道她是最适合自己的那个人。

尽管翠贝卡很感动，但她还是对他说："我这个周末要在教堂度过，我要把这个时间留给上帝。"汤米并没有像毛头小伙子那样，马上提出相反的意见，他兴奋地说："这就对了。这就是为什么我必须给你打电话的原因。我就是你祈祷的答案。"听到这句话，两个人都开心地笑了。汤米爱翠贝卡的意图如此坚决，翠贝卡最终答应了他的请求。

六个月后，两个相爱的人终成眷属。汤米和翠贝卡过去曾经相爱，但是那时，不是他们爱情开花结果的最佳时机。他们经过岁月打磨后，才拥有成熟的经验，才意识到他们是灵魂相契的伴侣。

②成熟意味着更具智慧

随着年龄的增长，我们变得更为成熟，拥有了更多的智慧和自我控制能力。如果我们以前有不良的习惯，比如酗酒，最终会因为爱的动力，鼓起勇气，改掉恶习。我们开始向那些把生活安排得井井有条的人学习。

③使你的生活恢复正常

贾斯汀在研讨课上听到了我上面讲的这番话，立刻意识到应该再次下决心戒烟了。以前，他曾无数次戒烟，却总是以失败告终。他常常想："我戒得了一时，戒不了一世，反正总是失败，该抽就抽吧。"可是，现在他终于明白，成熟能够使改变的力量增加，于是他决定再次戒烟。那时，贾斯汀已经 38 岁了，他坚信他能够做到。

在一次晚会上，他把自己戒烟的消息告诉了几个朋友，他们都为他感到非常自豪。也就在那个晚上，克里斯蒂娜，贾斯汀的前女友，又重新走到他面前。她为他的改变深深感动了。回想起他们以前的交往，正是因为他烟瘾太大，妨碍了她对他的爱。后来证明，贾斯汀和克里斯蒂娜是心灵相通的伴侣，但是那时他们并不知道，直到贾斯汀终于成熟起来的时候。

其实，并非长期吸烟使贾斯汀丧失吸引力，真正的原因是他缺少戒烟那种坚定的自信。改掉抽烟这个不良习惯，将他的意志锻炼得足够坚强，而他的心志也更加成熟，曾经令他魅力尽失的因素消失了。

④增加新的知识

我们懂得越多，却发现我们未知的东西也越多。我们拥有更加成熟的智慧，也就自然地想要探求我们所钟爱的主题之外的信息。

所以，另一种找到与你成熟程度相当的伴侣的途径，就是报名参加一个课程班，研究与你身心健康和切身利益息息相关的话题。

卡罗尔，一个保险推销员，曾经对我讲述她的情感历程："我是在你的'火星与金星'研讨班遇到我丈夫的。当时，我被他有兴趣了解女人和两性情感关系所感动。心里暗自想，如果我一定要嫁给什么人的话，那么这个人一定要懂得这些关于男人和女人的理论，或者至少有兴趣了解它们。我认为这样的人能给我承诺。"

"所以，看到他在课上认真听讲，并且不时提问的样子，我立刻就知道我能够信任他。我觉得是命运的安排使我们两个人走到了一起。然而，我需要克服一些困难。在我遇到他之前，我只上了七次课。困难就在我这边，我所遇到的这个男人，对拥有高质量的两性情感关系有着强烈的渴望。"

⑤从过去中走出来

有时候，随着我们年纪越来越大，我们就会认为事情总是千篇一律，平淡无奇。男人和女人对爱情感到厌倦，他们不愿意再次卷入感情的漩涡，他们认为每段感情都是千篇一律的。其实不然。这样的偏见是因为我们重复地走原来的老路。如果我们花时间从过去的错误中汲取教训，我们就有理由相信，未来的感情会更好。

波莉娜是一家电话公司的职业经理人。她说："我遇到我的丈夫，卡瑞哥，是在一次晚宴上，我的一个朋友介绍我们认识的。但是，当时我已经厌倦了爱情，一点也提不起兴趣再次谈恋爱。在这之前，我离过两次婚。但是，我却发现卡瑞哥的身上有着与众不同之处。其实，他的外形一点儿也不吸引我，可他却是我曾经见过的最有意思的人。"

"卡瑞哥比我大七岁，恰恰是我们之间年龄的差距让我魅力十足。他对事情总是采取一种深思熟虑而又体贴周到的处理方式，真是让我大开眼界，相见恨晚。他对世界的见解如此深刻独到，使我不禁崇拜起他来。"

"我意识到，我就是需要一个比我更加成熟的人激励我。在我以前的恋情中，我总是以吸引为指引，但是这次，尽管我们之间一开始并没产生冲动，我却认为他极有意思。我们的感情是时间培养起来的，时至今日，多少年已经过去了，我们的爱情之火仍然燃烧着。"

情感反应的第四要素：共鸣

产生情感反应的第四个因素是共鸣。灵魂伴侣有共同的价值观，这使他们极易产生共鸣。正是这种因素鼓励他们尽可能做到最好。

你伴侣的价值观是与上帝、家庭、工作、娱乐、政治、金钱、性格与婚姻密切联系的，是与你产生共鸣的，也是深深鼓励着你的。你能够看到你的灵魂伴侣人性中美好的一面，尊重并且崇拜他（她）的价值观。我所说的你们两个应该具有相同的价值观，并不意味着关于一个话题你们的想法与感觉完全一致。而是说，你们应该能够尊重对方的观点与看法。

比如说夫妻二人，一个是民主党，而另一个是共和党，尽管他们的党派不同，但他们都重视拥有一个真正公平公正的政府，他们就是能够产生共鸣的。但如果一个人拥护专政独裁，而另一个拥护民主共和，那么他们之间肯定不能有彼此心灵交契的共鸣。

罗伯特之所以对露西娅情有独钟，就是因为他们的价值观能够产生共鸣。罗伯特说道："我是在教堂里遇到我的妻子露西娅的。我对她一见钟情，想要进一步认识她、了解她。拥有共同的信仰使我们俩更容易彼此接受和彼此信任。我们之间的差异其实很多，但是我们对生活和家庭却有着共同的信念。我尊重她的价值观，我想让她成为我孩子的母亲。我觉得这一生能够遇到她真是太幸运了。这就是爱情的真谛。"

拥有共同的价值观使我们能够与某人达成一致。这将帮助我们克服恋爱中不可避免的各种挑战。当我们的感情经历起起伏伏时，我们总是能回想起，在我们灵魂深处与对方有深刻的共鸣。这种相

互融合使我们在不放弃自我的前提下，做出适当的妥协与让步。因此，在那些与我们的价值观相近的人聚集的地方，肯定能够遇到我们的灵魂伴侣。

一起寻找快乐

另一个找到灵魂伴侣的方法就是去度假。如果你热衷于跳舞，频繁出现于各个晚会之中，能玩爱闹，那么去那些热闹的地方度假，是遇到理想伴侣的最佳方法。

克里斯托尔，一个教员，对此深有同感："我就是在地中海俱乐部度假村遇到我的丈夫查理的。我们都是玩乐的行家。我们都热爱水上运动，享受娱乐带来的乐趣。查理的舞跳得棒极了，我对他一见钟情。我认为这真是命运引领我们来到这个特别的地方。"

"查理现在从事出版工作。我们仍然喜欢一起去度假，而且我们现在就住在水边。当我们因为一些事发生争执时，我们就花些时间走出去，跳跳舞或者到海上旅行，然后，我们之间的小小不和就很轻易地化解了。"

第 21 章

Mars and
  Venus on a Date

101 个遇到灵魂伴侣的方法

将这四种因素的组合——拥有不同的兴趣、互补的需求、成熟的爱情观以及共同的价值观，我们就有可能拥有持久而富于激情的爱情。为了找到我们的终生伴侣，为了与他（她）建立恋爱关系，我们需要经常到正确的地方去看看。我们不能一味地等待机会自己降临。我们完全可以主动出击，从现在就开始寻找我们的灵魂伴侣。下面就让我们一起来总结一下，可以找到灵魂伴侣的不同的方法与地点，并且尽可能地探索出新的建议。在阅读下面这个清单时，看看你是否能够认出，在哪里肯定会产生情感反应。

1.参加朋友的聚会，或自己举办聚会，与朋友们一起跳舞。通过朋友引荐结识新的朋友是最好的办法。

2.朋友失恋后，给他打电话，向他发出邀请。

3.联络已经丧偶或者离异的朋友。即使过去你们没能擦出火花，现在却可能萌生爱意。

4.参加"收养单身"计划。请求一对已婚夫妇收留你三个月，并把你介绍给他们的朋友。在此期间，你可以让他们讲讲恋爱成功的经验。多花些时间与那些生活很幸福的已婚夫妇在一起，他们能够感染你，能在你的头脑中树立积极健康的情侣形象，他们相亲相爱的情形，会告诉你什么是和谐的两性情感关系。这些都有助于你选择到最适合你的那个人。如果你本来就拒绝异性，不愿与之接触，那么你根本不可能找到与你真心相爱的人，你将无法得到成功的恋情。

5.参加一个社区活动或者爱心志愿者活动，比如"关爱贫困人口"或者救助孤儿。在这个过程中，你不仅自己会感觉到幸福与快乐，并且你也有机会遇到欣赏你的人。

6.去那些你可以遇到许多专家的地方，让他们给你提供一些适合的建议。对别人提供给你的爱情帮助或支援，千万不要迟疑，快快接受它。

7.参加一个口碑极好、颇受欢迎的课程，讲授课程的教授或老师一定要风趣幽默、循循善诱。在课堂里，轻松的环境会使你幽默感倍增。你还可以邀请有可能成为情人的同学帮助你共同完成作业，或者一起做一个课题。

8.参加校友聚会可能会给你带来惊喜。许多人相隔数年之后，再度重逢，很有可能就会坠入爱河。

9.去一个你从没去过的地方，很自如、很放松地和别人打声招呼，这样做不是为了找恋人，而是为了锻炼与人结识的能力。

10.总有一些人是你真心想要遇见的。在交往中，通过谈论你们两人都熟悉的话题，使你们的关系更进一步。

11.去那些你占有绝对性别优势的地方。女人应该去男人频繁出现的地方，而男人应该到女人常去的地方。

12.去参加城市集会。在那里，你会遇到很多人，并且与他们交流彼此的观点。倾听和支持某个人的信仰，并且当那个人受到挑战或质疑时，坚决地拥护他（她），就可能使他（她）成为你终生的益友。

13.去那些你平时并不常去的地方。那里的人们都热衷于做一些你并不感兴趣的事情。比方说，如果你平常不愿意去美术馆，那么你就找个合适的时间去吧，有什么不懂的，你可以尽情地向艺术爱好者们咨询。

14.在餐厅里用餐，女人应该多走动几次，到休息室里，以便男人有机会看到你，并对你产生兴趣；而男人面对自己有意了解的女性，应该更大胆一点，可以径直走上前去与她打招呼。如果你生性羞涩，可以递给她一张你的名片。

15.与你感兴趣的人进行目光的交流。女人完全可以左顾右盼、环顾四周，看似在与朋友聊天，实则借聊天之时，寻找机会。看到中意的男人，你大可以回过头去，对他微笑。这就等于给男人发出一个清楚的信号，你对他感兴趣。

16.去一个能够展现你靓丽风采的地方。如果你喜欢穿泳衣，那么就去海滩。如果你不喜欢，也没关系。你可以去让你觉得自己最美丽的地方。

17.即使在休息时，也不妨偶尔穿一下制服。这使你看起来更

容易为他人所接受。别人能够以某种方式问你问题或者寻求帮助。

18.在集体中，努力制造独行的机会。让一个男人接近在一起的一群女人中的一个，那将是非常令人害怕的事情。如果他的邀请遭到了她的拒绝，他就会知道，在他转身离去时，这些女人肯定要在背后七嘴八舌地议论他。

19.在一次晚会上，一个女人不停地走来走去，男人是很容易接近她的。所以，男人千万不要总死死地坐在沙发里，主动出击，相当必要。

20.人们在厨房里聊天总是最舒服的，所以要多和朋友去食物丰美的地方玩。

21.多参加教堂或学校的募捐、集会、重大事件的庆祝活动。

22.如果你能够操持教堂、学校和社区的活动，那就更好了。

23.参加教堂的援助小组。处于为他人服务的状态下，也是最容易为人所接近、了解的。他们能够提供帮助，他们同时也在寻求帮助。

24.做那些你并不特别擅长，需要得到他人帮助的事。

25.如果你是一个"单身家长"，你可以去结识你孩子玩伴的父母。通过分享育儿经验，与他们成为朋友。与他们缔结深厚的友谊，将有助于你遇到中意之人。

26.在学校、教堂或者社区的庆祝会上，自愿摆座位或者码放挂名牌。这种方法可以让你与参加该会的每一个单身人士取得联系。

27.在"火星与金星"研讨班中帮忙或者参加学习，当然，你也可以参加任何其他针对单身人士举行的活动，这样你可以遇到那些与你有着共同想法与价值的人。

28.如果你是一个民主党，你可以去共和党的集会。让他们试着说服你认同他们的观点。这无疑将颇费口舌，但却使你们充分交谈，密切彼此的联系。

29.如果你平时对园艺不感兴趣，那么你可以尝试参加一个园艺辅导班，去一个公共的花园，或者从那些喜爱园艺的人们聚集的花卉市场上买一些花草回来。

30.如果你不了解本地历史，那么你可以到镇上进行一次徒步旅游。你可以向你所在社区的人咨询各种问题。

31.如果你不会操作计算机，那么你就可以多花些时间逛逛计算机商店，向店员求教。或者去每年的计算机展销会，在那里会展示最新的、设计精巧的计算机。

32.如果你对理疗不感兴趣，并且从没体验过，你可以参加一个个人能力拓展工作室，在那里，你会遇到许多热爱理疗并从中受益的人们。

33.如果你平时不爱看星期一傍晚的橄榄球赛，那么请你开始关注当地所有的体育赛事，少儿足球、棒球、篮球、橄榄球以及职业体育赛事。你可以问别人任何有关于此类运动的问题，了解比赛的规则，知道球场上踢中卫的那个运动员叫什么名字。

34.带着食物参加社区的活动。

35.如果你没有宗教信仰，那么请开始访问当地的教堂或者犹太人会堂，或者到一些其他的地方朝拜。你可以向那些参加这些宗教活动的朋友咨询。

36.如果你总喜欢把书买回家看，那么你可以试着在图书馆里逗留一下，在那里，人们只读书却从不买下它。

37.如果你平时不读书，那么你可以到书店逛逛，也可以问问周围的人，了解他们最喜欢读的书。你可以开始与某些人交谈，问许多有关书的问题，然后逐渐了解他。

38.你钟爱的作者举办签名售书活动时，一定要参加。

39.如果你经常在家吃饭，那么试着多去餐馆吃几次。

40.如果你经常光顾一家餐馆，那么偶尔试试别家的口味如何。

41.如果你不习惯早起，那么不妨破例几次，你可以在清晨的空气中，散散步或者慢跑一下，你将会发现另一片天空。

42.如果你经常开车上班，很少走路，试着用一周的时间、在固定的钟点在你家附近散散步，然后下周再换一个时间散步。不断更换时间，最终你将会遇到更多的人。反复见面能够让你们逐渐熟

悉，有可能产生情感反应。

43.如果你总去看电影，那么你不妨到音像店逛逛。如果在那里发现了让你有些感觉的人，你就可以与他（她）聊聊电影。

44.如果你平时很少去剧院，你可以试着去一下那些为戏剧而开设的酒吧和餐厅。

45.如果你爱看戏剧，却很少看电影，那么去看一场刚刚开始放映的新片，买票的人肯定很多，你将在排队中，认识陌生人。

46.如果你从不参加开幕式或者大型的活动，那么你的灵魂伴侣就有可能找不到你。

47.如果你喜欢歌剧却不喜欢流行歌曲，也从没参加过歌星演唱会，那么你可以试着与朋友们一起参加一次这样的音乐会。你可能会在那里发现你的灵魂伴侣。

48.如果你不喜欢跳舞，那么你绝对有必要强迫自己出去跳舞。你可以参加舞蹈课，并且报名参加业余舞蹈比赛。

49.如果你喜欢精美的菜肴，你可以参加烹饪班，学习厨艺。

50.如果热爱厨艺，会做许多拿手菜，一定不要错过任何可以在朋友们面前大显身手的机会。让所有人都知道你的厨艺有多么棒！

51.如果你喜欢喝酒，经常光顾同一个酒吧，那么试着去一家咖啡馆，在那里没有酒精可以提供。你的灵魂伴侣可能正坐在那里，悠闲地喝咖啡呢！

52.如果你不喜欢听闹哄哄的音乐，那么你可以约几个朋友一起出去，到那些音乐声很大很吵的地方，大跳特跳一番。如果你遇到了某个让你怦然心动的人，那么一定要让他（她）知道，你想要与他（她）约会。

53.如果你对水上运动不感兴趣，那么你可以选择一个水上运动基地，度一次假。

54.如果你从没进行过海上旅游，不妨试试，《泰坦尼克号》里的恋情就是这么发生的。

55.如果你只是不能忍受排队漫长的等候，那么至少要站在队列外来回转转，装作你正在寻找什么人一样。

56.如果你经常自带午餐，那么也要试着偶尔在外面吃一顿。

57.你可以暂时放下手中的工作，喝一杯茶或者咖啡。就这一杯茶的功夫，你就有可能遇到某个新朋友。

58.你可以多花一些时间逛逛市场。没准儿你的灵魂伴侣恰恰是擅长厨艺的美食家呢！

59.如果你更喜欢健康食品及营养配餐，没准儿你的灵魂伴侣却不懂这些，正等着你去点拨他（她）呢。所以，你也可以偶尔光顾一下快餐店，吃些快餐食品。

60.如果你的品味高雅，经济宽裕，喜欢一些颇费脑筋的娱乐项目和昂贵的食品，那么你可以试着约朋友们一同出去，做一些既简单又能放松身心的娱乐项目。

61.如果你总是浓妆艳抹，或者把自己打扮的珠光宝气，那么你应该试着化化淡妆，有时候甚至完全可以不化妆出去。你的灵魂伴侣没准儿就喜欢你本来的面目，要想让他接受你化妆后的容颜，可能要花些时间。

62.如果你总是着装性感、暴露，每每赢得极高的回头率和男人贪婪的目光，那么你应该试着穿正规一点的服装，吸引那些更有辨别力的男人，他们除了对你的外表感兴趣外，还想进一步了解你的内心。

63.你可以参加一些正式的晚宴。在那里，每个人看起来都神采奕奕、精神抖擞。西装革履的男人和打扮得体的女人总是会有许多的机会相互沟通。

64.当你度假时，喜欢坐在海边，却从不泡游泳池，那么试着改变一下。坐在游泳池旁，同样也可以让你结识许多朋友。

65.如果你不喜欢沙滩，更愿意坐在泳池旁，那么试着到海边漫步，你的灵魂伴侣可能喜欢沙滩呢。

66.如果你不喜欢日光浴，那么你可以到日光浴旅游胜地。你的灵魂伴侣可能特别钟爱日光浴。

67.如果你不喜欢宿营，那么你现在就可以开始新的探险啦！

你可以先到户外用品商店逛逛，问些有关野外活动的问题。结识一些朋友，一起到某个地方宿营，在那儿，你可能会遇到其他的野营者和徒步旅行者。

68.如果你不喜欢骑车，那么你可以参加一个喜欢骑车探险的团体。即使他们当中没有一个是你想要的那个人，通过他们，也有可能找到你的灵魂伴侣。

69.如果你不喜欢滑雪，那么你可以到滑雪爱好者俱乐部去，和他们一起吃饭、喝酒或者消磨时光。

70.男人参加健美操班，可以遇到许多女人；女人到健身房，也可以遇到很多男人。

71.参加探险旅程，你会认识许多新朋友。

72.如果你喜欢室内锻炼或室内运动，那么试着到户外走走，参加一些户外体育项目。通常来说，喜欢室内运动和经常户外运动的人最容易擦出火花。

73.如果你是个早起的百灵鸟，你可以晚些起床，迟些出门。最适合你的那个人没准儿是个擅长熬夜的猫头鹰。

74.对学校举办的活动，如节目演出、庆祝活动、募捐筹集和体育活动等，你要格外留心，经常参加。在这些活动中，你有机会因为同一个理由——爱孩子，而找到共鸣。

75.女人特别愿意被那些照顾孩子或宠物的男人吸引。当一个男人正在牵着狗散步时，女人愿意与他攀谈，聊聊宠物。

76.如果你经常穿着得体，那么不妨偶尔也穿一些休闲的便装。

77.如果你的生活总是秩序井然，连你的业余时间都安排满满的，那么你可以试着随意过一个轻松的周末。有时候，我们为自己的头脑所左右，没有机会听从心灵的召唤，去找我们的灵魂伴侣。

78.如果你习惯与朋友结伴而行，那么你可以试着自己一个人出去。一个人通常会更容易感受渴望得到支持的需要，同时也乐意认识陌生人。并且，只有你一个人的时候，其他人也更愿意给你提供帮助、为你服务。

79.如果你从没骑过马，或者你压根儿就不喜欢骑马，那么是该享受风驰电掣的感觉啦!

80.如果你不喜欢开快车,你可以到业余赛车场玩一天。经常是没准儿,你的灵魂伴侣就喜欢追风逐电。

81.试着到野外进行一次徒步旅行,也许会在那里遇到你的灵魂伴侣。当然,出于安全考虑,也无需非得只身体验,有许多团体可以支持你。甚至,你还可以去野营设备专卖店,那里的店员就能给你需要的帮助。

82.如果你从没去过旧货市场,那么是你大买特买的时候了,你的完美情人可能正等在那儿。

83.如果你经常沿着固定的路线上下班,那么试着改变一下,创造新的机会。

84.如果你总把车停在单位的车库里,试着偶尔将它停在路边或者稍远一些的地方。步行不仅可以锻炼你的身体,还能让你结识新的朋友。

85.报名参加一个团,进行一次漂流探险。当你不知道有什么人与你一同探险的时候,一个崭新的自我就被唤醒了。

86.如果你喜欢摇滚音乐,那么你要试着听一听交响乐或者歌剧。幕间休息时,你可能会发现你的灵魂伴侣正在食物和饮料的柜台前呢。

87.与人约会,不必非要等到周末。周一至周五,人们很少有安排,因此,这些晚上也许更方便。

88.许多情侣有不同的温度喜好。如果你喜欢温暖的地方,试着去体验一下更为寒冷的天气,可以去滑雪。如果你喜欢寒冷,那么就试着去热带的阳光海岸度假。

89.如果你对高科技产品一无所知,那么就去出售那些产品的市场走走,多问一些问题。自然会有喜欢高科技产品的人过来帮助你。因为男人在女人面前特别喜欢成为某一方面的专家。

90.如果你对欣赏美景提不起兴致,那么去一个久负盛名的地方吧,那里景色壮观或风光秀美,看看你是否能找到你的爱。

91.浏览你所在的城市。你假装成从外地来旅游的游客,你就

会有很多机会认识许多好心人，带你参观这个城市，与你分享旅游的乐趣。有时候，你还会听到一些你居住这么久以来，从未听到的轶闻趣事，或许在交流的过程中，你就会遇到最适合你的那个人。你还可以参加旅游团队，一起游览城市中所有的景点，没准，你的灵魂伴侣可能就是游客中的一员。

92.如果你因为自己迟迟不能结婚，而讨厌参加别人的婚礼，那么你该开始改变习惯了。婚礼上的人最富于灵感、最乐于交谈，每个人都深为婚礼的喜庆气氛所感染着。在这样的气氛中，最容易认识并发现适合你的人。

93.与朋友一起去喜剧俱乐部。你开怀大笑，心情愉快时，就是最迷人、最美丽的你。有时候，当你自我感觉最好的时候，就会吸引最适合你的那个人。

94.当你心情不好的时候，可以做一些平常最不喜欢做的事，这并不会让你感觉更坏。我们情绪不佳时，更能深切地体会到内心深处被人爱和爱别人的渴望。正是这种暂时的脆弱，能够吸引到最适合你的那个人。正是当我们穷困潦倒、最落魄的时候，才真正最需要帮助，最需要爱，这时，可爱的天使就会赐予我们奇迹。

95.有时候，也可以通过征婚广告找到合适的伴侣。你要注意，写征婚广告，要准确、清晰地表达出最自信、最积极的自我。女人不要写一些句子去迎合男人，而应该着重写自己想要一个什么样的男人，自己最喜欢什么。男人的征婚广告就需要站在应聘者的立场。他需要以吸引眼球的词语描述自己，并且展示他能提供什么，同时将来还会有什么可能。简单说，男人必须说明他能够给予什么，而女人则需要表明她喜欢接受什么。

96.婚介所也是遇到可心人的好地方。在那里，你将在尚未与某人见面之前，就对他（她）有一个大致的了解。如果你从没考虑过婚介服务，而又为孑然一身而深感苦恼，那么不妨试试婚介所，没准儿你的灵魂伴侣就在那里等着你呢。

97.如果你已从学校毕业多年，那么试着继续接受教育。你可以报一个班，学习以前从没接触过的东西，这样的学习班最好要涉

及实验、课题和讨论。

98.加入一个合唱团，练习合唱。唱歌能使你疲惫的身心得到放松，并且带给你快乐。

99.去那些会员制度假酒店，在那里你只需一次付费，就可以享用一切。

100.你自己开的杂货铺是认识人的极好地方，你可以通过切磋烹饪、询求建议等等方式认识许多人。在店里，要经常练习向别人询问或者给购物者提供帮助。

101.飞机上也是邂逅佳人的好地方。你可以在休息室附近走一走，当你在那儿排队等候的时候，不妨与周围的人寒暄几句。在这里，极容易与陌生人沟通。一定要记得在走廊里来回走走，如果你的灵魂伴侣恰好在那儿，这么做可以让他（她）发现你，或者让你发现他（她）。

在本章里，我一而再、再而三地提及上述方法，是希望你们能从中受到启发、获得动力继续找寻自己的灵魂伴侣。通过光顾那些最有可能产生激情、发现爱情的地方，你就会唤醒自己内心深处的情感，产生前所未有的共鸣，体会心动不已的感觉。更重要的是，你将成为更为完满的人，你将拥有找寻如意伴侣的能力，你将尽情享受恋爱的乐趣！

第 22 章

Mars and
Venus on a Date

幸福终点站

有些人从相知相恋到步入婚姻，过程十分美好，婚后他们也一直过着幸福美满的生活，生儿育女，其乐融融。他们从没研究过恋爱的五个阶段，就顺利地走到了一起，他们也从没研究过如何选择正确的人，就很自然地找到了真爱。在不知不觉中，他们从容而优雅地携手走过了恋爱的五个阶段。

然而，对我们大多数人来说，并不会那么幸运。为了找到自己的真爱，为了能够经营美满的婚姻，我们必需学习、培养、练习、实践这些重要的技巧。在我们寻找真爱的旅途中，艰辛与波折很容易让我们沮丧消沉，但是殊途同归，我们虽然不会像某些幸运儿那样一下子射中靶心，找到真爱，但最终我们也都会找到属于自己的那个人。

寻找真爱的三种人

找到合适的人生伴侣就如同其他生活技巧一样，需要天赋、教育和实践。你拥有的信息、教育和经验越多，你就做得越好。通过积累，你掌握技巧的机会逐渐增加。大文豪莎士比亚曾经这样暗示三种人："有些人是生而伟大，有些人则是经过后天的努力而伟大，还有一些人则是突然灵犀所至，从而伟大的。"在本文中，我借用莎翁的意象，换一种描述方式来形容寻找真爱的三种人：他们是奔跑者、步行者和跳跃者。

①第一种：奔跑者

某些人绝对有着非同常人的天赋。这些天才就是奔跑者。他们很快发现捷径，并且在某个领域获得巨大的成功。在两性情感关系中，奔跑者就是少数的那几个幸运儿，他们对某人一见钟情，坠入爱河，结婚生子，自此过上了幸福美满的生活。他们只是极少数的，而我们中的大多数人都不能成为奔跑者。

②第二种：步行者

大多数人都是步行者。他们学习知识，并在自身的实践中不断

运用这些知识。他们不断尝试，不断犯错，从错误中汲取教训，继续前行。这些人生来并不伟大。但是，通过自己后天的努力而赢得了胜利。他们需要付出一些心血与汗水，才能使奇迹发生。这类人通过教育和经验发现自己的天赋和擅长的领域。

在两性情感关系中，步行者们从每一段情感经历中学习，逐渐懂得如何正确地理解和"读懂"异性。他们稳步地向前走，每段情感经历都能帮助他们在找寻真爱的路上前进一步。他们花时间经历恋爱的不同阶段，并且以积极的方式结束不合适的恋曲，他们一次次地做出调整，最终找到他们的灵魂伴侣。

③第三种：跳跃者

跳跃者是大器晚成的人，伟大好像突然撞到他们身上。某些人注定要伟大，却从没意识到它。许多年来，他们似乎一筹莫展，没有丝毫进步。他们可能不断地实践，表面上看来却总是没有任何结果。其实，他们已经有了很大的改变，只是这种改变是潜移默化的，外人很难看出来。

爱因斯坦就是这么一个跳跃者。爱因斯坦小时候，不会说一句话，只是不断地听别人说话。他观察他们的口形、声音，然后记在心里。突然，在他五岁的那年，他开始直接说整句的话。他从一言不发，到一下子整句说话，跳过了其间咿呀学语的许多阶段。

在两性情感关系中，也会有类似爱因斯坦这样的跳跃者。跳跃者在他们周围的朋友结婚好多年后，才找到最适合自己的那个人，恋爱，结婚，生子，自此过上了幸福美满的生活。有许多人甚至到了四五十岁都不曾结婚，但随着年龄的增长，阅历的丰富，他们逐渐成熟，到了某一个阶段，他们对爱的天赋和智慧突然间涌现出来，于是他们自然而然地就与自己的灵魂伴侣相遇了。即使你就是这样一个跳跃者，你找到真爱的时间尚未到来，若你懂得恋爱五个阶段的智慧，也将帮助你拥有更加完满的情感关系。

理解了这三种不同的类型，我们就能更容易把握恋爱五个阶段的重要性。如果我们对彼此的差异缺乏理解，那么我们继续接近真

爱时，就很容易匆匆而过，迷失方向。

差异并非障碍

即使已经感受到了对某人深深的眷恋，我们也很容易因彼此的差异太大，而很轻易地否定掉这段感情。情侣们经常错误地认为，他们之间有着太多不同，不能进行良好的沟通，也难以满足彼此的需要。

但是，有趣的是，当他们理解彼此间的差异后，就能够开始相互满足，得到所需要的了。他们将发现这种差异性，恰恰是实现完满和得到支持的源泉，而绝非障碍。因此，当你遇到一个与你有着不同兴趣爱好的人时，并不意味着你与他（她）的交往毫无希望。重要的是，你们必须培养沟通的技巧。

有了良好的沟通技巧，不同的兴趣爱好根本不会成为冲突之源。当一个女人抱怨"我的丈夫一天到晚老是打高尔夫球"或者"我丈夫一有空就投入到各种运动之中"时，问题就出现了。其实，他热衷于运动并不是问题，真正的问题是他们夫妻两人不能够培养感情，满足各自的需求。

愤怒产生极端化

要是男人和女人相互误解，没有进行良好的沟通与交流，他们就不能成功地培养感情，满足彼此的需要。最终的结果就是产生愤怒，相互指责。

愤怒一旦产生，两人不同的兴趣爱好就演化得更为矛盾。分歧开始两极化。下面是一些愤怒和极端化如何影响一段感情的例子。

她特别想出去逛逛；他却疲惫不堪。

他想去看场电影；她却一直想去听音乐会。

她今天晚上想吃中国菜；他却特别想吃意大利比萨。

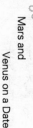

他想做爱；她却提不起兴致。

吃完晚饭，她想出去走走；他却想在家里看直播球赛。

他加班回来，就想睡觉；她却极想聊聊天、说说知心话。

上述每个例子中，他们的兴趣与渴望都被极端化了。一个人想往左走，另一个却偏向右行。一旦愤怒产生，两个人的矛盾激化，你们之间的不同兴趣就变得更为极端。这个矛盾，唯有通过良好的沟通才能得以化解，如果情侣间能够彼此理解、彼此原谅，那么两人之间的差异就不会再是障碍重重了。

我们经常被那些兴趣不同、爱好迥异的人吸引，是因为从某种角度来说，他们使我们感觉到了生命的完整，使我们的生活得到平衡。他们不同的兴趣爱好表达出其内心的某些方面，而这些方面正是我们自己尚未完善的。日久经年的相处，彼此的爱使两人结合在一起，开始共同拥有与分享越来越多的爱好。正是伴侣的存在激励我们得以完善，使我们对生活中的所有不同都更感兴趣。

调和差异性

两人相处至关重要的一点就是，不要期望我们的伴侣总是响应我们的价值，赞同我们的观点，也不要总觉得他们应该以我们的方式去思考，以我们的感觉去感受。我们必须注意不要轻易做出判断，和谐的价值并不意味着两个人拥有共同的兴趣爱好，甚至同样的需求。

正如前面我们已经探讨的那样，灵魂伴侣有着不同的兴趣和爱好，但是两人的价值观和谐一致则是感情的基础，我们能从彼此的差异中找到公正和妥协。和谐一致有助于我们调和彼此的差异。

价值观和谐一致则是感情的基础，我们能从彼此的差异中找到公正和妥协。和谐一致有助于我们调和彼此的差异。

即使我们的观点不尽相同，和谐一致仍然能帮助我们理解和支持伴侣的观点或者需要。尽管有时候，要找到双赢的解决方案是极

其困难的，但是如果有了良好的沟通与交流，有了浓浓的爱意，有了共同的价值，那么这一切都有可能实现。

当我们的兴趣截然不同时，差异使两个人都得到延展，我们将变得更为完整、更有爱心和更体谅对方。我们之所以会受到与自己不同的人吸引，是为了满足灵魂深处的强烈渴求——我们的灵魂想要扩展、包容、超越自我。从这个意义上说，一段成熟而稳定的感情能够成就我们所能做到的一切。

让我们研究几个例子，看看怎样才能既保持各自的兴趣爱好，又拥有相同的价值观。

文森特和安琪拉在选举时，投票倾向极不相同，然

> 我们之所以会受到与自己不同的人吸引，是为了满足灵魂深处的强烈渴求——我们的灵魂想要扩展、包容、超越自我。

而他们的价值观却是一致的，他们都非常关心并且明确支持提高社会福利。

科勒曼买东西全凭一时冲动，总是不假思索就一股脑儿买下来。罗宾则要花许多时间反复比较后，才会谨慎地购买。但是他们都喜欢买一些品质良好的生活用品。他们一起购物时，科勒曼会放慢速度，花比他自己购物更长的时间。还有些时候，当他们一起为科勒曼买东西时，他们只需要一点时间就能立刻搞定。

杰瑞有问题总喜欢闷在心里，不愿意说出来，芭芭拉则截然相反，心里憋不住事儿，总是一吐为快。他们处理各自问题的方式完全不同，但是他们之间却形成了极好的互补。他喜欢看新闻，而她则特别愿意把知道的新闻都讲出来。当她说话时，他就懂得要做一个好的倾听者。

露西是个遇事极其敏感的人，罗杰则全然不同。当计划有所变动的时候，她就会变得很沮丧，而他呢，则能够顺着她的意思与情绪安慰她。他们都把两人的爱情看得比两人的差异更为重要。当他花时间聆听她诉说烦心事儿时，尽管他并没有感觉到事情像她形容

的那么严重，可是他仍然尊敬她。即使他根本不赞成她的观点，他仍然坚定地支持她。

克劳迪娅一门心思都放在教育孩子上面，而克劳伦斯则不是这样。克劳伦斯工作非常努力，他总是想给自己的家庭提供最好的条件。他们都意识到他们正在共同经营这个家庭，也共同拥有最美好的心愿——尽其所能地为他们的儿女提供最好的条件。只不过，他们表现这种心愿的方式各不相同而已。

鲍勃喜欢高科技产品，对日新月异的数码产品情有独钟，而爱娃则喜欢一些式样简单，甚至有些过时的东西。他们都关心把自己的居室装扮得更美。购物对他们来说是极具挑战的一项工作，但是他们最终都能找到更为有趣的物品。

戴维喜欢不断地更换新车，而德拉斯则比较念旧，总是一件东西使了很长时间，也舍不得扔掉。他们的共性就是，都重视充分利用物品。他想充分利用刚开发的最新款跑车，而她则想利用她手头现有的东西，所以他得到新车，她则保留自己的旧物。

保罗喜欢把大部分时间都用于参加政党活动和集会上，安娜则喜欢与至爱的几个朋友在一起。在政党集会中，保罗神采奕奕，表现得最好，朋友之间亲密地小聚则会给安娜带来最好的心情。他们各自做出了选择，也都得到了他们需要的东西。经过一段时间，她也开始对政党有些感兴趣，而他则变得喜欢安静一些的聚会活动。

杰克逊喜欢到处旅行，而玛莎则一有时间就扎进她的花园里。她希望他对她的花园感兴趣，而他则希望她能够享受旅行的乐趣。最重要的事情就是，他们彼此深爱着对方。多年以后，杰克逊已经变得极其享受侍弄花草的乐趣了，而玛莎则更加享受旅行的快乐。通过尊重彼此的差异性，双方都做出了一些牺牲，两个人最终走得更近了。当初让他们心烦不已的差异，现在已经成为更加美满的源泉了。

有了这种理解，我们就能将我们之间的不同兴趣，当作一种激励和成长的源泉，而绝非障碍。因为彼此存在差异，我们才有共同发展的空间。我们感觉产生了变化，那就是彼此的感情将要增长的

信号。

到了正确的地方，却爱错了人

到了正确的地方，你最终发现正确的人，但是有时候你可能在正确的地方，误打误撞到错误的伴侣。你对他（她）产生了强烈的眷恋，但是这个人却并不是你的真爱。这段错误的恋情同样是学习爱的过程中的一部分。从错误中学习，我们将获得区分健康和不健康的情感反应能力。

学会认出不健康的情感反应，不受其误导，你就能增加自己辨别情感的能力。亲爱的，为了以后的生活，为了寻找你灵魂相依的那个真爱，学会辨别健康和不健康的情感反应是非常重要的。

不健康的情感反应

当一个男人感觉到被需要，那么他的情感反应则是健康的。如果男人首先被自己的需要和满足所驱动，那么他的情感反应就不健康了。

情感反应不健康的时候，并不意味着你们根本不适合。问题解决后，你们两人或许会产生默契相通的健康的情感，但也许根本无法擦出爱情的火花。

若是你们仔细遵循恋爱的五个阶段，那么这种不健康的情感反应就会消失。下面是一些在男人身上产生的警示信号。

①来自男人的警示信号

★他总是对财大气粗的富婆感兴趣，因为他需要钱来享受却不想工作，希望不劳而获。

★他需要身边有一位极其迷人的女友，才能向其他人证明他的成功。

★他觉得自己性爱的欲望能从一个性感尤物那里得到极大的满

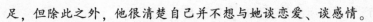

足，但除此之外，他很清楚自己并不想与她谈恋爱、谈感情。

★他之所以与某个女人谈恋爱，是因为和她共同分担房屋的租金。

★一段感情结束后，他备感空虚寂寞，于是就想随便找一个女人，以填补目前的感情空白。此时的他就如同一个饥饿的人，急需爱情和友谊充饥。他的辨别力极为低下。当他重新明白感情后，他就变得极其挑剔，从而对眼前的女人失去兴趣。

★他觉得一个女人是如此爱他，以至于他无法开口拒绝，他总是在想："谁会拒绝送上来的好事呢?"但是，他很清楚地知道自己并无意娶她为妻。

★他为一个女人神魂颠倒，只是因为她说："你是我唯一真正喜欢的男人。你与其他的男人都不一样。"这句话或许听起来像是赞美，实则是一个信号，表明她与男人的交往仍存在着很大的问题。当她发现他与其他的男人一样时，将会对他极为失望。

★他与一个女人谈情说爱，却对另外一个女人产生依恋之情。他以后会时常有精神出轨的现象，不断地为其他的女人心动不已。而他与女友的感情，却没有机会继续发展。

★他爱上了一个不能与他结婚的女人。

★他与她谈恋爱，是因为她总给他施加压力，可能他一点也没有感觉到来自她的吸引。她可能会安慰他："随着交往时间的增加，我们之间的感情发展到一定程度，你就会对我有兴趣了。"然而，要知道，女人可能会日久生情，而男人则往往是从一开始交往就感觉到强烈的吸引，或者自始至终都对她没有任何感觉，除了这两种情况，几乎不会有第三种情况出现。

★一个女人对他说："我爱你。"但是，他倾尽全力也无法满足她的需要。于是，他对她产生一种爱恨交加的感情。当然，每个女人都想得到更多，但是此时的他却已经得到了一个清楚的信息，那就是他已经尽力了，但仍然无法接近成功。

②来自女人的警示信号

当一个女人感觉到自己得到的远远不够，还需要更多，那么她

就会产生不健康的情感反应，以下是一些例子：

★她深为一个男人而难过，她为他担心不已，深恐他离开她，没有他的爱，她简直不知该怎么活下去。

★她只是感到自己对他的爱，她根本不在乎是否能够从他那里得到回报。尽管这个理由听起来很高尚，但这实际上弱化了他对她的感情，最终她会感觉到愤怒。

★一个男人对她说："我迫切需要你、极度渴求你。"于是她就飘飘然了，一头扎进他的怀抱之中。

★一个男人除她之外，还在见别的女人。但是当他与她在一起的时候，他对她说："你是最特别的女人。"这么一来，即使她对他的作为有所耳闻，她也会自欺欺人地安慰自己："他只爱我一个，别的女人只不过是过眼云烟。"但是，如果他与两个女人同时交往，那么"他最特别的女人"就根本不存在。

★她看出来一个男人追求她的潜在意图，并且感觉到如果他能够得到自己的帮助，他就能够获得成功。当一个女人能够为一个男人的成功提供砝码或是其成功与否的关键时，那么，一定要加倍小心，如果你跟他继续交往，那么很有可能，将来有一天，他会因为另一个女人而舍你而去，因为他能给这个女人带来幸福。

★一个有着无可救药恶习的男人，却让她心动不已。她觉得自己能够帮助他。这种情况之所以会发生，是因为这个女人极其自卑，唯有当她感觉到其实问题并非由于自己的错误造成的时候，她的自我感觉才会好一些，她经常会掩盖事实，即她对自己的生活负有不可推卸的责任。

★她一见到他就立刻感觉到强烈的性吸引。这是一个信号，表明她现在尚处于爱情的幻想中，她在自己的想象中美化了这个男人，她所爱的其实是一个幻象，而绝非眼前这个男人。所以，切不可一味地跟着感觉走。

★她感觉到自己内心中强烈的渴望，想去包容他、取悦他。这是一个很明显的信号，表明她觉得眼前这个男人能够给予她所需要的一切，可是现在她还没有从他那里得到。

★她感觉到自己对他强烈的渴望，但是她又清楚地知道，在她能够得到她所需要的一切之前，这个男人必须得做出相应的改变，她希望自己的爱能够改变他。现在她完全地付出自己，期待将来从他那里收回更多。这种想法只会让两个人的爱情窒息。

★她从一个男人那里得不到应有的尊重，但是她知道为什么他总是这样。因为她有着不美好的过去，所以他总是抓住她的小辫子不放，他认为再怎么折磨她都是理所当然的。

★她感受到了性吸引，但是她并不能清楚地知道自己其他方面的需求也能够得到满足。

不理解这些不健康情绪的信号，我们就很容易犯错误，不断爱上那些很显然不适合我们的人。

犯错误是常有的事

在找到最适合你的那个人之前，犯错误是常有的事。成功与失败的差别就在于能否从错误中汲取教训。如果你一门心思想要打出一支全垒打，那么你极有可能"三振出局"。贝贝·鲁思 (Babe Ruth)，一位保持着全世界最多全垒打的职业棒球大王，也同样有着最多的出局记录。

要想你的情感生活更为丰富，那么你必须学习新的技巧。如果你们的感情进展得过快，那么失败的机会也将成倍地增加。成功的秘诀在于学会放弃，而后继续前行。一旦恋爱失败，你要懂得放下一段错误的感情，并且意识到这是最好的选择。

为了找到一个心灵相契的知心伴侣，而不仅仅是要找一个老实可靠的人度过一生，你们需要更新见解，接受恋爱教育和进行反复实践。在这种支持下，你们就能拓展能力，自如地度过恋爱的五个阶段，体会到真正而永恒的爱情。

无疑，你们将会经历爱情的狂风暴雨的吹打，或者饱尝寂寞的苦涩，两个人由陌生到相识再到相知，一次又一次的克服恋爱各个

阶段的挑战，你们将做出相应的让步，调和彼此的差异，求同存异，不断唤醒心灵的默契，共同经营高品质的情感生活。你们最终将找到各自的真爱，从此过上幸福美满的生活！

《男人来自火星，女人来自金星》
[美]约翰·格雷 著　定价：28.00 元

全球最畅销图书，被翻译成四十多种语言。这是一本"让男人读懂女人、让女人读懂男人"的书，正像《纽约时报》评论的那样："迄今为止，在世界图书出版物中，这是一本关于两性情感关系最著名的作品！"

《男人来自火星，女人来自金星 2》
[美]约翰·格雷 著　定价：20.00 元

《男人来自火星，女人来自金星》系列。本书从火星人和金星人的天然差异入手，分析了男女双方在性爱上的种种问题，并进一步告诉我们如何通过完美的性爱技巧，营造一生的幸福。

《男人来自火星，女人来自金星 3》
[美]约翰·格雷 著　定价：28.00 元

《男人来自火星，女人来自金星》系列。在本书中，格雷博士从两性之间心理和行为的差异入手，总结出一套行之有效的恋爱技巧。愿这本书对正在爱情中彷徨的人们有所帮助。

《男人来自火星，女人来自金星 4》
[美]约翰·格雷 著　定价：28.00 元

《男人来自火星，女人来自金星》系列。本书从饮食、锻炼、大脑化学物质、性别荷尔蒙和压力管理这五个角度，对男人和女人之间的情感、心理、体质上存在的差异进行了革命性的阐释。

《像女人一样行动，像男人一样思考》

[美]史帝夫·哈维 著　定价：25.00 元

男人的葫芦里到底卖的什么药？看完这本书你就知道了。5 个月狂销 150 万册，销往全球 22 个国家，势头超过《男人来自火星，女人来自金星》。本书被改编成电影，即将由好莱坞幕宝电影公司推出。

《男人需要尊重，女人需要爱》

[美]爱默生·艾格里奇 著　定价：27.00 元

为什么 50% 的婚姻会失败？原因他们是忽视了双方的天然需求：男人需要尊重，女人需要爱。本书堪称当下社会的婚姻警世录，自出版以来已经发行了 100 多万册。

《1CM》

[韩]金银珠、金材娟 著　定价：38.00 元

风靡韩国，最能引起女性共鸣的时尚绘本！唇膏，粉底，香水，挂着精美饰品的手机，PSP……你的包里，还应该有一本叫《1cm》的书，一本不论是在地铁，还是在公车上，都可以捧着津津有味阅读的《1cm》。

《小白领购物心理学》

[英]凯琳·潘　西蒙·葛妮森 著　定价：26.00 元

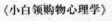

风靡欧美的女性理财第一书！有经验的理财师都知道，理财不是一个金钱问题，而是一个心理问题，对女性朋友来说更是如此。本书正是从心理学的角度解决女性朋友的理财问题的。